地区国别政治经济与外交文丛

主编　董秀丽

俄罗斯
政治经济与外交

苏淑民◎著

知识产权出版社
全国百佳图书出版单位

责任编辑：刘 睿 徐 浩　　责任校对：董志英
文字编辑：李 娇　　责任出版：卢运霞

图书在版编目（CIP）数据

俄罗斯政治经济与外交／苏淑民著．—北京：知识产权出版社，2013.12
ISBN 978-7-5130-2519-5

Ⅰ.①俄…　Ⅱ.①苏…　Ⅲ.①政治-俄罗斯-高等学校-教材②经济-俄罗斯-高等学校-教材③外交-俄罗斯-高等学校-教材　Ⅳ.①D751.2②F151.2③D851.2

中国版本图书馆 CIP 数据核字（2013）第 300341 号

俄罗斯政治经济与外交

Eluosi Zhengzhi Jingji yu Waijiao

苏淑民 著

出版发行：知识产权出版社有限责任公司
社　址：北京市海淀区马甸南村1号　　邮　编：100088
网　址：http://www.ipph.cn　　邮　箱：bjb@cnipr.com
发行电话：010-82000860 转 8101/8102　　传　真：010-82005070/82000893
责编电话：010-82000860 转 8113　　责编邮箱：liurui@cnipr.com
印　刷：保定市中画美凯印刷有限公司　　经　销：新华书店及相关销售网点
开　本：720mm×960mm 1/16　　印　张：18.75
版　次：2013年12月第一版　　印　次：2014年3月第二次印刷
字　数：274千字　　定　价：48.00元
ISBN 978-7-5130-2519-5

人才培养项目

《地区国别政治经济与外交文丛》编写委员会

北京第二外国语学院国际问题研究中心

目　录

第一章　沙皇专制制度的建立

【导言】沙皇专制制度是在俄罗斯民族国家的建立形成中产生和发展的。基辅罗斯是俄罗斯历史上第一个统一的封建君主制国家，以基辅为首都，由罗斯人留里克兄弟创建。10世纪末11世纪初，弗拉基米尔在位期间，是基辅罗斯的鼎盛时期。到1125年，基辅大公弗拉基米尔·莫诺马赫死后，基辅罗斯完全瓦解，形成历史上封建割据时期。13世纪蒙古人入侵，建钦察汗国（金帐汗国），统治俄罗斯长达240年。莫斯科公国崛起后，领导罗斯人民推翻了蒙古的统治，重新统一了罗斯，并建立了沙皇专制制度。本章重点：俄罗斯历史上第一个封建君主制国家的建立及其发展；蒙古统治对俄罗斯历史造成的深远影响。本章难点：沙皇专制制度建立的原因。

第一节　基辅罗斯

在原始的初民时代，地理环境与文明形态息息相关。由于气候和地理环境的影响，当其他民族的祖先，如古埃及人、古巴比伦人、古代中国人和古希腊—罗马人，在创造文明的时候，俄罗斯人的祖先——斯拉夫人，还难以从业已发现的考古文物和历史文献中，找到存在的证据。

大约公元1世纪左右，也就是中国的两汉交替之际，或者说罗马帝国的恺撒—屋大维时期，俄罗斯人的祖先——斯拉夫人，开始出现在东欧平原。其中的一支，即东斯拉夫人，开始向今天的俄罗斯境内移动，逐渐分布到第聂伯河中上游、伏尔加河上游和西德维纳河（道格瓦河）一带。

斯拉夫人分布在德涅斯特河和第聂伯河下游、一直到黑海沿岸乃至更东的地区，主要从事农业、畜牧业和渔猎经济。罗马时期著名历史学家塔西佗最早记载了斯拉夫人的活动，他在《日耳曼尼亚志》中写道，“维涅德人大体上接近于萨尔马特人，他们游荡于培契尼人和芬尼人之间的山林中，以劫掠为生”，“他们有固定的栖身之所，有盾，矫捷善走”。[1] 塔西佗所称的维涅德人，就是斯拉夫人。从他的记载中，可以推测出当时的斯拉夫人大致处于氏族公社阶段。

斯拉夫人：欧洲各民族和语言集团中人数最多的一支。其分布范围主要在欧洲东部和东南部，共有三大支系。“东部斯拉夫人”主要是居住在东欧平原地区的俄罗斯人、乌克兰人和白俄罗斯人。“西部斯拉夫人”主要是中欧地区的波兰人、捷克人、斯洛伐克人和索布人。“南部斯拉夫人”主要是巴尔干半岛的塞尔维亚人、克罗地亚人、斯洛文尼亚人、马其顿人和黑山人。

公元5～6世纪，也许是由于气候的影响，北方草原大面积退化，加之匈奴人在与中国汉民族的对抗中不断失利，在欧亚大陆上出现了一次规模巨大的民族迁徙。那些原先居住在东欧草原的游牧民族迫于西迁的匈奴人的压力，纷纷向南迁徙；他们依仗牛肥马壮、弩劲弓强，不断向南边的农业文明地带发动进攻。这导致先进文明受到巨大冲击，如欧洲希腊罗马文化的衰落；落后民族大大提高了文明水准，如日耳曼人和斯拉夫人的崛起。这个时期，斯拉夫人开始使用铁质工具，他们的生活环境大大改善；他们用铁斧劈开丛莽，砍光树木，建立“村庄”。

至6世纪，斯拉夫人分为东斯拉夫人、西斯拉夫人和南斯拉夫人。其中的东斯拉夫人，就是俄罗斯人的祖先。东斯拉夫人视万物为有灵，认为自己生活周围的一切植物、动物以及一切现象都是神怪力量的体现。这个时期东斯拉夫信仰处于原始阶段，其社会制度大体处于由原始的氏族公社制向奴隶制过渡的时期。在政治和社会生活方面，仍带有较浓厚的军事民主制色彩，社会基本组织是氏族联盟，重大事件由部落会议（俄文音译

[1] 张建华. 俄国史［M］. 北京：人民出版社，2004：3.

“维彻”）讨论决定。

公元9世纪时，随着生产力的发展，氏族制度趋于瓦解，氏族分化为一个家族。若干家族又按所处地域和经济联系结成农村公社。这种公社，斯拉夫语叫“斯默尔德”。公社内部的森林、牧场、水源属集体所有，由公社成员共同使用。耕地按户定期分配，收获归家庭享有。各户所得土地后来逐渐固定，并成为家庭的私有财产，于是就出现了私有制。私有财产的出现，以及建立在私有财产基础上的个体劳动，使公社内部发生贫富分化；氏族首领或部落酋长利用权力或各种手段霸占土地、战利品和剩余产品，变成富有贵族，于是产生了阶级。随着阶级的产生，到公元9世纪，一些部落联盟发展成最初的国家，被称为公国。当时形成许多公国，其中最大、最有名的是基辅公国和诺夫哥罗德公国。

基辅罗斯是俄罗斯历史上建立的第一个统一的国家，是由瓦良格人建立的。芬兰人称之为罗斯人（芬语 Routis），或称北方人、诺曼人。9世纪中期，诺夫哥罗德的统治者争权夺利，发生内讧。公元862年，居住在斯堪的纳维亚半岛及丹麦一带的瓦良格人应诺夫哥罗德贵族的邀请平息内乱。瓦良格人首领留里克兄弟率军入侵诺夫哥罗德，平息了叛乱，夺取了政权，建立了留里克王朝。留里克兄弟死后，其亲属奥列格继位。882年，奥列格先后征服了基辅公国、斯摩棱斯克公国以及临近的其他公国；以基辅为中心，进行统治，被称为基辅罗斯。俄国历史上留里克王朝（882～1598年）便从此开始。基辅罗斯也被称为古罗斯国家。

基辅国最初对人民的剥削方式是“索贡”。具体做法是：每年11月，基辅大公本人或委派其他人率领亲兵到所属的居民中去“索贡巡行”，挨家挨户征收贡品——毛皮、蜂蜡、蜂蜜等。谁要是抗拒不交，就会被作为俘虏抓走。这种活动往往要持续整个冬天。等到来年春天，满载而归的基辅大公便将所得到的贡品和俘虏贩运到东罗马帝国的首都——君士坦丁堡去出售。945年，伊戈尔大公（奥列格之子）多次向德列夫安人征收贡物，激起人民反抗，被处死。之后，其妻统治时，规定了征收贡品的数额。10世纪中后期，逐渐设立了征收贡品的机构。历代基辅大公在加强对罗斯人民的控制和剥削的同时，还把征战作为对外贸易的补充，不断发动对东罗马帝国的掠夺战争，不断进行对外征服活动，最后完成了以基辅为中心的更大范围的统一（见图1－1）。

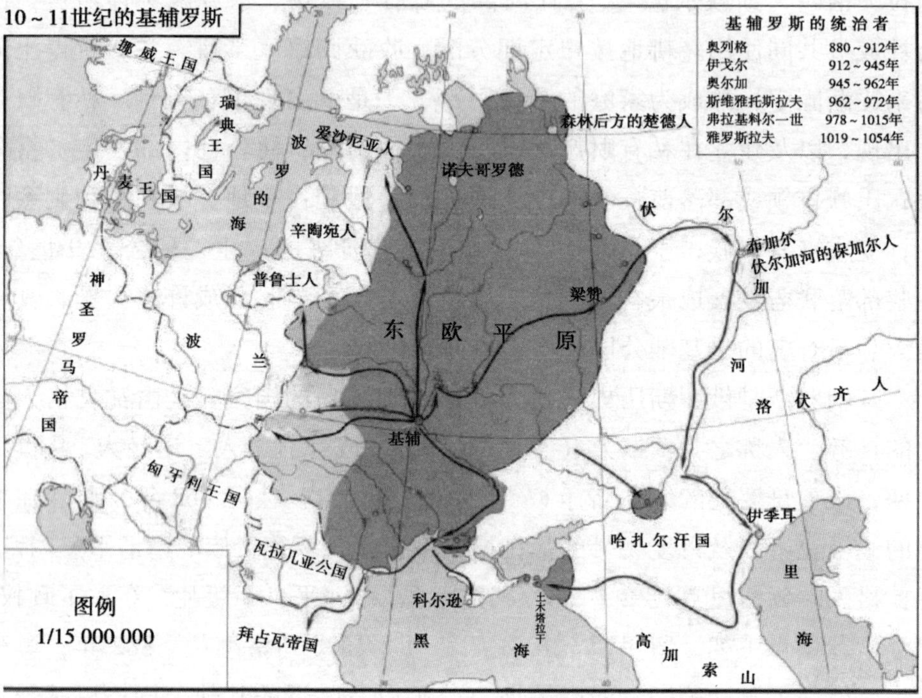

图1－1　10～11世纪的基辅罗斯

资料来源：http：//baike. baidu. com/picview/82222/82222/0/cebd00170936d34f4b90a720. htmlJHJ albumindex＝0&picindex＝0.

统一后的基辅罗斯，社会经济有了进一步发展。10世纪下半叶到11世纪上半叶，基辅罗斯进入鼎盛阶段。基辅和诺夫哥罗德城已拥有几万人口，封建生产方式占统治地位。随着大土地占有制（庄园）的出现，许多农民的土地被兼并，一部分人完全失去了土地，一部分人只剩下很少的土地。完全丧失土地的农民逐渐沦为封建主的依附者，即农奴。有的则因借了债，而沦为“债农”。

在基辅罗斯的历史上，曾出现过一位很有作为的大公——弗拉基米尔大公（980～1015 年）。他当政时期，基辅罗斯达到鼎盛，马克思称之为“野蛮光荣”的时期。从史书记载和民间传说来看，弗拉基米尔当政时主要做了以下几件事。

其一，成功抵御了外敌的入侵。从 9 世纪中叶起，在基辅罗斯的东南方，出现了一个叫佩切涅格人的新游牧民族，他们不断袭扰罗斯边境，对罗斯造成严重威胁。弗拉基米尔当政以后，把很大一部分精力用来对付佩切涅格人的进犯，并在第涅伯河的东岸地区修筑了一系列防御工事，在苏拉河沿岸建立起一道道防线。其中，屹立在罗斯和游牧部落边界线上的第一道防线，存在了长达 200 年之久。他还加强了基辅和南部城市契尔尼哥夫和佩列雅斯拉夫尔的防卫。在弗拉基米尔的指挥下，由城堡、要塞和信号等组成的防御体系，有效地遏制住了佩切涅格人的偷袭，保卫了罗斯人的生命财产安全。

其二，平定叛乱并继续开拓边疆。981 年，弗拉基米尔进攻波兰夺回普热米什尔和契尔文等城。983 年，他征服布格河流域的雅特维格人。他还打败了匈牙利人，占领了喀尔巴阡山的一部分。

其三，宣布基督教为国教，禁止斯拉夫人的多神教信仰。988 年，弗拉基米尔大公将东正教定为国教。基督教作为拜占庭文化的重要载体传入罗斯是一种进步现象。它不仅促进了罗斯国家封建关系的形成，巩固了大公的权力，还发展了文字和教育，加强了罗斯和拜占庭的经济文化交流。更为重要的是，基督教还提高了罗斯的国际地位，使它跻身于欧洲文明国家的行列。

弗拉基米尔的文治武功，使他赢得了罗斯人民的信任和爱戴。在罗斯民间口头文学《壮士歌》中，弗拉基米尔被颂扬为“红太阳”。

弗拉基米尔死后，他的几个儿子为争夺王位而展开混战。后来，其子雅罗斯拉夫得胜，控制了基辅的全部国土。雅罗斯拉夫学识渊博，制定了著名的《雅罗斯拉夫法典》，被后人誉为“智者”。他还用政治联姻的方式与欧洲的许多国家建立了友好关系，为罗斯国家的发展作出了巨大贡献。

随着生产力的发展和封建关系的确立，各地王公和封建贵族兼并了大量土地，组织了武装，增强了实力；为摆脱基辅大公的统治，他们纷纷闹独立。雅罗斯拉夫死后，对王位的争夺使得基辅罗斯再次陷入分裂的局面。12 世纪时，基辅大公的政权已经名存实亡，基辅罗斯分裂为 13 个小国。到 1125 年，基辅大公弗拉基米尔·莫诺马赫死后，基辅罗斯完全瓦解，形成历史上的封建割据时期。由于各公国混战不已，更削弱了各个公国的力量，一旦遇到强大外敌的入侵，土崩瓦解是意料之中的事。正如马克思所说："这样，诺曼人的俄罗斯从舞台上完全消失了，而它残存下来的一些微弱的痕迹，在成吉思汗出现时，消失得无影无踪了。"❶

第二节　蒙古人的入侵及其统治

蒙古原来是个游牧民族，早在唐朝时期，就在今内蒙古东北的额尔古纳河上游一带活动。约在公元 8 世纪时，蒙古族西迁，开始游牧于土地肥沃、水草丰美的斡难河和怯绿连河之间。到 12 世纪时，蒙古族形成很多部落，其中较大的有蒙元部、塔塔儿部等。欧洲人称蒙古人为"鞑靼人"，就是根据"塔塔儿部"的名称而来。

公元 1206 年，蒙古勃儿只斤部落的贵族铁木真（1162 ~ 1227 年）统一蒙古各部，结束了长期分裂的局面，建立起蒙古国。铁木真当选为大汗，号称"成吉思汗"，意思是要成为"拥有四海"的大汗。

由于游牧民族的经济特点和生活习惯，蒙古人自幼养成勇敢剽悍、能征善战的精神。史书记载说："鞑人生长鞍马间，人自可战"，"来如天坠，去如电逝"。❷ 成吉思汗正是以此为基础，组建了一支精悍的蒙古军队，再加上欧亚大陆有利的地理位置，为成吉思汗纵横驰骋、横扫欧亚准备了极好的条件。

成吉思汗统一蒙古后，便开始大规模的远征。1209 年灭西夏。1211 年

❶ 马克思．十八世纪外交史内幕［M］//马克思恩格斯全集．第 44 卷．北京：人民出版社，2001：239.

❷ 赵珙．蒙鞑备录［M］．北京：中华书局，1982.

进攻金国，1223 年灭金。其间，在 1219 年，成吉思汗还亲率 20 万大军横扫中亚，灭掉了花剌子模汗国。

成吉思汗占领中亚后，继续遣兵西进，发动了对罗斯地区的第一次战争。他们越过高加索山，进入顿河流域，来到突厥族沃舍梯人和波洛夫齐人地区。这两个部落本来就不团结，再加上蒙古人离间计的挑拨，更是反目成仇，结果被蒙古军各个击破。波洛夫齐人战败后，逃到罗斯人居住的第涅伯河一带，蒙古军则尾随其后，紧紧追赶。

大敌当前，原来彼此混战的各罗斯王公捐弃前嫌、组建联军，共同抗击蒙古人的入侵。1223 年，蒙古军队在卡尔卡河畔同罗斯各公国的军队以及波洛夫齐人展开决战，后者大败，罗斯有 6 个封建王公被杀。蒙古军随后又向伏尔加河沿岸的保加尔人出击，遭到保加尔人的激烈反抗；其势已成强弩之末，不得不经过哈萨克草原返回蒙古，接着围攻西夏。1227 年，在进攻西夏时，成吉思汗病死。

成吉思汗死后，其子窝阔台继大汗位，继续执行成吉思汗的扩张政策。1235 ~ 1242 年，蒙古大汗窝阔台派拔都进行第二次西征。1236 年，拔都率军越过乌拉尔山，进入卡马河流域，占领保加尔城。为报上次西征失败的一箭之仇，蒙古军队洗掠并彻底摧毁了保加尔人地区。接着，蒙古军队经过莫尔多瓦人地区，进入梁赞公国。梁赞是生产粮食的地区，地理位置也很重要。面对蒙古军队的入侵，梁赞王公积极备战；但由于没有得到其他王公的帮助，孤军奋战五天，终因寡不敌众而失败。1238 年 2 月，蒙古军队西进，大军直指弗拉基米尔—苏兹达尔公国。弗拉基米尔军民誓死守城。王公尤里也宣称："我们宁肯战死在城门，也不让蒙古人进城。"2 月 6 日，蒙古军开始攻城，激战数日，弗拉基米尔沦陷，王公尤里在战斗中阵亡。这样，整个东北罗斯就被拔都的军队征服。

接着，拔都率军向西北挺进，诺夫哥罗德公国危在旦夕。诺夫哥罗德人民斗志昂扬，他们严阵以待，准备决一死战。对于蒙古军队来说，由于通往诺夫哥罗德的道路泥泞，周围人烟稀少，给养发生困难，骑兵行动艰难，加之沿途受到当地居民的袭击，损失很大。最后，在离诺夫哥罗德 100 俄里的地方，拔都功亏一篑，被迫折回南方，经摩棱斯克返回波洛夫齐草原。

1239年，拔都在经过一段时间的休整后，又开始了对西南罗斯的征服。1240年，主力进抵基辅，基辅王公闻风逃走。守城将领季米特里无所畏惧，担负起守城的责任。他号召全城居民团结一心，奋起抵抗。蒙古军队围城半年，最终将基辅攻陷。

接着，拔都兵分两路，一路进攻波兰，一路进攻匈牙利。侵波蒙军攻下克拉科夫等城，于1241年4月，在奥得河边大败波德联军，但后被捷克军队打败。与此同时，另一支蒙军击败匈牙利军队。1242年，拔都引兵攻掠亚得里亚海东岸各地，前锋进入波黑地区的克罗地亚和达尔马提亚，直抵意大利的亚得里亚海沿岸。这是蒙古军向西进攻最远的地方。由于偏师深入，劳师远征，再加上被占领地区人民的激烈反抗，蒙古军队被迫后撤，最后退到伏尔加河下游的草原地区，并定都萨莱（现伏尔加格勒附近），建钦察汗国，统治罗斯及西部西伯利亚的广大地区。因其大汗帐殿为金黄色，罗斯人称其为金帐汗国。

金帐汗国对罗斯的统治方式，主要是利用当地王公继续维持其封建割据政权。罗斯各王公受金帐汗册封（接受“封诰”），向金帐汗国称臣纳贡，并奉命率军出征。为加强统治，金帐汗从罗斯王公中选出一人，册封为弗拉基米尔—全罗斯大公。受封的人负责收缴全罗斯对金帐汗的贡赋，有权把其周围的土地据为己有。为争夺这一封号，各王公对金帐汗卑躬屈膝，彼此间明争暗斗，不择手段。金帐汗则居中操纵，维持他在罗斯地区的统治。

13世纪50年代，蒙古统治者决定加强对罗斯的控制。1257年，蒙古大汗蒙哥派官员来罗斯进行户口调查，登记造册，作为征收贡赋、征集军队、摊派徭役的依据。蒙古官员还在罗斯建立“八思哈”的军事、政治组织（“八思哈”为突厥语，意为镇守官），即由蒙古军官统领的十户长、百户长、千户长和万户长组织。它的主要任务是监督罗斯各公国交纳贡赋、监视社会政治生活，使他们完全忠于蒙古统治者。

客观而论，蒙古的军队非常强盛，但是从社会发展形态和生产力水平来说，蒙古人还是处于一个较低的阶段。因此，蒙古的入侵和统治，对于广大被征服地区来说，就意味着千百万人的死亡和大量物质财富的损失。可以说，蒙古的统治延缓了罗斯社会的发展，扩大了罗斯与西欧本来就存在的差距，造成罗斯在 14 ~ 15 世纪的衰落。

第三节　莫斯科公国的兴起和蒙古统治的崩溃

公元 14 ~ 15 世纪，在反抗蒙古统治的过程中，东北罗斯的莫斯科公国逐渐强盛，成为反抗蒙古统治的主力，进而演化成为沙皇俄国。马克思说："不是诺曼时期的野蛮光荣，而是蒙古奴役的血腥泥潭，形成了莫斯科公国的摇篮，近代俄罗斯只不过是莫斯科公国的变形而已。"❶

史书第一次记载莫斯科是 1147 年，当时它还是弗拉基米尔大公长臂尤里的一个小庄园。1263 年，弗拉基米尔大公亚历山大·涅夫斯基的幼子丹尼尔当了莫斯科王公，于是出现了莫斯科公国。

丹尼尔的儿子伊凡一世继位（1325 ~ 1340 年），因其富有而得到了"卡利达"即"钱袋"的绰号。卡利达是莫斯科公国史上一位能干而又狡猾、残酷的统治者。他一方面对金帐汗阿谀逢迎，用重金贿赂金帐汗及其妻妾和近臣，以取得他们的信任；另一方面又利用金帐汗打击和清除妨碍他扩张权势的对手。1327 年，特维尔公国发生了反对蒙古人的起义。伊凡·卡利达亲自率领蒙古金帐汗大军前往镇压，借机惩治了自己的强大对手（特维尔大公当时是全罗斯大公）。1328 年，伊凡·卡利达终于获得金帐汗的赏赐，被封为"弗拉基米尔和全罗斯大公"，并得到为金帐汗征收贡赋的特权。他还把东正教主教由弗拉基米尔迁至莫斯科，并动工修建圣母升天大教堂。政权和教权的结合大大加强了莫斯科大公的统治。伊凡·卡利达统治初期，莫斯科公国仅有 4 个城市，而到其晚年，已有 97 个城市和村庄。

卡利达的儿子在位期间，莫斯科大公的权力进一步扩大，以至于"罗

---

❶　马克思．十八世纪外交史内幕［M］//马克思恩格斯全集．第 44 卷．北京：人民出版社，2001：206.

斯所有王公都在他掌握中”。到他的孙子季米特里·伊凡诺维奇时，莫斯科公国的国力显著增强，与蒙古人展开决战的时机已经到来（见图1-2）。

季米特里·伊凡诺维奇先是用武力打败了对他的大公地位进行挑战的特维尔大公和梁赞大公，使他们屈服于莫斯科公国，保证与莫斯科大公一起反对东南的鞑靼人和西南的立陶宛人。同时还兼并了其他几个大公国，扩大了自己的版图。而此时，金帐汗内部为争夺汗位，内讧不已，20年间换了14个汗。

图1-2　季米特里·伊凡诺维奇

资料来源：http：//baike. baidu. com/view/1681325. htmlfromId = 179608.

莫斯科公国逐渐强大，引起了金帐汗的极度不安。金帐汗国封建主中有一个军事首领马麦，他暂时平息了内讧，于1378年对罗斯大举进攻，并与立陶宛订立同盟，强迫不满于莫斯科的梁赞王公支援他对莫斯科的进攻。情势危急，季米特里迅速调集15万大军开赴顿河进行抵抗。1380年9月，两军在库里科沃原野相遇，经过一天的激烈战斗，蒙古军队被击溃，“马麦大战”由此得名。季米特里因指挥库里科沃战役有功而获得“顿斯科伊”的称号。

库里科沃会战使罗斯付出了巨大代价。它是金帐汗遭受的第一个重大打击，是全罗斯人民反抗鞑靼桎梏的开端。它振作起了罗斯人民的民族精神，加强了人民的爱国主义感情，使人民产生了迅速摆脱金帐汗桎梏的希望，动摇了金帐汗的统治。自此，罗斯停止向金帐汗纳贡。

马麦败后，蒙古统治集团内讧又起。马麦被脱脱迷失汗击败，逃到克里木后死去。

蒙古人不甘心失败。1382 年，脱脱迷失汗又进攻莫斯科，季米特里猝不及防，由于派不出军队而失败。罗斯被迫继续称臣纳贡。

季米特里之子瓦西里一世统治时（1389～1425 年），下诺夫哥罗德归并。莫斯科公国就其领土面积和物产之丰富来说，都远超其他各公国。

但在瓦西里二世统治期间（1425～1462 年），因与其叔父争夺王位，内讧严重，内战 20 多年。瓦西里二世在战争中被敌人剜去双眼，被称为"失明大公"。此时，俄罗斯中央集权化过程暂时中断。

伊凡三世统治时期（1462～1505 年），俄罗斯国家中央集权化过程有了快速进展。

伊凡三世统治的前期，罗斯的政治统一便已基本完成。伊凡三世凭借雄厚的财力和物力，于 1463 年首先占领雅罗斯拉夫尔，消灭罗斯托夫公国，1471～1478 年又吞并了主要敌手诺夫哥罗德的大片领土。

莫斯科公国的政治经济力量日益增强，相反，金帐汗国国势日衰。15 世纪便已瓦解，分裂为喀山、阿斯特拉罕、克里木、西比尔、诺该等汗国，对罗斯早已无力控制。伊凡三世乃于 1478 年停止称臣纳贡。1480 年，金帐汗阿合马为惩治莫斯科公国，率军侵入奥卡河一带，准备攻打莫斯科。莫斯科的军队开向奥卡河迎击蒙古军。当蒙古军逼近乌格拉河、两军将要交锋的关键时刻，伊凡三世丢弃 30 万大军，临阵逃回莫斯科。由于人民的斥责，伊凡三世被迫返回前线。蒙古和俄罗斯两军对垒于乌格拉河两岸，一直僵持到冰冻时节，双方都未敢渡河决战。后来，由于天寒缺粮，阿合马等待许久的援军也未到，又传闻金帐汗国都城遭克里木汗袭击，蒙古军只得撤离。不久，金帐汗国发生内讧，阿合马被杀于顿河，使得伊凡三世获得了一个意外的胜利。至此，罗斯彻底摆脱了蒙古的统治。

莫斯科公国于 1485 年再度占领了特维尔公国。从此，伊凡三世统一了俄罗斯的大部分领土，中央集权国家基本形成。俄罗斯的最后统一完成于瓦西里三世统治时期，疆界北达白海，南抵奥卡河，西及第涅伯河上游，东至乌拉尔山脉的分支，面积达到280万平方千米。

第四节 沙皇专制制度的建立与加强

随着俄罗斯统一国家的形成，逐步建立起统一的国家管理机构，全国的行政、司法和军事大权全部操纵在伊凡三世手里。他自称“全俄罗斯君主”，有时自称“沙皇”。他仿照拜占庭帝国国徽，制定了双头鹰国徽，自视为罗马帝国的当然继承者。

15世纪初，开始出现新的国家机构，杜马成为重要的决策机关。有关治理国家的重大问题均由王公和杜马商讨决定。贵族杜马的成员包括大公的亲属、名望很高的封建主、部分过去的王公以及莫斯科老贵族的后裔。

伊凡三世组织了一支强大的军队，但以前的王公和重要的大贵族仍然有自己的武装，遇有征战时，他们也加入贵族军队。贵族军队以服役贵族为主体。服役贵族占有越来越多的土地。他们一方面支持中央集权的建立，另一方面竭力依靠中央集权的国家政权对农民进行奴役。农民则丧失土地，被迫“卖身为奴”。

“沙皇”称号的由来：伊凡三世已不再满足于“大公”的称号，喜欢别人称自己是“俄罗斯君主”。1453年，拜占庭帝国被奥斯曼土耳其人攻灭。1472年，伊凡三世同拜占庭帝国末代皇帝的侄女结婚，于是便称自己是帝国的正统继承人。他用拜占庭帝国皇室的徽号——双头鹰，作为自己国家的徽号，还为自己特制了一顶皇冠，自称“恺撒”。恺撒是古罗马著名皇帝，在俄语里的读音是“沙”。从此，伊凡三世又多了一个称号——“沙皇”。他幻想自己能像恺撒一样，成为至高无上的君主。到他孙子伊凡四世继位为莫斯科大公时，就正式加冕称“沙皇”了。

1497年，伊凡三世颁布新法典，规定对杀死主人、反对封建制度者处以极刑。限制农民迁徙自由；农民只能在晚秋尤利节（11月26日）前后各一星期内结清账目后离开原主，另觅生路。从此，乃用法律形式迫使农民依附于地主。俄罗斯中央集权制度的形成是以农奴制度为基础的，反过来，又促进了农奴制度的巩固与进一步发展。

1533年，瓦西里三世死后，由伊凡四世继位。当时他仅有3岁，由其母亲叶琳娜摄政。大贵族利用其年幼，结党争权，相互倾轧。舒依斯基先取得胜利，后又被另一贵族格林斯基推翻。格林斯基当政期间，废除了一切有利于中央集权的措施，把部分城市和土地分给自己的拥护者和亲属，俄国又重新出现了割据局面。

1547年，伊凡四世成年，遂以拜占庭礼仪举行加冕仪式，正式登基，亲自执政。伊凡四世不满足于莫斯科大公的称号，乃采用古罗马“恺撒”的称号，宣布自己为“沙皇”，表明他要像古罗马皇帝一样拥有绝对的权力。从此，莫斯科公国成为沙皇俄国。

伊凡四世为了加强皇权、削弱和打击大贵族的势力，依靠服役贵族，对国内政治、经济等各方面进行了一系列的改革。

其一，是设立缙绅会议。由领主杜马、各政厅的高级官员、宗教界和各城市的代表组成，也有商贾代表参加。缙绅会议讨论征收赋税、战争与和平等内外大事。

其二，是改组中央国家机构。废除世袭领地机构，建立中央管理机构即政厅制度，分管外交、财务、军械等事务。政厅首脑由大贵族出任，小贵族出身的官员管理日常事务。在全国各地普遍设立司法机构，由小贵族任法官，审理重要刑事案件，从而削弱了地方长官的权力。

其三，颁布法典。缙绅会议于1550年通过大法典，旨在保护封建主的生命和财产。新法典规定农民只能在“尤利节”离开原主，另觅生路。

其四，颁布《兵役条例》，规定每个世俗贵族均应依法为国家提供全副武装的骑兵，每拥有150俄亩土地提供一名。从此，封建家兵成为沙皇服役的军队。按《兵役条例》规定，实行按门第选任军官的制度，以提高贵族在军队中的地位。

伊凡四世的改革有力地扫荡了封建割据的残余势力，巩固了中央集权，加强了封建专制。

但是，不少王公贵族仍然拥有大块领地。王公后裔在地方上仍握有权力，拥有自己的武装，动辄率领封建家兵外出征讨。他们在自己的领地俨如“至高无上的君主”，挥霍无度，肆意横行，竭力反对加强中央集权的种种措施。伊凡四世为了摧毁大贵族的经济基础，实行沙皇特辖制。伊凡四世把全国的土地分为特辖区和普通区两大部分。特辖区由沙皇直接管辖，普通区则由贵族杜马管理。特辖区总面积约占全国土地的一半以上。这些地方或土地富饶、商业繁荣，或具有重要的军事意义。凡原先在特辖区以内属于大贵族的世袭领地，一律成为王室财产，由沙皇赐给服役贵族。

普通区主要包括西部、西北部以及东部和南部边境地区，这些地方荒凉贫瘠。被剥夺世袭领地的大贵族从普通区获得土地作为补偿，他们移居边区后便失去了自己的原有属民。

伊凡四世为了镇压大贵族的反抗，还建立了特辖军。特辖军由1 000人组成，严格挑选。他们多是拥护沙皇的贵族，其中也有少部分是豪门贵族和领主的代表，都曾为沙皇立下过“汗马功劳”。特辖军身着黑色服装，马鞍旁挂有一个狗头和一把形似扫帚的刷子，表示他们将扫荡国内的叛逆分子。沙皇依靠特辖军残酷镇压大贵族的叛乱，大批地屠杀大贵族及其家属，甚至血洗整个大贵族村庄，妇女和婴儿也难以幸免。如1570年，伊凡四世亲自率军讨伐诺夫哥罗德，在该城屠杀长达6个星期之久。因此，伊凡四世在历史上被称为“恐怖的伊凡”或“伊凡雷帝”(见图1－3)。

特辖制摧毁了封建割据势力，俄罗斯历史进入了中央集权制的新时期。

1572年，伊凡四世宣布废止特辖制。这不是由于大贵族中反对派已被粉碎，而主要是由于人民群众对特辖制不满。实施特辖制的年代是充满恐怖的年代。特辖军贪婪地掠夺大贵族的财物，强行夺走农民的牛马、粮食，农民不得反抗，否则就被杀死。

伊凡四世晚年，城市发展很快，对外贸易主要是向西欧国家出口粮食。封建主为了增加粮食出口，残酷压榨农奴。农奴无法生活下去，即成群结队逃到地广人稀的顿河下游一带，自称“哥萨克”。为了阻止农奴外逃，

图1－3　伊凡雷帝杀子（列宾作于1855年）

资料来源：http：//baike. baidu. com/view/183104. htm.

伊凡四世颁布“禁年制”法令，取消了农奴可在“尤利节”前后离开主人的规定。后来还在全国实行土地和户口登记制度，凡登记了的农民就成了地主的永久农奴，永远不能离开。后来，在费多尔统治时，1597年颁布了追捕法令，即地主有权追回逃亡不超过5年的农奴。可见，俄国的封建农奴制日益加强，而当时西欧各国的农奴制正逐步瓦解。

伊凡四世在对内加强统治的同时，开始了对外扩张，先后征服了喀山汗国、阿斯特拉罕汗国和亚洲的西伯利亚汗国；发动了长达25年之久的立沃尼亚战争，企图夺取出海口，但却以失败告终。

喀山是控制伏尔加航道和通往西伯利亚的要地，又是联系东北欧同高加索和中亚等地商路的纽带，被称为“天下胜地”。伊凡三世曾一度干涉喀山内政。伊凡四世在1545～1550年间先后出兵喀山，都以失败告终。1552年，伊凡四世亲自率领15万大军，配备150门大炮，进逼喀山。喀山守军只有3万，大炮甚少，力量相差悬殊，但仍进行坚决抵抗。直到10月上旬，俄军才得以攻破城垣，喀山被征服。

伊凡四世派兵继续南下。1554年，3万俄军直逼阿斯特拉罕城，击败守军后，扶植傀儡结尔维什·阿里为汗。两年后，又废除傀儡，于1556年8月宣布将阿斯特拉罕并入俄国。

随着上述两个汗国的被征服，伏尔加河流域的各民族——鞑靼人、楚瓦什人、乌德穆尔特人等均臣服俄国，俄国从此成为一个多民族国家。

征服了喀山和阿斯特拉罕后，伊凡四世又开始向西伯利亚扩张。西伯利亚面积1 200多万平方千米。长久以来这里就生活着土著民族：西北部是涅涅茨人、汉特人、曼西人；西南部主要是鞑靼人；叶尼塞河以东是埃文人、埃文克人和雅库特人；亚洲东北角是龙卡吉人、楚克奇人、克里亚克人和堪察加人。

沙俄首先征服乌拉尔以东、鄂毕河中游、鄂尔齐斯河和托博尔河之间的西伯尔汗国。从1555年起，西伯尔汗国慑于沙皇的武力，被迫称臣纳贡。1563年，古楚汗登位，企图摆脱臣属地位。1558年，伊凡四世给强占卡马河部分土地的大富商和大地主斯特罗干诺夫家族颁发“特许状”，使其具有“向西伯利亚殖民扩张的专利权”。在沙皇授意下，斯特罗干诺夫家族招募哥萨克近千人，由叶尔马克率领，1581年从彼尔姆出发，越过乌拉尔山，向西伯利亚推进。1582年，叶尔马克与古楚汗决战，叶尔马克取胜，占领了汗国。但在1585年，古楚汗又重新积聚力量；在一次夜袭中，几乎全部歼灭叶尔马克军，叶尔马克泅水逃命，淹毙于鄂尔齐斯河。

后来，沙皇费多尔继续用兵，直到1598年才打败古楚汗，征服了西伯利亚汗国。

为了夺得出海口，伊凡四世还发动了立沃尼亚战争。从12世纪起，立沃尼亚这一地区由日耳曼骑士团占领。到16世纪中叶，伊凡四世乘骑士团衰落之机，发动了立沃尼亚战争（1558~1583年）。战争初期，俄军长驱直入，占领了许多地方。不久，沿海国家均插手干涉，立沃尼亚战争发展成一场国际战争。立沃尼亚领土被波兰、立陶宛、瑞典、俄国瓜分。1569

年，波兰与立陶宛合并，后开始进攻俄国西部。1582 年，俄国与波兰签订和约，俄被迫放弃占领的立沃尼亚部分地区。1583 年，俄国与瑞典签订和约，又把占领的沿海东南重镇划归瑞典。经过 25 年的战争，伊凡四世夺取出海口的图谋以失败而告终。

立沃尼亚：立沃尼亚是中世纪后期的波罗的海东岸地区，即现在的爱沙尼亚和拉脱维亚的大部分领土。历史上曾先后由圣剑骑士团（一译宝剑骑士团，通称立沃尼亚骑士团）、丹麦、条顿骑士团、波兰—立陶宛、瑞典、俄罗斯帝国、德意志第二帝国、德意志第三帝国以及苏联统治。"一战"中俄罗斯帝国解体，德国战败。1918 年爱沙尼亚、拉脱维亚和立陶宛取得独立；1940 年根据苏德互不侵犯条约被苏联吞并；1941 年又被德国占领；1944 年再次被苏联吞并。苏联解体时，作为加盟共和国的爱沙尼亚、拉脱维亚以及立陶宛恢复独立。

1584 年，伊凡四世死后，其子费多尔继位（1584～1598 年）。他智力低下，才能平庸，无力处理国事。因此由外戚大贵族戈杜诺夫行使统治国家的权力。他继承了伊凡四世的政策，对内强化统治，对外与瑞典交战，结果失败，俄国失去了在芬兰湾南岸的大片土地。1598 年，费多尔死后，因留里克王朝绝嗣，全俄缙绅会议选举鲍里斯·戈杜诺夫为沙皇。

戈杜诺夫当政时期（1598～1605 年），贵族的特权越来越大，农民的生活愈来愈苦。1601～1603 年，国内又发生严重自然灾害，庄稼连年歉收，饥荒蔓延。据记载，仅莫斯科地区，三年内就饿死 12.7 万人。商人、僧侣不顾人民死活，趁机囤积粮食，牟取暴利。走投无路的农民乃脱离领主逃往南部的顿河草原地区，到处都酝酿着大规模的农民起义。

1601～1602 年，乌克兰出现一个自称伊凡四世幼子季米特里（他于 1591 年突然死去）的人。该人是个逃亡僧侣，名叫奥特列比耶夫。波兰国王乃以武力支持这名冒名者为俄国国王。伪季米特里答应，在胜利之后，将斯摩棱斯克和塞维尔斯克割让给波兰。1604 年，伪季米特里率领四千波兰军队和几百名俄罗斯哥萨克越过边境侵入俄国，宣称要用武力夺取政权，要使所有信奉东正教的人过上太平日子。逃亡的农民、农奴、哥萨克及一些对戈杜诺夫政权不满的人，纷纷投效伪季米特里。最初，受蒙蔽的农民信以为真，盼望这位“好沙皇”能把他们从苦难中解救出来。

1605年，戈杜诺夫突然死去，继承王位的是他年仅16岁的儿子费多尔。1605年6月1日，在伪季米特里“招安告示”的影响下，莫斯科居民举行起义。大贵族利用人民起义推翻戈杜诺夫父子。同年6月22日，伪季米特里开进莫斯科。一个月后，加冕为沙皇。

伪季米特里登基后，一方面对广大农民残酷无情，一方面竭力讨好贵族。他为报答波兰地主的恩典，把部分领土割让给波兰。1606年，伪季米特里同和波兰大地主的女儿玛琳娜·姆尼舍克结婚，两千多名波兰贵族武装队伍与她同时抵达莫斯科。他们在俄首都飞扬跋扈、横行不法，激起了首都居民的强烈不满。大贵族瓦西里·舒依斯基乃利用人民群众的愤怒情绪，策划兵变。人民从四面八方冲向克里姆林宫，袭击波兰贵族的住处。伪季米特里和两千名波兰贵族、士兵被杀。大贵族窃取了政权，拥立瓦西里·舒依斯基为沙皇（1606~1610年）。

公元1601年以后，由于天灾和人祸加剧，各地不断爆发农民起义。其中以1606~1607年波洛特尼科夫领导的农民起义规模最大。伊凡·波洛特尼科夫出身农奴，后来逃到哥萨克居住区生活，还曾落入蒙古人之手并被卖给土耳其人，之后又到过许多欧洲国家，起义前回国。

1607年7月，波洛特尼科夫在俄国西南部被拥立为领袖。起义军从普梯弗里出发，向莫斯科进军，沿途多次打败沙皇军队，起义军发展到10万人。同年12月，由于起义军内部人叛变，起义队伍受挫。沙皇调来大批援军，起义军在沙皇军队数倍于己和粮、弹十分缺乏的情况下，坚守图拉城达4个月之久，终因沙皇军队放水淹城而失败。波洛特尼科夫于1608年3月被俘，惨遭杀害。

1608年，正当沙皇政府全力镇压农民起义的时候，波兰军队趁机进犯，直逼莫斯科。沙皇瓦西里·舒依斯基不是依靠本国人民力量抗敌，而是与瑞典缔结军事盟约，以割让卡累利阿为代价，借瑞典军队来抵御波军。这种引狼入室的做法加剧了局势的恶化。1609年秋，波兰国王得知瑞典援军进入俄国，即率军大举进攻。1610 年 6 月，瑞典军倒戈，俄军大败，莫斯科大贵族趁机发动政变，推翻了舒依斯基，并向波兰求和，承认波兰王子弗拉基斯拉夫为沙皇。此事激起广大人民的愤慨。1612 年，波查尔斯基公爵和市民米宁组织了一支军队反抗波兰入侵者，各地人民纷纷响应。经过一年的艰苦战斗，终于赶走了波兰侵略军，收复了莫斯科。

但是，人民的胜利果实还是被封建统治阶级篡夺了。1612 年年底，贵族、僧侣、地主、富商等召开贵族代表会议，推选大贵族米哈伊尔·罗曼诺夫（1613～1645 年）为沙皇，从此开始了俄国史上长达 300 多年的罗曼诺夫王朝的统治。

【思考与练习】

1. 蒙古的统治对俄罗斯的历史发展造成了怎样的深远影响？
2. 沙皇专制制度建立的原因是什么？

【延伸阅读】

[1] 孙成木，等，主编．俄国通史简编［M］．上下卷．北京：人民出版社，1986.

[2] 张建华．俄国史［M］．北京：人民出版社，2004.

[3] ［俄］克柳切夫斯基．俄国史教程［M］．张咏白，等，译．北京：商务印书馆，1996.

[4] 曹维安．俄国史新论——影响俄国历史发展的基本问题［M］．北京：中国社会科学出版社，2002.

第二章　17~18 世纪的俄罗斯帝国

【导言】17 世纪初，罗曼诺夫王朝建立。17 世纪的俄罗斯，经济社会发展迟缓。与已经走上资本主义发展道路的最先进的欧洲国家相比，俄国显得非常野蛮、落后和保守。彼得一世上台后，励精图治，进行了一系列富国强兵的改革，在一定程度上改变了俄国的落后面貌，并成为现代俄国政策的奠基者。叶卡特琳娜二世继承了彼得的衣钵，实行“开明专制”，对外进行扩张，使俄罗斯成为欧洲的霸主。本章重点：彼得改革的背景、内容和意义；叶卡特琳娜二世的“开明专制”对俄罗斯历史发展的影响。本章难点：彼得一世改革的意义及其深远影响。

第一节　17 世纪的俄国状况

罗曼诺夫王朝建立后，竭力恢复因农民战争和外国武装入侵而遭受破坏的中央集权制。罗曼诺夫王朝为维护贵族利益，加剧了对农民的压榨和剥削，把大量土地分赐给对建立新王朝有功的小贵族，力图巩固自己新政权的支柱，而那些扩大了土地的小贵族则要求加强对农民的支配权。于是，沙皇政府在 1642 年宣布了延长地主对逃亡农奴追捕权的期限，由原来的 5 年延长为 15 年。1646 年，又进行户口登记，凡被登入“人口调查簿”的人，一律被固定在原地，不准离开。1649 年，沙皇阿列克谢又制定新法典，取消了追捕逃亡农奴的年限。该法典明文规定，追回的逃亡农奴连同家属及全部财产统归原地主所有，原地主对农奴拥有完全的支配权。

农奴制：农奴制是封建社会中封建领主在其领地上建立起来的剥削、奴役农奴的经济制度。由于被剥削的主要对象是农奴，故又称封建领主制。在这种制度下，少数封建领主或农奴主占有土地、山林、草原和河流等绝大部分生产资料，并部分占有农奴；农奴从农奴主手中分得一块份地，作为代价，他们必须无偿耕种领主土地，服各种劳役，并上缴大部分的劳动产品。农奴制的基本特征是农奴被束缚在土地上，不得不依附于农奴主。

同时，沙俄政府继续实行扩张政策。早在戈杜诺夫当政时，就于1586年年初再次进军西伯利亚。沙俄以秋明和托波尔斯克为据点，占据鄂毕河流域，进而向西伯利亚全境推进。罗曼诺夫王朝建立后，又不断继续派兵，1643年和1649年先后派波亚科夫和哈巴罗夫率兵进犯中国黑龙江流域。沙俄派遣的“远征军”越过贝加尔湖，于1658年在中国尼布楚（今涅尔瑟斯克）强筑城堡，并以此为基地向黑龙江流域进犯，遭到中国军民的抵抗。1685年及1686年清政府派军队抗击，取得胜利，沙俄被迫同意进行谈判。1686年8月，中俄双方在尼布楚举行谈判；9月签订了《尼布楚条约》，据此划定了中俄东段边界。至17世纪末，沙俄已基本上占领了西伯利亚广大地区。

17世纪中期，农民遭受的剥削和压迫更加严重，农民同地主之间的矛盾更加激化；哥萨克中的贫富分化日益加剧，激起了下层人民的不满。1667年，拉辛领导的农民起义爆发。斯切潘·拉辛出身贫苦，性格刚毅，聪明机智，被推举为领袖。1667年，拉辛领导起义军在里海西部沿岸打击贵族、富商和哥萨克上层分子，随后攻占了察里津和阿斯特拉罕等地，战火很快就烧到了莫斯科近郊。沙皇政府惊恐万状，迅速调来大批军队和外国雇佣军镇压起义。1670年10月，起义军在辛比尔斯克战败；腿部中弹负伤的拉辛，带领起义军向顿河转移。1671年4月，由于哥萨克上层分子的出卖，拉辛在卡加利尼斯基小城被捕，于6月6日在莫斯科红场被处以极刑。

拉辛虽然死了，起义也失败了，但人民一直深深地怀念他。1919年5月1日，苏联苏维埃政府在红场、当年拉辛牺牲的地方，为他建立了纪念碑；列宁发表讲话，高度赞扬了拉辛的革命精神。

第二节　彼得一世的统治

一、17 世纪末、18 世纪初的俄国

俄国在人类文明的旅途上起步较晚。到 17 世纪末，同已经走上资本主义发展道路的最先进的欧洲国家相比，俄国显得更加落后了。17 世纪末、18 世纪初，正是欧洲从封建主义向资本主义社会过渡的时期。欧洲许多国家在这个时期都有不同程度的发展。尼德兰早已发生革命，那里的资本主义制度已根深蒂固，它的商船已遍布世界各大海洋。英国则刚刚完成资产阶级革命，为工业的飞速发展创造了良好条件。法国正处于封建制度的顶峰，在路易十四的治理下，资本主义经济有了一定发展。启蒙运动早期代表人物已开始为新社会的到来而呐喊。普鲁士王国作为中欧的新兴力量正在兴起。瑞典王国雄踞北欧，已经成为欧洲列强之一。改革之风也曾吹过丹麦、奥地利。同这些国家相比，俄国显得十分野蛮、贫穷、落后，几乎还没有脱离中世纪的黑暗和愚昧状态。这主要是由于国家的发展遇到了非常不利的外部政治条件——外敌不断地侵略、掠夺和破坏。鞑靼—蒙古持续 240 多年的压迫就是俄国落后的原因之一。同时，俄国还受到瑞典人、波兰人的侵略。当时，俄国政治机构运转迟缓、低效，财政体制混乱不堪，捐税繁多，税额年增，人民重负难忍。实力雄厚的大贵族之间，争权不已，内乱不休，军队主要由外国人随意训练，部分官兵甚至兼营小商业和手工业。俄军供应欠缺，军火质劣，当时尚无真正的正规军。俄国经济发展受到农奴制的束缚，刚刚出现的手工业踯躅不前。城乡交流十分困难，泥污、泥路遍布全国。当时，俄国大多数人目不识丁，劳动群众处在愚昧之中。如此病弱的俄国在对外关系中也处于劣势：南方不断与奥斯曼帝国较量，北部必须与瑞典王国抗争，日耳曼人和波兰人不断从西方造成威胁。

俄国内外交困的状况必然不断加剧社会矛盾。从 17 世纪开始，俄国的

贫困市民、农民与被压迫的民族奋起反抗，打击封建贵族统治。

17 世纪罗斯国家处于转折点。彼得一世上台后，推行了一系列大刀阔斧的改革，促进了俄国的进步，使俄国逐渐迈入欧洲列强的行列。

二、彼得一世的改革

彼得一世的父亲是沙皇阿列克谢·米哈依诺维奇·罗曼诺夫（1645～1676 年）。阿列克谢的前妻出自米洛斯拉夫斯基家族，生有长女索菲亚、长子费多尔和次子伊凡。他的后妻娜塔利亚出自纳雷什金家族，育有一子，即彼得一世。1676 年，阿列克谢沙皇去世，15 岁的长子费多尔即位。但他体虚多病，意志薄弱。此时，由于新沙皇为米洛斯拉夫斯基家族的外甥，该姓大族迅速获得权势。年仅 4 岁的彼得被逐出首都。1682 年 4 月，费多尔夭折，无嗣，皇位空缺。纳雷什金家族等对米洛斯拉夫斯基家族不满的大贵族立即宣布年仅 10 岁的彼得为沙皇。16 岁的伊凡因能力低下、身体欠佳遭到冷遇。米洛斯拉夫斯基家族对此甚为不满，他们利用尚有的权势，与索菲亚公主勾结，发动射击军骚乱。射击军士兵手执武器，冲入克里姆林宫，杀死支持彼得的数名大贵族，逼迫纳雷什金家族让权。5 月末，俄国杜马立伊凡为第一沙皇，彼得为第二沙皇，他们的姐姐索菲亚摄政。彼得仅有沙皇头衔，毫无实权，仍旧被排挤在宫廷之外。索菲亚及其支持者掌握政权。1689 年 8 月初，索菲亚企图再次发动射击军政变、杀死彼得、独吞大权。一个月后，彼得反击胜利，夺回政权，索菲亚被迫隐居修道院，米洛斯拉夫斯基家族丧失权势（见图 2－1）。

彼得在隐居时，受侨居俄国的外国人和其老师的影响很大，从小对西方文化充满了狂热崇拜和迷恋。这为他后来大力推动“西方化”的政策打下了基础。

少年时代的彼得喜欢做的几件事是：手艺活、军事游戏、航海和造船。这使他养成了热爱体力劳动的习惯，培养了他对军事活动的巨大兴趣。可以说，沙皇后来所具备的许多与众不同的素质和习惯，就是在他隐居时形成的。

图 2－1　彼得一世的同父异母姐姐索菲亚

资料来源：http：//baike. baidu. com/view/775207. htm.

按一般规律，彼得挫败政敌后，应该全力以赴地去控制来之不易的权力。但是他没有这样做，而是把全部国家权力交给他的母亲娜塔利亚。他母亲无力挑起治理国家的重担，就由大主教若阿辛、特权贵族和国家杜马三股势力共同辅佐执政。彼得表面上仍无所事事，沉溺于战争游戏、军事演习、航海和造船等活动，而实际上则胸怀大志，在为改变俄国的落后现状做着更充分的准备。他接触一些居留俄国的外国侨民，从中吸收先进的思想。他下决心要改变俄国在经济社会、国家组织、文化风俗习惯等方面的落后状况。

彼得认识到，俄国之所以落后，与其所处的地理位置不无相关。当时的俄国，北面是北冰洋，东边是太平洋，虽然可以通过水路与外国联系，但由于当时经济发展水平的限制，即使俄国人能在这两大洋上航行，对俄国也没有多少实际价值。俄国迫切想与先进的西欧各国建立联系或进行贸易往来。当然，要实现这一目标，最廉价的交通是水路。但在当时，俄国南面的亚速海和黑海由土耳其控制，打不通这关就无法进入地中海；北路的波罗的海为瑞典把持，俄国人无法进入大西洋。当时唯一能对外通商的港口是北方的阿尔汉格尔斯克，然而这里一年有 9 个月的冰冻期，无法通航。所以，彼得朝思暮想的是如何打开一条通向海洋的道路，以适应商人扩大市场的需要，满足封建主增加谷物输出和加强同西欧各国联系的要求。

17 世纪时，黑海为土耳其奥斯曼帝国的“内湖”。当时，顿河、亚速海入海一带地区由克里木汗统治。克里木汗控制的亚速夫堡垒（现在俄罗斯的罗斯托夫地区）位于亚速海和顿河的入口处，如能占领这个地方，俄国就能解决黑海出海口问题，打通通向地中海的水路。彼得曾派人与克里木汗谈判，要求占领亚速夫堡垒，没有成功，于是彼得下决心用武力攻打克里木。

1695 年，彼得亲自率领 5 万大军乘船经伏尔加河、顿河远征亚速海地区。俄军由于没有海上舰队的配合，遭到彻底失败。彼得从中吸取教训，决定改变打法，从海陆两线攻打亚速夫。为此，他利用整个冬季，突击建立了一支小型舰队，同时大力整顿陆军。1696 年春，他对亚速夫发动第二次远征。俄军分水陆两路向亚速夫堡要塞进攻，土耳其军队战败。双方签订和约，俄国夺得亚速海。从此，俄国可以自由进入黑海。但黑海出海口仍被土耳其控制。1697 年 1 月，俄国同奥地利、威尼斯达成协议，缔结了一个为期 3 年的反土军事同盟。为了进一步巩固和扩大反土同盟，彼得决定派一个“大使团”到欧洲各国去游说。除了外交任务外，他还责成大使团招募水手、技工、造船和制炮专家等。为了了解欧洲各国的政治、经济、军事以及科学技术和文化发展状况，彼得决定亲自随大使团出访。跟随大使团同行的，还有被派往国外学习军事和造船技术的几十名贵族青年。

“大使团”出访：1697 年 3 月～1698 年 8 月，彼得一世组成了 250 人的大使团出访。出访路线是：莫斯科 —立沃尼亚境内的里加—库尔兰公国的米图—里博—哥尼斯堡—荷兰的萨尔丹—阿姆斯特丹—英国伦敦—海牙—阿姆斯特丹—德累斯顿—维也纳—拉瓦鲁斯卡—莫斯科。俄国使团出访是成功的。彼得一世开阔了眼界，进一步坚定了改革俄国落后面貌的决心。同时，与波兰、丹麦两国达成了联合攻打瑞典的协定。

1698 年 8 月，彼得回国后，开始了全方位的改革。

机构方面，废除了贵族杜马制，以参政院和部制代替。1722 年，设立监察院，检查政府法令、政策的贯彻和执行。改革了地方行政机构，1719 年将全国划分为 50 个州，州下设若干区。改革了用人制度。

经济上的改革是引进先进技术，大力发展工业。国家采取措施，扶持开办工厂。办工厂过程中出现的资金、劳动力和技术短缺等问题，国家帮助解决。允许外国人独资在俄国办手工工场，然后卖给俄国企业家。到彼得晚年时，俄国的炼铁、纺织和造船等手工工场已有 240 多家。1724 年，颁布了关税条例，对外国进口商品征收高额关税，限制外国货冲击俄国市场，以保护俄国工业的发展。大力发展对外贸易，让商人组建贸易公司同外国建立商务关系。1715 年，俄国在伦敦、里斯本、阿姆斯特丹等地分别建立了领事馆，以保障商务的发展。彼得一世还指定波罗的海沿岸的几个海港专事与西方的贸易。

在军事方面，废除了贵族骑兵。1699 年，彼得下令建立正规军，开始了征兵制。彼得晚年，正规军达 20 万人，骑兵 7.5 万人，还有哥萨克军近 10 万人。

在彼得执政以前，俄国没有海军，无力建造战舰。彼得决定筹建海军、建造战舰，并很快建立了一支拥有 141 艘帆船和战舰的波罗的海舰队。到其晚年，俄国海军已拥有大小船只 895 艘，海军 2.8 万人，同时还兴建了彼得堡海军基地。

在文化教育方面，彼得一世将管理教育的大权从教会手中夺回；创办了许多新学校，出版了教科书，聘请了许多外国专家到俄国教书，还派了许多青年到西欧各国留学。进行了文字改革。1703 年，创办俄国第一份报纸——《新闻报》。1724 年，彼得颁布建立科学院的命令。

在宗教方面，改变了俄国教权指挥政权的局面。1721 年，宗教改革条例颁布，规定沙皇为东正教“最高牧首”，废除了大主教一职。在参政院下设宗教部，部长由非宗教人士担任。教权被削弱，教会与世俗的权力之争也告一段落。

彼得一世的改革在俄国产生了深远影响，较大程度上克服了俄国政治、军事、文化的落后局面，促进了俄国资本主义的发展，使俄国迅速崛起于世界政治舞台，跻身于世界强国之列，为俄国近代化开辟了道路（见图 2－2）。

图 2－2　俄罗斯沙皇彼得大帝（彼得一世）

资料来源：http：//image. baidu. com/i？ word =% E5% BD% BC% E5% BE% 97% E4% B8% 80% E4% B8% 96&tn = baiduimage&ct = 201326592&cl = 2&lm = －1&ie = utf －8&fm = hao123.

彼得改革的受益者是大贵族和大商人，俄国农民的困苦境遇并没有改变。长年累月的对外战争和大兴土木，使农民身上背负着服兵役、劳役和提供巨大财政开支的重担，农民的负担更重了。彼得一世的改革并没有缓和国内的阶级矛盾，他的改革是靠广大劳动人民作出重大牺牲来实施的。

三、彼得一世的对外政策

瑞典是当时北欧的一个强国，拥有强大的陆军和海军，控制着波罗的海沿岸的土地。俄国要想夺取波罗的海的出海口，必须与瑞典决战。为此，彼得一世做了充分准备：1698 年 8 月，与波兰国王达成口头协议，共同对付瑞典；1699 年，与丹麦、萨克森签订反对瑞典条约；1700 年 7 月，与土耳其签订《君士坦丁堡条约》，取得了亚速夫及其周围地区，并取消了对克里木汗的纳贡。在国内，彼得把国家 90% 以上的金钱用来扩充军备。国家垄断了一切行业，并拼命增加税收。对于沙皇来说，只要是战争所需，他就会不择手段地去搜刮，几近乎疯狂。

一切准备就绪，彼得一世于 1700 年 8 月 8 日向他的部队下达了出征的命令。从这时开始，到 1721 年 8 月 30 日与瑞典在芬兰签订《尼什塔特和约》为止，发生的是俄国历史上著名的北方战争。战争共分为三个阶段。

第一阶段，1700 年 8～11 月，是反瑞典三国同盟失利的时期。瑞典国王查理十二迅速集结了一支为数不多但训练有素的军队。查理十二率领军队出其不意地在丹麦海岸登陆，使丹麦王与其缔结了和约。俄军向瑞典宣战，首先攻打纳尔瓦，瑞典以精锐的陆军和海军舰队应战；俄军久攻不克，瑞典军继续增援致使俄军战败；俄军大炮全部被毁，人员伤亡惨重。瑞典国王查理十二并未乘胜追击，他误以为俄军已溃不成军、无力再战，于是调转兵力进攻波兰，攻打华沙。

第二阶段，1700 年 11 月～1709 年 6 月，是俄国转败为胜、在陆战上取得决定性胜利的阶段。彼得一世认为纳尔瓦战役的失败“只是战争的开始，而不是战争的结束”。他乘瑞典军队转战波兰之机，征募新兵，重整旗鼓，加紧扩军备战，甚至下令将教堂的大钟拿来铸造大炮。1702 年，经过充分准备后，彼得再次出兵攻打瑞典。经过双方持续近两年的交战，俄军夺得了具有战略性意义的涅瓦河口地区。1703 年 5 月，俄军在该区兴建彼得堡城和克琅施塔得要塞。1709 年 6 月，两军在波尔塔瓦决战，瑞军战死 7 000多人，被俘 2 500多人，精锐部队几乎丧失殆尽；查理十二负伤，只得率残兵逃往土耳其境内。俄军掌握了战争的主动权。

第三阶段，1709 ~ 1721 年，是俄国取得最后胜利的阶段。俄国与土耳其签订条约后，遂联合丹麦与普鲁士的军队在波罗的海向瑞典军发动猛烈进攻。彼得一世于 1713 年将首都从莫斯科迁到彼得堡，表明了俄军侵占波罗的海的决心。1714 年，俄军继续向瑞典进攻。这时，俄国海军已经很强大，有力量主动寻找战机。俄军与瑞典海军在芬兰湾交战，瑞典军失败，被迫退出芬兰湾。这一战役对于俄国海军在波罗的海确立霸权地位具有重大意义。

1720 年，俄军在格琅加姆海战中获胜后登陆瑞典，直逼其首都斯德哥尔摩，瑞典被迫求和。1721 年 8 月，双方在芬兰的尼什塔特签订和约，俄国占领了里加湾、芬兰湾、卡累利阿的一部分，夺取了拉脱维亚和爱沙尼亚等波罗的海沿岸的大片土地。经过长达 21 年之久的北方战争，俄国终于夺得了出海口，实现了历代沙皇梦寐以求的愿望。

为了褒奖彼得一世的功劳，1721 年 10 月 22 日，在庆祝对瑞典战争胜利、收到瑞典签订条约文本的当天，彼得堡三圣教堂举行了感恩赞美诗歌唱仪式。总理大臣戈洛夫金代表参政院发表了热情洋溢的讲话，请求彼得接受“国父兼全俄皇帝彼得大帝”的称号，彼得一世欣然接受。那时，彼得刚好 49 岁。从此，俄国被称为“俄罗斯帝国”（见图 2 – 3）。

北方战争结束了，但彼得一世的军事行动并未停止。紧接着，他又发动了对波斯的战争。1722 年 7 月 18 日，彼得一世借口在阿塞拜疆发生的、反对波斯统治者的起义中俄国商人利益受损，派遣陆海军 2.3 万人，分乘 400 余艘小舰，由阿斯特拉罕开拔，向波斯进发。俄军首先夺取了里海西岸的战略要地杰尔宾特，又攻克了巴库，迫使波斯向俄国妥协。1723 年 9 月 10 日，彼得一世在彼得堡与波斯王签订和约。俄国夺得了包括杰尔宾特和巴库在内的里海西岸以及包括阿斯特拉巴德在内的里海南岸，俄国的势力范围更大了。

图 2－3　圣彼得堡青铜骑士（彼得大帝）雕像

资料来源：http：//image. baidu. com/i？ word＝% E5% BD% BC% E5% BE% 97% E4% B8% 80% E4% B8% 96&tn＝baiduimage&ct＝201326592&cl＝2&lm＝－1&ie＝utf－8&fm＝hao123.

彼得一世还向东扩张、向西伯利亚推进。在中国东北，俄军首先侵入外兴安岭地区和黑龙江流域。为反抗俄国的入侵，在 1685 年和 1686 年，中国同俄国进行了两次雅克萨战争。据说，彼得一世在其笔记中大谈远东地区，特别是黑龙江对俄国的极端重要性，声称："俄人必于黑龙江口、大洋之面，建立都府"。彼得一世为此还专门派人到远东一带考察。18 世纪初，俄国占领了堪察加半岛，并在 1721 年侵占了千岛群岛北部和南部。

彼得一世还把矛头对准了中国的北方和西北。在北方，他企图吞并中国的喀尔喀蒙古；派俄人戈洛文同蒙古叛乱头目噶尔丹联系，搞里应外合。当时的康熙皇帝率军平定了噶尔丹叛乱，沙皇的阴谋破产。在西北，他又策划准噶尔反动头目搞叛乱；中国向俄国政府提出抗议。

第三节　叶卡特琳娜二世的统治

一、叶卡特琳娜二世的“开明专制”

1725年1月28日，彼得一世病死。1725～1762年，是俄国宫廷政变迭起的时期。1762年6月28日，叶卡特琳娜依靠近卫军发动政变，推翻了其丈夫彼得三世的统治，成为俄国女皇，开始了长达34年的统治。

叶卡特琳娜二世统治时期，被认为是俄国封建农奴制的鼎盛时期。她上台后，为了巩固政权，把大量土地连同农奴赐给贵族，当时被赏赐给贵族的农户达80多万户。叶卡特琳娜二世在俄国全境普遍建立了封建农奴制，农民被束缚在地主的土地上。按规定，农奴每周为地主服劳役3天，实际上都多达4～6天，甚至有的连星期日也要为地主干活。农奴不仅为地主耕地，同时还得充当地主的奴仆，为地主服杂役，不服杂役者要交纳代役租。国家法令规定，地主可以采取种种措施如流放、拷打虐待农奴，而不准农奴控告。地主买卖甚至杀害农奴的事也时有发生。

叶卡特琳娜二世执政后，千方百计把自己装扮成一位“贤明君主”，表示要实行开明专政，把欧洲启蒙派的思想变为现实。为此，她除了与西欧启蒙思想家特别是法国的伏尔泰、狄德罗等密切交往外，还竭力创造条件，以引进西方文明。她在俄国创办了弃婴收容所、助产士学校、医疗机构和贵族女子学校；在全国第一个试种了牛痘；根据英国哲学家洛克和法国哲学家卢梭的思想制定了“男女儿童教育总则”；从国外大量聘请医生、建筑师、工程师、各种工匠，甚至文学家、艺术家、学者；不惜花费巨款大量购买西欧博物馆和私人收藏家手中的珍贵绘画和其他艺术品；她还亲自动笔为进步杂志撰写文章。西方文化在她统治时期涌入俄国。俄国人曾说：“彼得创造了俄罗斯人的躯体，而叶卡特琳娜则为他们注入了灵魂。”❶

---

❶ ［俄］巴·尼·米留科夫．俄国文化史纲［M］．第3卷．莫斯科出版社，1994：294.

但是，在经历了两次危机后，她的思想开始向后转，并最终走上了与启蒙主义完全相反的方向。第一次危机是普加乔夫起义。1775年，起义平息后，叶卡特琳娜的政策立即有了明显的转变，她采取一系列措施，加强专制统治，扩大贵族特权。第二次危机是法国大革命。法国大革命以自由、平等、博爱为旗帜，一开始就以攻占巴士底狱令世人震惊。国王和贵族威信扫地，昔日的第三等级扬眉吐气，大权在握。这些，令欧洲各国的国王和皇帝胆战心惊。叶卡特琳娜大力反对法国大革命。

二、叶卡特琳娜二世的对外政策

在对外政策方面，叶卡特琳娜把她祖辈所开创的侵略和扩张事业奉为圭臬，并把它推上了辉煌的顶点。她一生共进行了6次战争，即3次瓜分波兰、2次俄土战争和1次俄瑞战争。这6次战争的结果是：波兰彻底灭亡，土耳其从一等强国沦为二等强国，而俄罗斯帝国则因此抢得了大片领土。对此，俄国历史学家克柳切夫斯基评价说："在叶卡特琳娜统治时期，国家领土无论在南方还是西方，几乎都达到了它的天然边界。在南方获得的领土中，后来成立了三个省……在西方，即从波兰那里获得的领土中，后来成立了八个省……这样，在俄国50个省中，有11个是在叶卡特琳娜王朝获得的。"❶ 叶卡特琳娜的对外政策，颇受俄国贵族的赞赏。在她统治时期，俄罗斯帝国空前强大了。

（一）三次瓜分波兰

俄、普、奥于1772年第一次瓜分了波兰。1763年，波兰国王奥古斯特三世病死，在叶卡特琳娜二世的干预下，她以前的情夫斯塔尼斯拉夫·波尼雅托夫斯基当选为国王。从此，波兰新国王成了傀儡，由俄国沙皇任意摆布。

❶ ［俄］克柳切夫斯基．俄国史教程［M］．第5卷．北京：商务印书馆，2009.

18 世纪波兰的政治制度： 18 世纪波兰的政治制度非常特别，被称为“贵族民主制”或“贵族君主制”。这一制度有两根支柱：一个是自由选王制，即国王由贵族选举，不是贵族就没有民主权利；一个是自由否决权，即只要有一个议员反对，这项议案就不能通过。这种制度造成了波兰极端的民主和无政府状态，也是导致波兰衰亡的重要因素。

1767 年，沙皇借口“异教徒问题”入侵波兰。1768 年，波兰同俄国签订特别协定，规定波兰现行的国家制在将来不得有任何改变。一部分贵族反对向俄国让步，他们在巴尔城组成武装同盟，得到了法国的支持。俄国在波兰势力的加强，使得奥地利和普鲁士大为恐慌。普鲁士国王腓特烈二世害怕俄国势力在波兰巩固下来，因此拟订了一个奥地利、普鲁士和俄罗斯三国瓜分波兰的计划。叶卡特琳娜因害怕普、奥、法反对俄国而有利于土耳其，所以同意实施这个计划。1772 年，波兰的白俄罗斯东部和拉脱维亚的部分土地割让给俄国；维斯瓦河和桑河以南以及加里西亚的大部分土地分割让给奥地利；波罗的海沿岸及内地的部分地区割让给普鲁士。第一次瓜分波兰，俄国得到 9. 2 万平方千米的土地，奥地利得到 8. 3 万，普鲁士得到 3. 6 万。

1793 年，俄、普第二次瓜分波兰。波兰在 1772 年遭到瓜分后，引起国内进步势力的不满。法国革命鼓舞了波兰人民的斗志，后者要求废除农奴制，民主改造国家。1792 年 5 月 3 日，波兰通过了宪法——“五三宪法”。它限制了大地主的特权，引起了后者的不满。他们结成同盟发动叛乱，同时向俄国求援。沙俄十万大军被“请”到了波兰，后来又伙同普军攻下华沙，占领了波兰。俄、普于 1793 年 1 月签订第二次瓜分波兰的协定。俄国占领了白俄罗斯西部和波多利亚等地共 25 万平方千米的土地，普鲁士夺得格但斯克和托伦两市以及大波兰的几个省即波兹南、卡里兹、显拉兹等地区，面积 5. 8 万平方千米。

俄、奥、普于 1795 年第三次瓜分波兰。第二次瓜分波兰后，在民族英雄克希秋什克领导下，波兰人民于 1794 年举行了反俄大起义。俄、普、奥三国镇压了起义后，于 1795 年 10 月签订第三次瓜分波兰的协定。

俄国占领了立陶宛、库尔兰、沃伦西部及西白俄罗斯地区，面积12万平方千米；奥地利占领了包括克拉科夫、卢布林在内的全部小波兰地区，面积2.7万多平方千米；普鲁士占领了包括华沙在内的西北部领土，共4.8万多平方千米。

三次瓜分波兰，俄国夺得的土地最多，共46.2万平方千米，相当于原波兰领土的62%，其余被奥、普所占。波兰灭亡了。

（二）两次俄土战争和一次俄瑞战争

俄帝国一直把争夺巴尔干和中近东作为争霸世界的战略目标。当时的土耳其帝国统治着巴尔干和中近东的广大地区，控制着黑海和地中海的门户以及通往印度洋的海上要道，扼守欧亚非三大洲的咽喉。该地区具有重要的战略意义，列宁指出："许多世纪以来，沙皇政府一直想夺取君士坦丁堡和亚洲的大部分地区。"❶ 彼得一世为了夺取黑海出海口，曾两次对土耳其作战，但没有达到目的。"叶卡特琳娜要达到全神贯注于解决波罗的海问题的彼得所没有来得及达到的目的：向黑海推进"。❷ 叶卡特琳娜执政时，共进行了两次俄土战争。

第一次俄土战争爆发于1768年10月。土耳其首先发动进攻。鲁缅采夫为俄军统帅。到1771年年底，俄军控制了摩尔多瓦、瓦拉几亚公国，占领了克里木等地。在海上，俄军也取得了胜利。由于1773年国内爆发了普加乔夫起义，叶卡特琳娜决定结束战争。1774年，俄土签订库楚克—凯纳尔吉条约。俄国得到了布格河和第聂伯河之间的领土以及克里木的叶尼卡和刻赤，获得了经刻赤海峡到黑海的出海口，俄国船只有了在黑海自由航行的权利。土耳其还对俄国商船开放达达尼尔海峡和博斯普鲁斯海峡。克里木汗宣布脱离土耳其独立。

1783年，俄国将克里木汗国并入俄国。1787年，第二次俄土战争爆发，俄军在苏沃洛夫的指挥下取得了胜利。1791年，俄土在摩尔多瓦签订

❶ 列宁．论单独讲和［M］//列宁全集．第22卷，北京：人民出版社，1984：125.

❷ ［苏］В. П. 波将金，等．外交史［M］．第1卷（上）．北京：三联书店，1979：458－459.

了雅西和约，规定克里木和库班河并入俄国，俄国得到了南布格河和德涅斯特河之间的土地。

在与土耳其进行第二次战争的同时，俄国还与瑞典进行了一场战争（1788～1790年）。瑞典想要把俄国从波罗的海沿岸赶走，瑞典国王古斯塔夫三世吹嘘说，他要把彼得堡元老院广场沙皇的彼得铜像打翻，到彼得巴甫洛夫大教堂去做战胜俄国的感恩祈祷，但是瑞典人的企图彻底失败了。战争于1790年结束，双方签订了和约，规定两国保持原来的疆界不变。

（三）对法国革命的干涉

通过对外扩张，叶卡特琳娜二世为沙皇俄国夺得了63万平方千米的土地，使俄国的面积从1 642万平方千米扩大到1 705万平方千米。恩格斯指出："到叶卡特琳娜逝世的时候，俄国的领地已超过了甚至最肆无忌惮的民族沙文主义所能要求的一切……对于其他民族来说，这是足够了。可是对于沙皇的外交来说，这只不过是现在才得以开始的真正掠夺的基础。"❶叶卡特琳娜二世曾叫嚷："要是我能活上200岁，整个欧洲必将置于俄国的统治之下。"（见图2－4）

18世纪末，法国大革命爆发后，叶卡特琳娜非常仇视，百般咒骂。她说："法国革命是长着120个脑袋的怪物"，"是一场瘟疫"；认为干涉法国革命是欧洲各国君主的责任。她同普鲁士、奥地利、瑞典的君主进行谈判，讨论共同干涉法国革命。她声言在任何地方都不许皮匠治理国家，而且早在路易十六被处死之前就同法国断绝了关系。俄国同法国的通商协定被废除，法国船只禁止进入俄国港口。她组织英、奥、普联军绞杀法国革命，决定派出6万大军由大将苏沃洛夫统率攻打法国。后因她突然逝去，才未能实施。后其孙亚历山大一世继承其遗志，多次同欧洲反动君主结成联盟、组织联军反对法国革命。1814年3月，亚历山大一世终于作为欧洲的"主

❶ 恩格斯．俄国沙皇政府的外交政策［M］//马克思恩格斯全集．第22卷．北京：人民出版社，2001：29.

图2-4　叶卡特琳娜二世

资料来源：http：//baike. baidu. com/view/1579375. htm.

宰”率联军进入巴黎，把拿破仑一世赶下台，在法国复辟了波旁王朝。随后，欧洲许多旧王朝都复辟了。

三、叶梅连·普加乔夫领导的农民起义

1773年9月，俄国爆发了大规模的农民起义，领导这次起义的是叶梅连·伊凡诺维奇·普加乔夫（1742～1775年）。从18世纪60年代起，俄国农奴骚动日益频繁。1772年，叶克城哥萨克骚动被镇压，而派遣哥萨克同土耳其作战的企图又激起了顿河哥萨克的骚动。当时有一个谣传，说彼得三世还活着。民众对沙皇彼得三世只有一个十分模糊的印象，他的暴死，传说是因为想改善农民的生活状况而被贵族杀害。

普加乔夫生于顿河河畔的齐莫维斯克镇，他和拉辛是同乡；当过十年

兵，参加过俄土战争，退役后生活无保障，到处流浪，到过顿河、伏尔加河一带，深深了解农奴的疾苦，痛恨农奴制度。1773 年 9 月 7 日，他率领一支由 80 多名哥萨克组成的队伍冒充彼得三世，在乌拉尔河上游的托尔卡切夫村起义，发表檄文，提出解放农奴、将地主的土地、森林、牧场等分给农民；提出取消赋税、地租和兵役义务；提出“土地与自由”的口号，得到人民拥护，起义队伍迅速发展到 5 万人。起义军先后同沙皇军队在奥伦堡、喀山、察里津决战，被打败后转移到伏尔加河东岸草原地带。政府多次下令悬赏捉拿普加乔夫。后因哥萨克上层分子叛变，1774 年普加乔夫被捕并被押送到莫斯科，1775 年 1 月惨遭杀害，起义归于失败。

这次起义，是俄国近代史上规模最大的一次农民战争。它虽然以失败告终，但却给沙皇统治以沉重打击，极大地动摇了封建专制，推动了俄国历史的前进。

【思考与练习】

1. 彼得一世改革的意义和深远影响是什么？
2. 叶卡特琳娜二世“开明专制”的主要内容是什么？

【延伸阅读】

[1] 孙成木，等，主编. 俄国通史简编［M］. 上下卷. 北京：人民出版社，1986.
[2] 张建华. 俄国史［M］. 北京：人民出版社，2004.
[3]［俄］克柳切夫斯基. 俄国史教程［M］. 北京：商务印书馆，1996.
[4] 曹维安. 俄国史新论——影响俄国历史发展的基本问题［M］. 北京：中国社会科学出版社，2002.
[5] 任光宣. 俄罗斯文化十五讲［M］. 北京：北京大学出版社，2007.
[6] 宋瑞芝. 俄罗斯精神［M］. 武汉：长江文艺出版社，2000.

第三章　19世纪废除农奴制前后的俄国

【导言】19世纪是俄罗斯历史上波澜壮阔的一个世纪，战争、改革、革命成为历史发展的主旋律。19世纪初，俄国取得抗法卫国战争胜利后，一些接受了西方资产阶级启蒙思想的贵族革命家就发动了反对农奴制和沙皇专制制度的武装起义。俄国自克里米亚战争失败后，亚历山大二世于1861年开始农奴制改革，这次改革是资产阶级性质的，改革很不彻底。到19世纪末，沙皇俄国成为帝国主义一切矛盾的集合点。19世纪是俄国思想、文化发展史上最为光辉的时期，是俄国历史上大规模的西方先进思想传播的时期，同时也是俄国民族文化、文学、艺术、语言、教育、科学事业迅速发展的一个时期。19世纪30～70年代被誉为“黄金时代”，而19世纪90年代起，又开始了与之双璧辉映的“白银时代”。本章重点：俄国历史上几次重要战争和革命发生的背景及其对俄国历史的影响；俄国19世纪社会思想发展的历史，村社社会主义成为19世纪俄国社会思想的主流。本章难点：1861年改革的背景、主要内容及其对俄国历史发展的深远影响。

第一节　1812年卫国战争

叶卡特琳娜二世死后，她的儿子保罗一世继位。他在位期间，对内、对外政策都有了很大改变。在对内政策上，他发布下敕令，规定农奴为地主服劳役的限额为每周三天，不准地主强迫农奴在星期日服劳役。保罗一世的敕令推动了农奴制的改革，但是地主们拒绝执行这一敕令。保罗一世把自己看成是权力的唯一源泉，力图限制贵族特权。他取消了贵族不受体刑的特权，同时精简地方行政机构，逐步把彼得一世创立的参政院权力收归自己。他还在近卫军和军队中进行改革，规定每天早晨在冬宫广场严格按照普鲁士方式进行换班检阅和军事操练。

在对外政策方面，保罗一世撤销了叶卡特琳娜二世攻打法国的计划，还与法国督政府就恢复俄、法两国的外交和贸易关系进行谈判。同时，由于反法同盟内部出现裂痕，俄国与奥地利、英国的传统关系破裂。

保罗一世的内外政策引起了贵族、商人、地主、军官和近卫军的普遍反对。同英国断绝贸易关系，使俄国的贵族和商人利益受到严重打击，因为英国是俄国在西欧的传统贸易伙伴，俄国出口的商品如铁、木材、亚麻、大麻、油脂等大多输往英国。再加上保罗一世毫无准备地发动对印度战争，军官们不愿在这次冒险的军事行动中做出牺牲。1801 年，即位仅 5 年的保罗一世被近卫军杀死。

保罗一世死后，他的长子亚历山大继位，被称为亚历山大一世。亚历山大一世上台后，遇事谨小慎微，他恢复了叶卡特琳娜二世时期赏赐给贵族特权的各种敕令、指示。在对外政策方面，恢复了同英国的商贸关系。

亚历山大一世时期最重要的历史事件是 1812 年抗法战争。以此为契机，俄国正式确立了在欧洲大陆上的霸主地位。(见图 3 - 1)

法国革命的胜利早已引起欧洲反动君主的仇恨。拿破仑又把法国已经完成的恐怖手段，以战争的形式推行到其他国家。他在占领普鲁士和华沙后，宣布在那里实施《拿破仑法典》，废除封建人身依附关系。在俄国统治者看来，拿破仑就是“革命的瘟疫”，是对俄国农奴制的最大威胁。这是俄法矛盾尖锐化的一个原因。

从战略均势的角度看，在拿破仑建立世界霸权的过程中，一直采取扩张主义的俄国无疑是个巨大的障碍。1811 年，拿破仑已扩张至俄国边境，成为大半个欧洲的主宰。他狂妄地说：“五年以后，我就是世界的主人，还剩下一个俄国，我一定要征服它。”

1812 年，俄法双方加紧准备新的战争。法国同普鲁士和奥地利缔结了

图3-1　俄国沙皇亚历山大一世

军事同盟，从而把欧洲大陆绝大多数国家纳入反俄同盟。亚历山大一世则同瑞典、土耳其签订秘密条约，粉碎了拿破仑孤立俄国的企图。

当时俄军的总兵力为54万人左右，但在西部的机动兵力只有20余万。这20余万的兵力分成三个集团军，部署在从波罗的海沿岸到普鲁特河之间的漫长战线上。

拿破仑在进攻俄国之前拥有60万兵力，其中直接投入作战的为44万，在奥得河和易北河一带的后备力量约20万。总的来说，法军兵力强大，战斗经验丰富，指挥强，战争初期的物资保障充分，但后方远，战线长，政治上不稳固（外国人多），特别是入侵俄国必将激起俄国人民的强烈反抗，加之俄国地广人稀，资源匮乏，交通落后，不能做到以战养战；法军在战略上宜速决，最怕旷日持久。

1812年6月24日，俄法正式开战。战争初期，法军处于战略进攻阶段，长驱直入（见图3-2）。拿破仑进攻的目标是莫斯科，他说："如果我抓住了基辅，我就抓住了俄国的脚；如果我掌握了彼得堡，我就抓住了俄国的头；一旦占领莫斯科，我就击中了它的心脏。"俄军初期节节败退，加深了俄国统治集团内部的分歧。8月20日，亚历山大一世在军内外的压力下，撤掉了第一集团军总指挥巴克莱，任命他不喜欢的老将库图佐夫为俄军总司令。库图佐夫是著名的军事家，曾屡次参加战争，体恤士卒，颇孚众望。9月7日，双方在莫斯科以西100千米处的波罗金诺村展开决战，各投入兵力约13万人。此次战役，法军伤亡5.8万人，俄军伤亡4万多人。

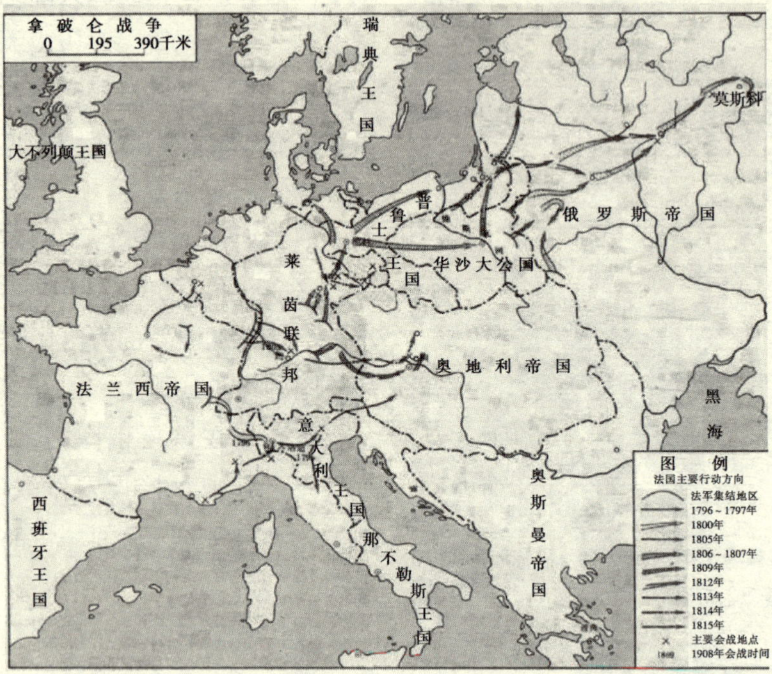

图 3－2　1812 年拿破仑进攻俄国路线图

9 月 8 日，俄军主动撤离莫斯科，实现了军队的有计划转移。法军占领了莫斯科，但已是一座空城，不久，莫斯科又燃起大火。冬季即将来临，法军给养发生困难（见图 3－3）。

库图佐夫从莫斯科撤退后，整顿了军队，补充了后备军，使双方兵力发生了有利于俄军的变化。拿破仑看到形势对己十分不利，提出谈判，遭到拒绝。拿破仑被迫率领大军离开莫斯科，向西南缓慢撤退。与此同时，俄军发动进攻，收复了莫斯科，并将法军赶出国境。拿破仑一路西逃，同年 12 月返回巴黎时，只剩下 3 万人。

1812 年，俄国人民反对拿破仑的卫国战争取得了胜利。

俄军的胜利助长了亚历山大的野心。他一心想在欧洲恢复旧秩序，复辟旧王朝，称霸欧洲。他把自己装扮成欧洲的救世主，命令俄军越过国境，追击拿破仑，把卫国战争变成侵略战争。1813 年 1 月 13 日，库图佐夫率领

图 3－3　波罗金诺战役

资料来源：http：//baike. baidu. com/picview/107245/107245/0/e78c65894b96f4860e24445a. html JHJalbumindex＝0&picindex＝2.

俄军出国。1813 年 2 月，俄国与普鲁士、英国、瑞典等国家组成第六次反法同盟，其目标是彻底打败拿破仑，重建欧洲封建秩序、重新划分势力范围。

在以亚历山大为首的联军的猛烈追击下，拿破仑溃不成军，接连败北。1814 年 3 月 31 日，一支俄国骑兵队在巴黎市郊出现，接下来是全副武装的沙皇近卫军，再后边就是骑着高大白马的亚历山大一世，和他并辔而行的是普鲁士国王弗里德里希・威廉三世。在一群显贵的簇拥下，亚历山大进入巴黎，当之无愧地登上欧洲霸主的宝座，实现了历代沙皇梦寐以求的理想。在他的怂恿和支持下，欧洲各国君主纷纷复辟，于 1815 年签订了建立神圣同盟的文件，欧洲又回到黑暗时代。

俄国通过与法国的长期作战，不仅夺得了芬兰和比萨拉比亚，还夺得了华沙公国；在 19 世纪上半期，领土增加了 1/5，面积达到 1 800万平方千米。俄国全国总人口在 1845 年即达 4 500万，到 1853 年增加到 6 000万，1858 年为 7 400万。

第二节　俄国资本主义的发展与农奴制的危机

18世纪末19世纪初，俄国资本主义逐渐发展，从西欧输入的机器明显增加。19世纪俄国开始了工业革命，机器生产逐渐代替了手工劳动。纺织行业开始使用机器生产，交通运输业开始使用铁路和汽轮。1815年第一艘汽船在涅瓦河通航，后来，伏尔加河等流域普遍行驶着轮船。俄国从彼得堡到莫斯科的第一条铁路于1851年建成通车。与此同时，俄国工人人数不断增加，1860年全俄工人近86万，其中自由雇佣工人占61.4%，农奴工人占38.6%。可见，自由雇佣劳动逐渐代替农奴制的强制劳动，资本主义生产关系逐步确立并开始占优势。

与工业相比，农业发展较慢，但有的地方也开始使用机器生产，注重提高技术。有的商人雇人劳动，有的建立资本主义农场，在封建农奴制内部形成资本主义剥削关系。但当时的农奴制严重地阻碍了资本主义的发展：大量的农奴被束缚在土地上，不能为资本主义提供自由劳动力；农业生产十分落后，不能为资本主义提供充足的原料；农民生活贫困，购买力低，不能为资本主义提供充足的市场。农奴制阻碍了俄国资本主义的发展，阻碍了社会的进步；历时400多年的封建农奴制陷入深刻的危机。

亚历山大一世也试图改革，他迈出的最大一步是颁布了关于“自由农民”的法令。这个法令允许地主自由解放农奴，但农奴必须交付巨额赎金才能获得自由、取得份地。在亚历山大一世统治时期，全国共有47 153名男性农奴（约占总数的0.5%）获得解放。亚历山大一世还允许商人和小商贩购买土地（过去只有地主有权购置土地）。这可以看做是对发展中的资本主义关系的些微让步。在思想文化领域，亚历山大政府开办了一些高等学校，适当放宽了书报检查制度，委任平民出身、具有资产阶级思想的斯佩兰斯基教授拟制宪法草案，招回流放中的诗人拉吉舍夫来担任公职，等等。这些措施尽管没有从根本上触动沙俄帝国的两大支柱——专制制度和农奴制度，却唤醒了社会上要求改革的希望，使社会气氛一定程度上活跃起来。

就在亚历山大一世踌躇满志、充当欧洲宪兵的时候，俄国国内却陷入了危机。这突出表现为农奴制的危机。在硝烟弥漫的卫国战争年代，农民承受着战争的全部重担。他们积极参加战争，渴望战后改善自己的地位，沙皇也曾经对他们说："农民们，我的忠实的臣民，你们将获得上帝的酬劳……" 然而，战后农民非但没有获得人身自由，没有减轻负担，反而受到了更加残酷的剥削。地主们为挽回战争造成的损失，极力搜刮农民。他们的自私自利之心达到了想从石头缝里榨出油来的地步。地主的残酷剥削和压迫激起了农民的反抗。据不完全统计，亚历山大统治前期（1812年前），农民骚动每年7~9次，战后每年17~25次，增长了1倍还多。

此外，手工工场的农奴工人、军队士兵也不时地起来反抗，其中1820年谢苗诺夫近卫团的兵变更使沙皇政府感到震惊。俄国的社会状况，反映了封建农奴制社会的日趋腐败和瓦解。

第三节 十二月党人运动和资产阶级民主主义者的斗争

一、十二月党人运动

列宁根据俄国解放斗争中居于领导地位的阶级变化，将俄国解放运动大体分为三个时期：贵族时期（1825~1861年）、平民知识分子或资产阶级民主主义时期（1861~1895年）、无产阶级时期（1895~1917年）。

十二月党人运动是俄国解放运动的第一个时期。十二月党人主要是俄国贵族中的一小批知识分子，大多是年轻的军官，很多人曾在莫斯科大学或军官学校学习。在得到了初步发展的资本主义影响下，俄国的青年进步分子逐渐认识到农奴制度对发展国家生产力是何等巨大的障碍；他们认为，必须废除这把千百万人变成奴隶的专制制度（见图3-4）。拉吉舍夫对俄国贵族中的进步分子产生了极大的革命影响。

拉吉舍夫是一位进步贵族，接受了启蒙思想，在叶卡特琳娜二世统治时期，就积极反对专制制度和农奴制度。在他著名的长诗《自由颂》中，揭露了农奴制的黑暗；在他的《从彼得堡到莫斯科旅行记》中，主张废除农奴制度，推翻沙皇专制统治，给人民自由，给农民土地。对此，沙皇十分害怕，把他流放到西伯利亚。

图 3-4　十二月党人

资料来源：http：//baike. baidu. com/view/675931. htm.

在反对拿破仑的战争中，这批青年军官看到农奴用生命保卫祖国，战后却仍然处于被奴役的地位。在国外，这些人阅读过法国启蒙思想家的著作，接受了民主思想。于是，他们坚决反对封建农奴制和沙皇专制统治，提出以西欧为榜样来改造俄国。

回国后，这批青年贵族革命者建立了秘密组织。第一个秘密政治团体建立于1816 年，名为“救国协会”，也叫“祖国忠诚子弟协会”，创始人为亚历山大·穆拉维约夫上校，成员 30 人左右。最初，协会的宗旨只是解放被压迫的农奴，后来又提出实行君主立宪制。但在如何实现这一目标的方法上，协会内部产生了分歧；有些人主张用恐怖手段刺杀沙皇，多数人则反对，协会终因意见不统一而瓦解。

1818 年，他们又组织了一个新的团体，称为“幸福协会”；组织扩充了，人数增至 200 人，其中包括商人、僧侣、小市民和自由农等。“幸福协会”的纲领比过去有了很大的进步，主张在俄国实行共和政体。同时，他们还在乌克兰建立了“南方分会”，由佩斯捷尔上校领导。1821 年，在莫斯科召开了联盟代表大会，会上出现了尖锐的意见分歧，温和派成员宣布解散“幸福协会”。

1822 年，在彼得堡出现了“北方协会”。其成员有诗人雷列捷夫等，首领是尼基塔·穆拉维约夫，主张在俄国实行君主立宪制。

虽然南北社之间存在分歧，但其对于推翻沙皇专制制度和消灭农奴制的认识还是一致的，所以他们之间经常联系，并为共同起义作准备。

正当十二月党人准备起义之际，1825 年，亚历山大一世突然病亡。因其无嗣，按王位继承法应由他弟弟康斯坦丁继位，但康斯坦丁早就宣布放弃皇位，于是转由他第二个弟弟尼古拉继位。但因康斯坦丁放弃皇位的文件未曾公布，所以当亚历山大一世猝亡时，彼得堡的军民当即向康斯坦丁宣誓。此时康斯坦丁正在华沙，在信使往返于彼得堡和华沙期间，国内实际上是皇统中断。“北社”就利用统治集团内部的混乱，于 1825 年 12 月 14 日借着向新沙皇尼古拉一世宣誓的机会，带领军队在参政院广场上举行武装起义。不料起义指挥者特鲁伯茨科伊临阵脱逃。30 名军官、3 000名士兵和水兵组成的起义军失掉了良机，使沙皇政府得以调遣 4 倍于己的兵力，从四面将起义军团团围住，起义军当场惨遭屠杀。

“北社”起义军尽管面临着沙皇军队的猛烈攻击，仍然顽强战斗。彼得堡警卫司令被击毙。起义军战士坚持抗击到傍晚，最后终因寡不敌众而失败。

“南社”则于 12 月 29 日在乌克兰策动了契尔尼奇夫军团起义，结果也遭遇了同样的命运。因为这些贵族革命者的主要活动都是在 1825 年 12 月进行的，所以俄国历史称之为“十二月党人”或“十二月党人运动”。

起义被镇压后，沙皇尼古拉一世用极其残酷的手段来对付起义者的领袖们。1826年7月13日，沙皇把十二月党人的领导人彼斯特尔、穆拉维约夫、雷列捷夫等五人处以绞刑。一些士兵和起义者也遭夹鞭刑毒打致死，还有的被流放到西伯利亚或被充军到外高加索。

十二月党人的起义之所以失败，主要是因为他们的阶级局限性和脱离人民群众，同时也缺乏武装斗争经验。起义虽然失败了，但其意义是重大的，影响是深远的，因为它毕竟是俄国历史上第一次有计划、有纲领、有组织的革命运动，而在这之前，俄国只有自发的农民起义。十二月党人的口号在后来的几十年中一直鼓舞着俄国的革命者，列宁在评价十二月党人时写道："这些革命者的圈子是狭小的。他们同人民的距离非常远。但是，他们的事业没有落空。"❶

二、资产阶级民主主义者的斗争

十二月党人的起义被镇压后，尼古拉一世实行黑暗统治达30年（1825~1855年），史学家称这一时期为"专制制度的顶点"。尼古拉一世不带任何自由主义色彩，与他哥哥亚历山大一世不同。他设立了俄国历史上臭名昭著的宪兵团和内廷第三厅，专门监视对沙皇政府不满的人，并搜查秘密团体。密探、宪警遍布全国，对一切有先进思想的人及其进步活动进行残酷镇压。他颁布了苛刻的书刊检查条例，严禁稍有自由思想的书刊出版。尼古拉一世一方面以暴力镇压革命，另一方面又以微不足道的改革来缓和人民日益增长的反抗情绪。

这个时期，俄国各派政治力量展开了激烈的思想斗争。

沙皇尼古拉一世为抵制西欧资产阶级革命和贵族思想的影响，授意教育大臣乌瓦洛夫发表了反动的"东正教、专制制度、民族性"三位一体的"官方民族性"理论，宣称东正教是家庭幸福和社会幸福的保证，专制制度是国家的"基石"，而俄罗斯的民族性则表现为"温顺"和"虔诚"。

---

❶ 列宁全集［M］. 第18卷. 北京：人民出版社，1988：15.

自由派从其切身利益出发，代表贵族资产阶级，要求冲破农奴制的束缚，以便发展资本主义。他们主张在保存沙皇政权和地主土地占有制的前提下，以改良的方法，自上而下地逐渐废除农奴制度。他们逐渐形成了所谓的斯拉夫派和西方派。斯拉夫派主张建立以沙皇为首的大斯拉夫国家，实质是保留沙皇专制制度；西方派则认为俄国应根据西欧精神进行改革，实际上是要建立立宪制的君主政体。在反对农奴制和害怕革命方面，这两派是一致的，因此，他们的论争是农奴主和资产阶级之间为瓜分政权而斗争的体现，其目的都是阻止革命的爆发。

图 3－5　别林斯基

革命民主主义者大多是出生于僧侣、小官吏、商人之家的知识分子。他们站在广大人民一边，主张用革命手段彻底消灭农奴制，推翻封建专制制度。在 19 世纪 40 年代，他们的主要代表有别林斯基和赫尔岑。

别林斯基(1811～1848 年，见图 3－5)是革命民主主义者的先驱；中学时代受到十二月党人思想的影响，上莫斯科大学时便流露出强烈的民主情绪和自由思想，因创作了抨击农奴制的作品而被学校开除。此后，他一直担任报刊编辑，通过写文学评论的方式宣传民主主义思想。他的著名文章《给果戈理的信》以满腔的热情捍卫了无神论、唯物主义和民主主义思想，抨击了专制统治和农奴制度。这篇文章在革命者中广泛流传，促进了平民知识分子的觉醒。

赫尔岑（1812～1870 年，见图 3－6）是贵族革命家的杰出代表，在 19 世纪 40 年代成为民主主义者。他因宣传反农奴制的革命思想而在莫斯科大学毕业后两次被沙皇政府流放，后来流亡西欧。50 年代和奥加廖夫一起在国外创办了自由俄文印刷所和《钟声》《北极星》杂志，大胆揭露俄国社会的黑暗、腐朽，宣传革命思想，极力宣扬解放农奴。这些刊物被秘密运入俄国，广为流传，打破了当时俄国国内令人窒息的沉闷气象。

图 3－6　赫尔岑

在 40 年代初，别林斯基和赫尔岑同西方派和斯拉夫派围绕着消灭农奴制的道路和方法问题，展开了激烈争论，对他们的错误观点和主张进行了揭露和批判。别林斯基和赫尔岑主张以革命手段消灭农奴制，推翻沙皇专制制度，这在俄国解放运动史上起到了很重要的作用。不过，别林斯基等人的思想仍局限于资产阶级唯心史观，他们错误地认为俄国可以不经过资本主义道路而从农村公社直接过渡到社会主义。他们没有认识到、也不可能认识到在当时的俄国社会中，由于无产阶级尚未形成，还找不到实现社会主义的真正力量。他们希望把农村公社作为走向社会主义的桥梁，这只能是一种不切实际的幻想。因此，他们的革命行动很难为广大群众所理解，得不到群众的支持，而只能局限于少数知识分子圈子里，停留在讲坛和报纸杂志的宣传鼓动上，成为“单枪匹马的革命家”，无法领导人民完成资产阶级民主革命。

斯拉夫派与西方派：19 世纪 30～40 年代，俄国出现了两种社会思潮——斯拉夫派和西方派。斯拉夫派主张，俄国历史具有独特性，俄国与西方是两个不同的世界——它们的历史起源不同，它们的发展规律也完全不同；俄国的独特性在于东正教和村社。西方派则认为，俄国是西方世界的一部分，但却是一个停滞的部分，所以应借鉴西欧先进国家的历史经验，迎头赶上；俄国在将来也要走资本主义发展道路。

图3－7　车尔尼雪夫斯基

19世纪50年代初期，以车尔尼雪夫斯基和杜勃罗留勃夫为代表的革命民主主义者，用他们共同编辑的、更富于战斗性的《现代人》杂志，响应并扩大了别林斯基和赫尔岑的革命鼓动，进一步地揭露了自由派的欺骗性和农奴主的反动性，号召农民以武装起义推翻专制制度、消灭农奴制。车尔尼雪夫斯基曾提出，只有"唤起俄罗斯拿起刀斧来"，农民才能真正得解放（见图3－7）。

别林斯基、赫尔岑、车尔尼雪夫斯基和杜勃罗留勃夫都是杰出的革命民主主义者，对生活在资本主义制度下的人民群众的贫困和苦难有着清楚的了解，所以主张俄国避开资本主义道路，认为应把农村公社作为过渡到社会主义的桥梁。这种主张在当时的历史条件下是不能实现的，这是他们思想认识上的局限性。

第四节　克里米亚战争

亚历山大一世和尼古拉一世继承了彼得一世和叶卡特琳娜二世的衣钵，变本加厉地推行扩张政策，将侵略的魔爪伸向欧洲、西亚、近东和远东各地。恩格斯指出："沙皇俄国从不改变、从不忽视的目的，就是俄国的世界霸权。"

19世纪前半期，俄国封建农奴制面临危机，人民反抗浪潮高涨，沙皇决定利用对外扩张以转移视线。当时欧洲局势动荡，各国反动君主都有求于俄国，沙皇亚历山大一世趁机进行控制和扩张，发动了对瑞典、伊朗和土耳其的战争。1808年，俄国先进攻芬兰，挑起俄瑞战争；第二年，俄国从瑞典手中夺走芬兰，从此芬兰作为一个行政省划归俄国。1804～1813年，在俄伊战争中，沙俄从伊朗得到了格鲁吉亚和阿塞拜疆的大部分土地。

1812 年，俄土签订布加勒斯特条约，土耳其被迫将摩尔多瓦（比萨拉比亚）公国的 1/2 领土割让给俄国。1814 年，拿破仑帝国垮台，其原来所控制的华沙大公国的大部分落入俄国手中。亚历山大一世在其全俄罗斯帝国皇帝和波兰国王的尊号之外，又加上了一个芬兰大公的尊号。

中近东、巴尔干是沙皇对外扩张的重要战略目标。当时的土耳其正走向衰落，沙皇想趁机独霸黑海海峡，控制地中海。沙皇尼古拉一世统治伊始，通过 1826 ~ 1828 年的对伊朗战争，占领了亚美尼亚境内的埃里温和纳西切万两个汗国，之后又控制了黑海。通过 1828 ~ 1829 年的俄土战争，沙俄得到了多瑙河口和库班河口一带的大片土地。后来，沙俄的势力又扩张到博斯普鲁斯和达达尼尔海峡。

沙俄向中近东的扩张，引起英、法的警惕，因为后者也想在这里扩张。为了与俄争夺，英、法决定怂恿土耳其同俄国较量，而土耳其也想借英、法之助，与俄国争夺克里米亚半岛和南高加索，战争不可避免。

1853 年 10 月，土耳其对俄宣战，俄土克里米亚战争爆发。在第一阶段，战争主要是在多瑙河流域、黑海沿岸和高加索等地进行。最大的一次战役是在黑海南岸土耳其军港西诺普展开的；经过 3 小时交锋，土耳其的舰艇俱毁，指挥官被俘。英、法联合舰队开进黑海向俄军猛攻，俄国孤立无援；随后，英、法联合舰队同时在黑海、波罗的海、白海和堪察加半岛东岸向俄军发动进攻，俄军全力防守，打退了联军的多次猛攻。1854 年 9 月，英、法联军又集中主力与俄军在克里木半岛决战。6 万名联军陆战队员在克里木登陆，包围了俄海军的主要基地塞瓦斯托波尔。由于联军装备优良，军事技术先进，俄军严重受挫，只能依仗有利地势进行防守，双方相持近一年半，俄军阵地最终被攻陷（见图 3 - 8）。俄军虽在高加索战场上击败了土耳其，但已无法挽回整个战局。1855 年 2 月，尼古拉在内外交困中自杀。

1856 年 3 月，交战双方经过多次谈判，签订了《巴黎条约》。俄国被迫将多瑙河三角洲和比萨拉比亚以南的一片土地归还给摩尔多瓦；黑海中立，俄国在黑海拥有舰队的权利被剥夺；俄国把卡尔斯归还给土耳其，以

图3－8　克里米亚战争

换回塞瓦斯托波尔等城市；俄放弃对多瑙河两公国的保护权。这次战争，削弱了俄国在欧洲的霸主地位。

第五节　1861年废除农奴制的改革

沙皇政府本打算用对外战争来转移人民视线，维护农奴制，加强其统治，可是战争的失败反而使国内矛盾更加激化，农民运动空前高涨，工人运动兴起，少数民族地区矛盾尖锐，军队也日趋不稳，就连沙皇的警察局长也不得不承认，“农奴状态是国家脚下的火药库”。这一切都表明，俄国的封建农奴制已发生严重危机。新上台的亚历山大二世也被迫承认，“现行的农奴制不能一成不变，从上面废除农奴制比等着从下面废除要好些”。(见图3－9)

在俄国废除农奴制势在必行，但在采取何种方式上却有两种主张：一

图3－9 俄国农奴

种是以卡维林为代表的地主阶级自由主义者，主张用改良的方式自上而下地废除；另一种是革命民主主义者，主张用革命的方式彻底废除。

从理论上说，清除和推翻以农奴制为基础的封建生产关系、确立新的、以商品交换为基础的资本主义生产关系，本来是俄国资产阶级的任务，可是就俄国国内的情况看，农奴制的长期存在，阻碍了资本主义发展，使资产阶级的力量处于分散和软弱状态，没能出现一个强大的资产阶级。同时，一些具有资产阶级思想的自由派（有的是贵族分化而来）又害怕和担心人民群众力量的壮大，不敢发动农奴进行斗争，而是和农奴主一样，寄希望于沙皇政府采取“安民”措施，以防止内乱。他们甚至宣称：“我们都相信，在广袤的俄罗斯帝国，一个专制制度能够控制帝国各部分之间的联系，维护国内秩序。”他们中还有人高呼：“我们不需要宪章交易，而需要专制政府的改革。”

由此，期望通过资产阶级革命的方式来解决农奴制度和土地问题的想法落空了。争取农奴制度改革的主动权落在了新沙皇和贵族地主阶级手中，其改革势必以“改良”的方式来进行。

俄国废除农奴制是自上而下展开的。1857 年 1 月，沙皇亚历山大二世召开农民事务机密委员会会议，着手拟订解放农奴的草案。此后，又在俄罗斯的欧洲部分地区展开。来自各地的贵族地主从各自利益出发，提出了几十种改革方案，争论不休。正在这时，农民斗争又掀起高潮，以革命方式摧毁农奴制的形势更加严峻。于是，沙皇催促赶快改革，说：“今后任何拖延都有害于国家。”

1861 年 3 月 3 日（俄历 2 月 19 日），沙皇亚历山大二世签署了国务会议批准的《农民改革法令》，同时签署了废除农奴制的特别文告，共 17 个文件；规定在一个长时期内分阶段地“解放”大俄罗斯、白俄罗斯和立陶宛的农奴。具体而言，主要有以下几点内容。

（1）关于农奴的人身解放。规定农民（“解放”后的农奴称为“农民”）获得处理个人和家庭事务的人身自由权。地主不能随意买卖、典押或交换农民。农民有权拥有动产和不动产，有权从事一切工商业活动及订立契约、处理自身婚姻，有权起诉和控告，等等。

（2）关于农民份地及赎取份地的条件。规定农民在获得人身解放时，可分得一块份地和宅旁园地，并担负一定的义务。份地在法律上仍属于地主，农民只有永久使用权。所得份地的数量视各地的情况而异。大部分地区的农民份地交由农村公社支配，定期重新划分，农民得到份地时要缴纳赎金。当时地主分给农民的土地，总价值为 6.5 亿卢布，但农民要交付的赎金却达 9 亿卢布。赎金数额太大，农民一次拿不起，因此规定赎地时，农民先付赎金的 1/5～1/4，余下的由国家支付，农民在以后的 49 年内每年加价还给国家。到 1905 年，农民还给国家的赎金达 20 亿卢布。

（3）1861 年，废除农奴制法令颁布后，在欧俄（俄罗斯的欧洲部分）地区先后“解放”了 1 000 多万农奴。1863 年、1866 年颁布的法令，先后使 100 多万采邑农奴和 900 多万国家农奴得到“解放”。而在非俄罗斯地区则进展缓慢，中亚地区的农奴制甚至保留到十月革命前夕。

19 世纪 60 ~70 年代，政府还在上层建筑领域实行了一些属于资产阶级性质的改革，如建立地方自治机构、成立城市杜马、改革司法机关、进行军事改革等，目的也是维护贵族地主的统治，但在客观上对俄国社会、对俄国资本主义的发展，都起了一定的促进作用。

这次改革是一次资产阶级性质的改革，由农奴主阶级“自上而下”地进行，是一次不彻底的改革。它没有动摇大土地所有制和沙皇专制制度，对农民的掠夺也是空前的。列宁指出，“臭名昭彰的‘解放’，实际上是对农民进行残酷的掠夺，是对农民施行一系列暴力和一连串的侮辱。由于‘解放’，黑土带各省农民的土地有 1/5 以上被割去了，有些省份的农民被割去和被夺去的土地达到 1/4 甚至 40%”，“由于‘解放’，农民被迫‘赎回’他们自己的土地，并勒索了超过实际地价一两倍的价钱”。[1] 这次改革在社会政治、经济、文化各领域都留有大量的封建残余，使改革后的俄国形成了资本主义和农奴制残余交织在一起的特点；俄国也由地主专政扩充为地主、资产阶级的联合专政，在向帝国主义的过渡中，最终走上了军事封建帝国主义的道路。

但同时，这次改革改变了地主土地占有制的性质，把地主置于同其他商品生产者同等竞争的地位，也迫使地主改变经营方式、采用改良农具、使用机器、改变耕作体制，等等，为俄国走上资本主义的发展道路创造了条件。

第六节　民粹派运动

1861 年农奴制改革后，俄国资本主义有了长足发展。工业生产中大多以机器代替手工劳动，劳动生产率和产量都有很大提高。俄国工业的发展，使得 19 世纪 30 ~40 年代开始的工业革命到 80 年代已基本完成。随着资本主义的发展，逐渐形成了无产阶级和资产阶级。到 19 世纪末，俄国雇佣工

[1] 列宁全集［M］. 第 17 卷. 北京：人民出版社，1984：102 –103.

人已达 2 200万人以上，其中在铁路和大工厂工作的产业工人约 280 万。俄国工人深受资产阶级和沙皇专制的双重压迫，处境十分艰难。

在农村，封建农奴制废除后，资本主义有了发展。但农奴制残余仍然存在，农民深受资本主义和封建主义的双重压迫，农村的阶级矛盾尖锐复杂。农民无地和缺地的现象很严重，要求废除地主土地所有制、将土地分给农民；农民斗争浪潮不断高涨。民粹派正是在这样的背景下产生的。

民粹派产生于 19 世纪 60 ~ 70 年代，是一些平民出身的知识分子所组成的小资产阶级政治派别。民粹派相信俄国村社是社会主义的基础，认为俄国可以绕过资本主义直接由村社过渡到社会主义；把农民理想化，认为农民是“本能的社会主义者”和“天生的革命者”；主张通过农民革命，推翻专制制度。有三位最具代表性的思想家：主张宣传、鼓动、否定暴力行为的拉甫罗夫、狂热推崇农民暴动的巴枯宁和寄望于少数知识分子阴谋活动的特卡乔夫。

19 世纪 60 年代末 70 年代初，他们领导的第一批民粹派组织在彼得堡、莫斯科、基辅和敖德萨等地先后成立。他们开始是在工人和知识分子中宣传，后来逐渐转向农村。1873 年，他们提出“到民间去”的口号。革命的知识青年穿上农民的服装，模仿农民的语言，到农民中去宣讲进行革命、打倒沙皇的道理，参加者有 1 000多人。“民粹派”的名称就是由“到民间去”而得来的。但由于他们并不真了解农民，农民对他们也不熟悉，因而也不能跟着他们走。民粹派得不到农民的支持，他们中的大部分被逮捕了，“到民间去”运动很快就被沙皇政府镇压下去。

1876 年，一部分民粹派分子再次成立新的民粹组织“土地与自由社”。后又分成两派，一派成立“土地平分社”，一派另组“民意党”。前者坚持原来的斗争方针，不过时隔不久就停止活动。“民意党”则奉行英雄史观，决定不依靠人民，单靠自己的力量来进行反对沙皇专制的斗争，结果犯了更严重的错误。他们主张用个人恐怖手段，并准备行刺沙皇。1881 年 3 月 1 日，民意党人果然用炸弹在彼得堡把沙皇亚历山大二世炸死了。但这并没有使人民获得丝毫益处，刺杀个别人物，并不能推翻沙皇专制制度，另一个沙皇亚历山大三世代之而起。新上台的沙皇趁机加强对革命力量的镇压，许多革命者遭到逮捕和屠杀。

在俄国最早同民粹派斗争的，是1883年普列汉诺夫领导的“劳动解放社”。

普列汉诺夫（1856～1918年，见图3－10）青年时是民粹派分子，参加过民粹派运动，后因被当局通缉，到了瑞士。“劳动解放社”把很多马列著作翻译成俄文，如《社会主义从空想到科学的发展》《雇佣劳动和资本》《哲学的贫困》等。普列汉诺夫曾把《共产党宣言》译成俄文，并著有《社会主义与政治斗争》《我们的意见分歧》和《论一元论历史观的发展》。其在著作中宣传、解释了马克思主义，揭露了民粹主义的荒谬及其策略上的错误，用辩证唯物主义和历史唯物主义的观点分析、批判了民粹派的唯心史观。但与此同时，在“劳动解放社”的纲领中，也仍有些属于民粹主义的东西。由于普列汉诺夫不能正确地把握农民和自由资产阶级在革命运动中的作用，过高地估计了自由资产阶级的作用，过低地估计了农民的作用，最终使他站到了孟什维克一边。在俄国，列宁担负起批判和粉碎民粹主义的任务，进而把马克思主义同俄国工人运动结合起来。

图3－10　普列汉诺夫

第七节　19世纪后半期俄国的对外扩张

1861年，农奴制改革后，俄国的资本主义有了长足发展，经济和军事实力有所增强，科学文化事业也逐步发展。但是，和欧洲的发达国家比，它的实力还是有限的，这就意味着沙皇俄国不得不调整对外扩张的部署。

在东方，它向强国妥协，向弱者进攻；在欧洲，则积蓄力量，伺机而动。

在东方，亚历山大二世对美、日两个新崛起的竞争对手作了让步。1867 年，俄国将阿拉斯加以极其低廉的价格卖给了美国（售价 720 万美元，平均每公顷土地约 5 分钱），此后，俄国势力彻底退出美洲。1878 年，为了缓和同日本争夺库页岛（原属中国）和千岛群岛的矛盾，俄国同意将千岛群岛的归属权让于日本。

与此同时，俄国加紧了对中亚和中国的侵略扩张，其凶猛之势，超过历代沙皇。

一、侵略土耳其、伊朗并征服中亚各国

19 世纪后半期，土耳其统治下的巴尔干各国掀起了反对土耳其统治的民族起义。俄国趁机打着支持巴尔干“斯拉夫兄弟”的旗号，发动了对土耳其的战争。战争于 1877 年 4 月爆发，俄军攻占普列弗纳堡后，直逼君士坦丁堡。在英、奥等西欧列强的干涉下，俄土签订了《圣斯特芬诺条约》。该条约规定，土耳其要向俄国赔款并割让大片土地。英、奥等列强召开柏林会议，坚持要修改俄土条约，俄国被迫吐出部分赃物，但仍占有多瑙河口北部、比萨拉比亚南部和南高加索的巴统、卡尔斯等地。

19 世纪后半期，沙俄与英国就伊朗展开争夺。到 20 世纪初，伊朗北部实际上成为俄国的势力范围，南部成为英国的势力范围。这个时期，沙俄还把从土耳其统治下获得独立的保加利亚变成了“俄国的总督管辖区”。

19 世纪 60 年代，沙俄加紧了征服中亚的步伐。中亚有三个封建汗国：浩罕汗国、希瓦汗国和布哈拉汗国。1864 年，俄军进攻浩罕汗国，并很快征服了它。

1866 年，俄国借口布哈拉汗国援助过浩罕汗国，对前者展开进攻。1868 年，双方签订协议，布哈拉承认俄国对其享有保护权，实际上沦为俄国的殖民地。

1872 年，沙皇亚历山大二世命令：“去把希瓦拿来嘛！”1873 年，俄军进攻希瓦汗国，轻易地就攻下了希瓦城，迫使希瓦汗签订了条约、割地并

赔款。希瓦承认为俄国的附庸，成了俄国的藩属。

1880～1884 年，俄国出兵土库曼并吞并了后者。至此，中亚地区 350 万平方千米的土地并入了俄国版图。

俄国征服中亚后，在当地实行军事管制，肆无忌惮地掠夺那里的棉花、牲畜并杀害当地居民，声称："俄罗斯士兵一个脚掌，要比下贱的一千个乌兹别克人的脑袋更为珍贵。"

沙俄的残酷统治，遭到中亚人民的坚决反抗。在持续不断的反俄起义中，规模最大的两次是 1898 年的安集延起义和 1916 年的中亚人民大起义。安集延起义是宗教首领莫达利领导的，于 1898 年 5 月爆发，参加者 2 000 多人，给俄军以沉重打击，最后遭到镇压。1916 年爆发的中亚人民大起义，规模大，影响广，数千名俄军被杀或失踪；起义延续到 1917 年 2 月。

二、侵占中国大片领土

19 世纪下半期，沙俄通过战争威胁和外交讹诈，侵占了中国 150 多万平方千米的领土，同时还攫取了许多损害中国利益的特权。沙俄是个欧洲国家，本来与中国并不接壤；17 世纪中叶，沙俄侵入中国外兴安岭和黑龙江流域，这才与中国产生了边界问题。经 1685 年、1686 年两次雅克萨战争，中俄于 1689 年签订了《尼布楚条约》，这是中俄第一个边界条约，规定了中俄东段边界。1727 年，中俄签订了《中俄布连斯奇条约》，规定了中俄中段边界。在西部，当时沙俄离中国还很远。

1840 年鸦片战争后，沙俄勾结西方列强，使用武力入侵和外交讹诈等手段，强迫清政府先后签订了不平等的《中俄瑷珲条约》和《中俄北京条约》，割占了中国黑龙江以北、外兴安岭以南及乌苏里江以东的 100 多万平方千米的领土。1864 年 10 月，又强迫清政府签订《中俄勘分西北界约记》，割去了中国西北 44 万平方千米的领土。1881 年，沙俄又出兵中国新疆首府伊犁。此后，又陆续签订了 7 个勘界议定书、割占了中国西北 7 万多平方千米的土地。1892 年，沙俄又强占了帕米尔高原地区 2 万多平方千米的中国领土。

通过上述不平等条约，在不到半个世纪内，沙俄先后割去中国东北和西北 150 多万平方千米的领土，但是沙俄并不满足，仍不择手段地侵占中国的权益和领土。1894 年，中日甲午战争爆发后，沙俄在中国开设“华俄道胜银行”，从金融、财政方面加强对中国的控制。

1896 年，沙俄强迫清政府签订了《中俄密约》，以保护中国不受日本侵略为名，攫取了建设并经营中东铁路的特权，后来又扩大到在铁路沿线地区有采煤和采伐木材的特权。

1897 年，沙俄出兵侵占中国旅顺口；次年 3 月，迫使清政府签订《旅大租地条约》；5 月，又签订《续订旅大租地条约》。通过上述两个条约，俄国强租到中国的旅顺口和大连湾；辽东半岛“租”给俄国25 年；俄国得到修筑中东铁路支线——由哈尔滨到旅顺、大连的特权。

1899 年，英、俄背着中国达成《英俄铁路范围协定》，把长江流域划为英国铁路势力范围，把长城以北划为俄国铁路势力范围。

1900 年，义和团运动爆发后，沙俄参加八国联军残酷镇压义和团运动，并出兵 15 万人占领中国东北三省。在中国的坚决抵抗和“三国干涉还辽”的形势下，沙俄于 1902 年被迫签订《交收东三省条约》，但还拖延撤兵。

日俄战争（1904～1905 年）后，这两国又日趋勾结，先后四次密约瓜分中国长城以北领土。这期间，俄国加紧在中国东北、新疆和西藏的侵略活动。

辛亥革命前后，沙俄煽动、扶持蒙古的杭达多尔济等一小撮人搞叛国投俄活动，以建立俄国的藩属国。

唐努乌梁海地区自古以来就是中国的领土。1912 年，沙皇尼古拉二世策划占领；1914 年，该地区被沙俄武装占领，面积 17 万平方千米。

沙皇俄国的侵略扩张，极大地扩大了其版图。到 19 世纪末期，其领土已达到 2 240万平方千米；到 1914 年第一次世界大战前，其领土为 2 280万平方千米，其中属于殖民地的总面积多达 1 700万平方千米。

【思考与练习】

1. 1861 年改革的背景、内容、影响是什么？

2. 村社社会主义的主要内容有哪些？

【延伸阅读】

[1] 孙成木，等，主编．俄国通史简编［M］．上下卷．北京：人民出版社，1986.

[2] 张建华．俄国史［M］．北京：人民出版社，2004.

[3] 金雁，卞悟．农村公社、改革与革命——村社传统与俄国现代化道路［M］．北京：中央编译出版社，1996.

[4] ［俄］克柳切夫斯基．俄国史教程［M］．北京：商务印书馆，1996.

[5] 曹维安．俄国史新论——影响俄国历史发展的基本问题［M］．北京：中国社会科学出版社，2002.

[6] 任光宣．俄罗斯文化十五讲［M］．北京：北京大学出版社，2007.

[7] 宋瑞芝．俄罗斯精神［M］．武汉：长江文艺出版社，2000.

第四章　19世纪末20世纪初俄国两次资产阶级革命

【导言】19世纪80年代，俄国的工人阶级开始登上政治舞台。1895年，列宁建立了彼得堡"工人阶级解放斗争协会"。1898年3月在明斯克召开俄国社会民主工党第一次代表大会，宣布俄国社会民主工党成立。19世纪末20世纪初，俄国资本主义发展到帝国主义阶段，它积极参与瓜分世界的争斗。政治制度的腐败，兼之1904~1905年日俄战争中沙俄军队的惨败，使俄国陷入严重危机，并引发了1905年革命。1914年第一次世界大战爆发后，俄国与英、法等国组成"协约国"，同德、奥等国组成的"同盟国"交战，战争导致了国内总危机。1917年2月，俄国爆发"二月革命"，沙皇专制制度被推翻。二月革命后，俄国出现了两个政权并存的局面。本章重点：无产阶级政党建立的过程，两次资产阶级革命爆发的背景、经过及其影响。本章难点：二月革命迅速推翻沙皇专制政权的原因。

第一节　俄国的社会状况和列宁的早期革命活动

一、俄国的社会状况

19世纪末20世纪初，资本主义进入帝国主义阶段，世界历史进入帝国主义和无产阶级革命的时代。资本主义进入帝国主义的主要标志是美西战争（1898年）、英布战争（1899~1902年）、日俄战争（1904~1905年）以及1900年的经济危机。

19 世纪 80 年代，俄国出现了垄断组织——辛迪加，此后不断发展增多。到 20 世纪初，全国的石油、生铁、冶金、煤炭以及机车制造的产销绝大部分都被垄断组织控制。这时期俄国的银行资本与工业资本相结合，形成了金融资本。俄国的八大银行控制了全国银行资本的 55. 7%，并控制了冶金工业投资总额的 50% 和煤炭业投资的 60%。财政资本已控制了俄罗斯的经济命脉。

20 世纪初，俄国进入帝国主义阶段。俄国帝国主义除具有一般帝国主义的基本特征外，还有着自己的特点。一是带有军事封建性质。俄国在农奴制改革后，仍然保留有大量农奴制残余，造成国内市场狭小，影响资本主义的进一步发展。沙皇政府既要依靠贵族地主，又要照顾资产阶级的要求，只好发动战争来开辟国外市场。由此，沙皇政府加紧对外侵略、扩张，对内、尤其是对边区各民族实行高压控制和剥削。这使得俄国帝国主义带有高度的军事掠夺、侵略的性质，因而列宁称沙皇制度是军事封建的帝国主义。二是在经济和技术方面大大落后于西欧，只好依赖西欧帝国主义国家，吸引西方资本家的投资。于是英、法、德、美、比利时等国的资本大量涌进俄国。俄国还向英、法等国借了大批外债。在此基础上，俄国充当外国资本的代理人或仆从，再向其他更为落后的国家（如波斯、土耳其、中国等）进行资本输出。经济上的依附地位使得它在政治和军事上也不得不依附于西欧帝国主义列强。

总之，沙皇俄国不但集资本主义压迫、殖民主义压迫和军事压迫之大成，而且表现得特别露骨、野蛮。这时期，俄国面临着无产阶级同垄断资本、同沙皇专制制度的矛盾；农民同地主的矛盾；民族矛盾尖锐、激化；世界被压迫民族和人民同俄国帝国主义的矛盾；俄国人民同西方帝国主义的矛盾。这些矛盾的存在，使得沙皇俄国成为帝国主义一切矛盾的集合点。推翻沙皇专制制度，既可以解放俄国人民，又可以打击西方帝国主义及其在东方的殖民统治，帮助各国人民进行反对帝国主义的斗争。由此，俄国无产阶级革命就具有特别重大的意义。

二、列宁的早期革命活动

弗拉基米尔·伊里奇·列宁（乌里扬诺夫），1870 年 4 月 22 日出生于伏尔加河畔辛比尔斯克城。其父时任辛比尔斯克省国民教育视察员。

图 4－1　年轻时的列宁

列宁上中、小学时品学兼优，中学毕业时曾获金质奖章。1887 年，进喀山大学法律系学习（见图 4－1）。1887 年 5 月，列宁的哥哥亚历山大·伊里奇因参加“民意党”谋刺沙皇被判处绞刑。哥哥的悲惨遭遇让列宁认识到，只用恐怖斗争的手段是不能推翻沙皇专制统治的，必须走另外一条道路。

1887 年 12 月，列宁因参加学生运动被捕入狱。1888 年 10 月，列宁回到喀山，参加了马克思主义小组，认真学习马恩的著作，成为一个马克思主义者。1889 年 5 月，列宁移居萨马拉，继续研究马克思主义，并于 1892 年亲自领导和建立了萨马拉第一个马克思主义小组。在萨马拉，列宁研究了俄国资本主义发展和农民的状况。1891 年，列宁以校外生的资格参加彼得堡大学法律系的毕业考试，并获得最优等的文凭。1893 年 8 月，列宁来到俄国革命运动的中心彼得堡，不久即成为彼得堡马克思主义小组的领导人。1894 年，列宁发表了一系列重要演说，这些演说后来被收入到他的名著《什么是“人民之友”以及他们如何攻击社会民主主义者》一书中。列宁对民粹派进行了全面的分析并指出，19 世纪 90 年代的民粹派已放弃了 70 年代革命民粹派所进行的反对沙皇的革命斗争，堕落为代表富农利益的自由主义者，是人民之敌，而不是人民之友。列宁在书中驳斥了民粹派的种种谬论，阐明了俄国无产阶级的历史使命，第一次提出工农联盟是推翻沙皇专制制度的主要社会力量。

他明确指出，当前马克思主义者的战略任务，是把社会主义和工人运动结合起来，建立一个战斗的无产阶级政党，领导无产阶级和全国人民首先进行资产阶级民主革命，推翻沙皇专制制度，进而实现社会主义革命。

1895 年，列宁把彼得堡所有分散的马克思主义小组（约 20 个）统一为“工人阶级解放斗争协会”。“协会”是马克思主义同俄国工人运动相结合的产物，是俄国工人阶级政党的萌芽。在彼得堡“工人阶级解放斗争协会”的影响下，莫斯科、伊凡诺沃－沃兹涅先斯克、基辅等城市纷纷建立了类似的工人组织。

1895 年 12 月，列宁再次被捕，并于 1897 年被流放到西伯利亚。1896～1899 年，列宁完成了重要的科学理论著作《俄国资本主义的发展》，深刻阐明了俄国社会经济的发展和阶级关系的变化，完成了在思想理论上彻底粉碎民粹派的任务。

第二节　俄国布尔什维克党的建立

一、列宁反对经济派的斗争

1898 年 3 月，彼得堡、基辅、莫斯科等地的“工人阶级解放斗争协会”的成员们，在明斯克召开俄国社会民主工党第一次代表大会，宣布建立社会民主工党。这次大会没能实现在组织上团结各个地方组织的任务，也没有制定党纲、党章；被选出的中央委员会不久就遭到破坏。这次大会没有把党建立起来，只是建党的一次尝试。当时的情况要求加强建党的领导工作。

列宁在流放地了解到上述建党情况，感到这样建党不行。俄国应建立一个新型的、战斗的革命政党，首先必须从思想建设开始，而当时思想建设的一个重要内容是必须批判经济主义。经济主义是 19 世纪末 20 世纪初在俄国社会民主工党（斗争协会）内出现的一种机会主义思潮，宣扬政治斗争是资产阶级的事情，工人只要改善经济状况就可以了。为有利于批判经济主义和为建立统一政党做准备，列宁从西伯利亚回来后，就到国外去办报纸。1900 年 12 月，《火星报》第一期出版，秘密运入俄国散发。1902 年，列宁的《怎么办》一书在《火星报》上陆续发表。《火星报》系统地宣传了马克思主义，集中批判了经济主义；宣传了建立无产阶级政党的重要性；把分散的马克思主义小组团结在自己周围，为建党创造了条件。

二、布尔什维克党的建立

1903 年 7 月 30 日，俄国社会民主工党第二次代表大会在比利时首都布鲁塞尔（后转伦敦）召开。到会代表 43 人，代表 26 个社会民主工党的地方组织。

大会的任务是建立一个统一、集中的马克思主义政党，议程是制定党纲、党章和选举党的中央委员会。大会以《火星报》拟订的党纲草案为基础进行讨论。党纲内容分为两部分：最高纲领——实现社会主义，建立无产阶级专政；最低纲领——推翻沙皇专制制度，消灭农奴制残余，建立民主共和国。

在党纲讨论中，机会主义者拼命反对把无产阶级专政明确写进党纲，理由是许多外国社会民主工党的纲领上都没有这一条。以列宁为首的革命派对此进行了无情的批判。经过大会讨论，通过了《火星报》提出的党纲，把争取实现无产阶级专政规定为党的基本任务。

在讨论党章时，斗争更加激烈，斗争的焦点是关于党员的条件。列宁主张，凡承认党纲、在物质上帮助党并参加党的一个组织者，均得为党员。马尔托夫虽然认可上述条件，但却进一步主张，任何罢工者都可以自行“列名入党”。列宁提出的党员条件可以保证党组织的纯洁性，使党成为一个团结的、组织严密的、集中统一的无产阶级司令部。最后表决时，马尔托夫一派占了多数。

大会在选举中央委员会时，形势发生了有利于列宁的变化，拥护列宁的人占了多数，被称为“布尔什维克”；反对列宁的马尔托夫等人占少数，被称为“孟什维克”。这样，俄国社会民主工党一成立就分化为两个对立的政治派别。从此，布尔什维克的观点、体系被称为“布尔什维主义”，孟什维克的观点被称为“孟什维主义”。列宁说：“布尔什维主义作为一种思潮，一个政党的存在，是从1903年开始的。”布尔什维主义的出现，是列宁主义诞生的标志。

大会之后，布尔什维克同孟什维克的斗争仍在继续。孟什维克篡夺了《火星报》的领导权，《火星报》被称为《新火星报》，成为孟什维克的机关报。马尔托夫还想夺取中央委员会的领导权，列宁对其进行了揭露和批判。之后，在俄国社会民主工党第三次代表大会上（1905年4月），通过了新党章。1912年，在布拉格举行的党的第六次代表大会上，决定将孟什维克开除出党。从此，布尔什维克党在组织上成为一个独立的马克思主义政党。

在列宁反对孟什维克、为建党而斗争的过程中，约·维·斯大林完全站在了列宁的一边，成为列宁的重要助手。斯大林于1879年12月出生于格鲁吉亚第比利斯州哥里城一个鞋匠家中。1894年，参加马克思主义小组；1899年，加入俄国社会民主工党；1900年，坚决拥护列宁的主张；1901年10月，当选为俄国社会民主工党第比利斯委员会委员；1902年，当选为党的高加索联盟委员会委员；1912年，缺席被选为中央委员。同年创立《真理报》。1917年前，曾多次被捕、被流放。在斗争中，他坚决捍卫马克思主义。

第三节　1905年革命

一、革命的开始和列宁的革命策略路线

20世纪初的俄国，革命形势成熟，促使革命到来的是日俄战争（1904～1905年）。沙皇本想通过战争转移人民视线、巩固其专制统治，但战争却以失败告终。1905年，日俄签订《朴茨茅斯条约》，规定：俄国把其侵占的旅顺、大连、库页岛南部及其附近岛屿等转让给日本；承认朝鲜

为日本的势力范围。

日俄战争：日俄战争是指日本与沙皇俄国为了侵占中国东北和朝鲜，在中国东北的土地上进行的一场帝国主义战争。战争以沙皇俄国的失败告终。日俄战争促成日本在东北亚取得军事优势，并取得在朝鲜、中国东北驻军的权利，令俄国于此的扩张受到阻挠。日俄战争的陆上战场是清朝本土的东北地区，而清政府却被迫宣布中立，甚至为这场战争专门划出了一块交战区。日、俄、中三方在这场战争中都蒙受了严重损失，并对之后各国的发展道路造成了一定影响。

战争暴露了沙皇制度的腐败，激起了国内人民的不满，加速了革命的到来。

1905 年 1 月 3 日，彼得堡最大的普梯洛夫工厂工人举行罢工，抗议开除工人，并于 1 月 8 日发展为总罢工。1 月 9 日，14 万工人向沙皇请愿，遭到血腥的镇压，1 000多工人死亡，5 000多人受伤，史称“流血星期日”（见图 4 – 2）。流血事件激起工人罢工浪潮和农民运动的高涨。这就要求无产阶级政党及时制定正确的战略和策略，加强对革命的领导。

1905 年 4 月，俄国社会民主工党在伦敦召开第三次代表大会。孟什维克拒绝参加并在日内瓦召开了分裂会议。两个大会制定了两种不同的策略、路线。以列宁为首制定的马克思主义策略路线认为：应由无产阶级领导革命，建立工农联盟，孤立资产阶级；通过武装起义推翻沙皇专制制度，建立临时革命政府，实行工农民主专政，把资产阶级民主革命进行到底并转变为社会主义革命。孟什维克制定的策略路线认为：应由资产阶级领导革命，无产阶级只能做资产阶级的助手，鼓吹“议会道路”，通过和平方式改良沙皇制度；资产阶级革命胜利后，应由资产阶级统治，社会民主工党不应参加临时政府。可见，领导权问题是两种策略路线的斗争焦点。

二、革命的进程及意义

社会民主工党第三次代表大会后，革命形势不断高涨。革命运动的深

图 4－2　戈邦神父率领一批群众准备向沙皇递交请愿书

资料来源：http：//www. todayonhistory. com/1/22/BiDeBaoDe－LiuXueXingQiRi. html.

入发展和沙皇在日俄战争中的失败，影响了军队。1905 年 6 月，奥德萨黑海舰队的“波将金”号铁甲舰的水兵举行起义，因孤立无援，归于失败。

1905 年秋，革命运动斗争到全俄总政治罢工阶段。10 月 17 日，莫斯科至喀山铁路工人举行罢工，后发展为总罢工。全俄有 200 万工人参加罢工，全国处于瘫痪状态。

总罢工的威力吓坏了沙皇尼古拉二世，沙皇宣布实现“确定不移的公民自由原则”，答应召开“杜马”。对此，孟什维克和社会革命党人兴高采烈，认为“沙皇投降了”。布尔什维克则认为这是沙皇搞的政治骗局，号召工人武装起来，准备对付沙皇的屠杀。而沙皇也果真组织了“俄罗斯人民同盟”之类的黑帮组织，对革命者下了毒手。

12 月初，沙皇下令逮捕了彼得堡苏维埃 260 名代表，激起了工人的义愤。12 月 5 日，莫斯科布尔什维克和苏维埃代表决定举行总罢工，后转为武装起义，农民及妇女对起义者进行支援。但由于力量悬殊，起义最后被镇压。

12 月起义是 1905 年革命的最高点，此后革命逐渐低落。沙皇在加紧镇压革命的同时，玩弄政治骗局，于 1906 年召开杜马。

第一届国家杜马于 1906 年 5 月 10 日召开。在杜马中，资产阶级代表与戈列梅金政府在农民土地问题和政治自由化问题上发生了冲突，最后是沙皇政府的军队开进了国家杜马的所在地——塔夫利达宫，第一届国家杜马存在仅仅 42 天就被解散。

1907 年 2 月，第二届国家杜马召开。布尔什维克提出广泛利用国家杜马这一“合法讲坛”，积极参加杜马选举，并且与在国家杜马中占据多数席位的劳动派以及社会革命党、劳动人民社会主义党联合组成“左派联盟”，使得这届国家杜马的左翼力量大大加强，而顽固派、黑帮和资产阶级保守派则大为恐慌。

1907 年 6 月 3 日，新任大臣会议主席斯托雷平借口社会民主党议会党团在第二届国家杜马中密谋发动“弑君夺权”的政变，再次解散国家杜马并大肆逮捕社会民主党人，在全国范围内镇压工农运动，实行恐怖统治，被称为“六三政变”。随后，沙皇政府公布了新的选举法。新选举法的目的在于保证政治上保守的农民、地主和资产阶级在各国家杜马代表选举中的优势地位。第三届国家杜马选出的复选代表中地主和大资产阶级就占据了 50% 的席位，农民占 22% 的席位，工人仅占 2% 的席位。[1] 在第三届国家杜马中出现了两个多数：其一是代表大资产阶级利益的十月党成为杜马中占据多数席位的议会党团，十月党领袖古契科夫担任国家杜马主席的职

[1] 诺索夫，主编．苏联简史［M］. 第 1 卷．下册．北京：三联书店，1977：433.

务，使俄国资产阶级的政治影响达到顶峰；其二是由“俄罗斯人民协会”“俄罗斯同盟”等种族主义和反犹主义组织组成的极右派——黑帮集团在第三届国家杜马中占据了优势席位，大资产阶级与斯托雷平和极端反动的黑帮集团结成了政治同盟，这种政治格局被称为“六三体制”。

1905 年革命就其社会内容而言，是资产阶级民主革命。因为革命的任务是消灭农奴制残余，推翻沙皇专制制度，建立民主共和国。

这次革命使工人和农民经受了锻炼，是一次革命的演习，使革命群众得到了在和平时期几十年都得不到的东西。列宁指出：“没有 1905 年的‘总演习’，就不可能有 1917 年十月革命的胜利。”

1905 年革命对欧美，特别是对亚洲的革命产生了影响，它促进了欧美无产阶级的斗争，促进了亚洲的觉醒。伊朗、土耳其、中国都相继爆发了资产阶级民主革命。列宁说：“继 1905 年运动后，民主革命席卷了整个亚洲。”

第四节　1917 年二月革命

一、二月革命的背景

促使俄国二月革命爆发的直接原因是第一次世界大战。

1914 年爆发的第一次世界大战，是一次重新瓜分世界的帝国主义战争。沙皇俄国参加了这次战争。其参战目的是从土耳其手中夺取君士坦丁堡和土耳其海峡，扩大在巴尔干半岛的势力范围，并侵占西里西亚等地，同时利用战争的形势镇压国内的革命运动。战前，沙皇进行了疯狂的扩军备战，将军队扩充到 230 万人。沙俄同英、法一起，对德、奥、土、保等国作战。战争中，俄军供应很差，士兵伤亡很大。为了补充兵力，沙皇政府加紧征兵，使入伍人数达到 1 400 万 ~ 1 900万人，占成年男子总人数的 2/5，造成了工厂倒闭、农田荒芜、粮食奇缺、广大人民在死亡线上挣扎的局面。由于战争的庞大军费开支使国库空虚，沙皇被迫向英、法、美借债达177亿卢布，到1917年多达500亿卢布。1915年，俄国发生了近千次罢工；1916年，罢工达到1 500次；1917年头两个月，罢工急剧增加到1 300多次，工人们提出“打倒沙皇”“打倒战争”革命口号。农民反对征兵、征粮并焚烧地主庄园，夺取粮食、牲畜和农具。前线士兵大量开小差，1916年达150万人；前线士兵拒绝打仗，俄德士兵出现放下武器举行战地联欢的局面。1916年，在中亚一些地区掀起了反对民族压迫的大起义。在工、农、兵和被压迫民族的革命浪潮打击下，沙皇统治已经摇摇欲坠。

沙皇统治出现危机，为了维护暂时统治，就频繁更换部长。在大战期间，更换了4个总理、6个内务部长、4个军事部长和3个外交部长。但这样也无济于事，沙皇又想单独同德国媾和以便腾出手来继续镇压革命。俄国的资产阶级为了发战争财，反对媾和，希望继续战争。于是，他们在英、法的支持下，想发动宫廷政变废黜尼古拉二世，立个傀儡政权，以达到继续战争的目的。然而，正在这时无产阶级迅速进行了革命，使沙皇和资产阶级的阴谋都未能得逞。

二、二月革命爆发，罗曼诺夫王朝统治结束

1917年初，俄国罢工运动空前高涨。1月9日，是1905年“流血星期日”纪念日，全国许多城市举行了示威游行和罢工。俄历2月18日（公历3月3日），首都彼得堡普梯洛夫工厂3万工人罢工，并很快转为武装起义。在工人集中的维堡区建立了苏维埃政权。27日，首都驻军参加了起义，早上1万人转到工人方面，晚上有6万多人参加工人起义。起义士兵和工人联合起来占领兵工厂、弹药库、炮兵总部及所有火车站。起义者切断了市内电话线，打开了监狱大门，政治犯获得解放。同时逮捕了沙皇的大臣、军官和宪兵，并捣毁了警察局。起义者还冲击了杜马所在的塔夫利达宫。当晚，彼得格勒工兵代表苏维埃第一次代表大会宣布开幕，彼得格勒起义获得胜利（见图4－3）。

彼得格勒起义节节胜利的消息很快传到莫斯科。在布尔什维克党的领导下，莫斯科工人举行了政治总罢工并联合士兵起义。到3月1日，除两

图4－3　二月革命中的彼得堡

所军事学校外，当地驻军完全投向起义者方面。起义者占领了克里姆林宫和火车站、警察局等。

沙皇尼古拉二世众叛亲离，他于3月2日凌晨对身边人说："我决定退位，在今天凌晨3点以前，我曾想让位给我的儿子阿列克谢，但我无法与他分开，……现在我作出决定，让位给我的弟弟米哈伊尔……"❶ 然而，米哈伊尔也不敢接受这个烫手的山芋，于是尼古拉二世急匆匆地于当日下午宣布退位。

全国各地人民纷纷起来，摧毁沙皇的地方政权，释放政治犯。布尔什维克党公开进行组织和领导工作，各地纷纷建立工兵代表苏维埃和农民代表苏维埃。

克琅施塔得等地水兵起义的消息迅速传到前线，在陆军和海军中，出现了以选举产生的指挥员代替旧军官的做法。二月革命胜利了，罗曼诺夫王朝300多年的统治垮台了。

---

❶ 陈之骅主编．俄国沙皇列传［M］．北京：东方出版社，1999：283.

三、两个政权并存

二月革命后，在孟什维克和社会革命党人的支持下，3 月 2 日成立了资产阶级临时政府。格·叶·李沃夫担任主席兼内政部长，米留可夫任外交部长。社会革命党人克伦斯基是苏维埃代表，但违反苏维埃禁止自己的代表参加临时政府的决定，参加临时政府，当上司法部长。

除了资产阶级临时政府外，还有个工兵代表苏维埃，即人民的政权。一个临时政府，一个工兵代表苏维埃，这就出现了两个政权并存的局面。列宁说："所谓两个政权并存的局面，就是说有两个政府同时存在：一个是主要的、真正的、实际的、掌握全部政权机关的资产阶级政府，即李沃夫之流的'临时政府'；另一个是补充的、附属的、监督性的政府，即彼得格勒工兵代表苏维埃，它没有掌握政权机关，但是它直接依靠绝大多数人民，依靠武装的工人和士兵。"❶

两个政权并存，说明俄国正处在一个过渡的、暂时的不稳定阶段。当时资产阶级和无产阶级都想单独建立政权。无产阶级迫切需要将革命引向深入，推翻临时政府，把革命进行到社会主义革命阶段。布尔什维克党和全体劳动人民热切盼望列宁提前回国，以制定新的革命路线，使革命高潮早日到来。

【思考与练习】

1. 1905 年革命爆发的原因是什么？有何影响？

2. 二月革命爆发后，罗曼诺夫王朝迅速垮台的原因是什么？

【延伸阅读】

［1］安启念．东方国家的社会跳跃和文化滞后——俄罗斯文化与列宁主义问题［M］．北京：中国人民大学出版社，1994.

---

❶ 列宁．论无产阶级在我国革命中的任务［M］//列宁选集．第 3 卷．北京：人民出版社，1995：39.

[2] 张建华．俄国史［M］．北京：人民出版社，2004.
[3] 金雁，卞悟．农村公社、改革与革命——村社传统与俄国现代化道路［M］．北京：中央编译出版社，1996.
[4] 曹维安．俄国史新论——影响俄国历史发展的基本问题［M］．北京：中国社会科学出版社，2002.
[5] 任光宣．俄罗斯文化十五讲［M］．北京：北京大学出版社，2007.
[6] 宋瑞芝．俄罗斯精神［M］．武汉：长江文艺出版社，2000.

第五章　十月革命与社会主义政权的建立

【导言】 1917 年俄历 10 月 25 日（公历 11 月 7 日），十月革命爆发，资产阶级临时政府被推翻，以列宁为首的苏维埃政府建立。之后，布尔什维克党在列宁的领导下，为巩固苏维埃政权进行了艰苦斗争，并实施了战时共产主义政策。协约国三次武装干涉被粉碎后，列宁对于如何在俄国这样的经济文化比较落后的国家建设社会主义进行了积极探索，并开始在俄国实施新经济政策。1922 年苏联正式成立。本章重点：战时共产主义的主要内容及其实施的主要原因；新经济政策提出的背景及主要内容。本章难点：理解列宁主义的实质。

第一节　十月革命的胜利

俄国二月革命后出现两个政权并存的局面，反映了当时俄国革命形势的特点，表明二月革命后阶级力量的对比。无产阶级没有足够的力量立即推翻资产阶级政权；资产阶级虽然暂时掌了权，也没有足够的力量解散苏维埃，立即建立单独资产阶级专政的国家。资产阶级临时政府一直在搞阴谋活动，妄图搞垮苏维埃，以达到其单独掌权的目的。无产阶级面临的任务是制定新的革命路线，以把全部政权掌握在自己手中。

在这关键时刻，列宁于俄历 4 月 3 日（公历 4 月 16 日）从瑞士回到彼得格勒。在车站举行的欢迎会上，列宁发表了热情洋溢的演说，号召把社会主义革命进行到底。4 月 4 日，列宁在塔夫利达宫举行的布尔什维克党领导成员大会上作了《论无产阶级在这次革命中的任务》的报告，全面分析了俄国革命的形势，制定了党从民主革命向社会主义革命过渡的路线、方针、政策和办法。这就是《四月提纲》。

在《四月提纲》中，列宁指出了俄国革命发展的总方向，指出要结束两个政权并存的局面，要建立无产阶级专政，要推翻资产阶级临时政府，由无产阶级和贫苦农民掌权；并指出，目前俄国革命的特点是“从革命的第一阶段过渡到革命的第二阶段。第一阶段由于无产阶级的觉悟性和组织性不够，政权落到了资产阶级手中，第二阶段则应使政权转到无产阶级和贫苦农民手中”。❶ 列宁认为民主革命基本结束，应从民主革命阶段向社会主义革命阶段过渡。关于国家形式，他指出：“不要议会制共和国（从工人代表苏维埃回到议会制共和国是倒退了一步），而要从下到上遍及全国的工人、雇农和农民代表苏维埃的共和国。”他还强调，要向群众说明“工人代表苏维埃是革命政府唯一可能的形式”。❷ 在经济方面，提出没收地主土地，实行土地国有化，把一切银行合并为国家银行，由苏维埃监督；对产品的生产和分配也由苏维埃监督等。

1917 年 4 月 18 日，临时政府外交部长米留可夫，向协约国发出照会，声称“全体人民愿意将世界大战进行到彻底胜利”。4 月 20 日，报纸上公开刊登了米留可夫照会的全文；当天，彼得格勒工人、士兵举行示威，提出“打倒米留可夫”的口号。4 月 21 日，在布尔什维克党的号召下，彼得格勒 10 万工人和士兵走上街头，提出“全部政权归苏维埃！”“打倒战争！”等口号。外交部长米留可夫和陆海军部长古契科夫被迫退出临时政府。这次游行示威是临时政府危机的开始；当时社会革命党人和孟什维克帮助临时政府渡过了危机。俄历 5 月 5 日成立了有孟什维克和社会革命党人参加的联合政府。参加这一联合临时政府的有 10 名资本家部长；社会革

❶ 列宁．论无产阶级在这次革命中的任务［M］//列宁选集. 第 3 卷．北京：人民出版社，1995：14 – 15.

❷ 列宁．论无产阶级在这次革命中的任务［M］//列宁选集. 第 3 卷．北京：人民出版社，1995：14 – 15.

命党首领切尔诺夫担任了农业部长，社会革命党人克伦斯基任陆海军部长。李沃夫仍然担任政府首脑，继续执行前政府的反人民政策。

6 月 1 8 日，首都50 万人游行示威，高喊“打倒战争”!“打倒10 个资本家部长”!“全部政权归苏维埃”! 这次示威又称“6 月事件”。“6 月事件”导致临时政府危机的加深。

就在“6 月事件”的当天，临时政府迫使前线士兵发动进攻，结果6 万名多名士兵丧生。7 月 3 日，50 万名愤怒的群众举行示威，要求打倒临时政府。临时政府竟然下令镇压，死伤400 多人，被称为“七月事件”。此后，临时政府又下令解除工人武装、捣毁《真理报》、逮捕布尔什维克党人，下令通缉列宁。7 月 14 日，成立了以克伦斯基为首的新联合政府，两个政权并存的局面结束。列宁说：“俄国革命和平发展的一切希望都彻底破灭了。”❶ 面对资产阶级的暴力，无产阶级必须用革命的暴力将其推翻，武装起义已不可避免。

1917 年 8 月 25 日，俄军总司令科尔尼洛夫要求临时政府辞职，把一切权力交给他，企图建立反革命的军事独裁统治。当时任联合政府总理的克伦斯基害怕动摇自己的统治，宣布科尔尼洛夫为叛乱分子，下令逮捕他。后经布尔什维克的努力，科尔尼洛夫的叛乱流产。

10 月 7 日，列宁从芬兰秘密回到彼得格勒；10 日，主持召开了俄国社会民主工党特别会议。会上，列宁作了关于当前时局的报告，提出在最近举行起义的问题。会议通过了列宁提出的决议，决定成立以列宁为首的政治局，后又成立了以斯大林为首的领导起义的党总部，在首都和各地苏维埃成立了军事委员会，同时派出干部到各地去组织起义。按预定计划，打算在俄历 10 月 25 日（公历 11 月 7 日）发动起义，但季诺维也夫、加米涅夫等人反对起义，遭到批驳后，公然在孟什维克的《新生活报》发表了一篇题为《尤·加米涅夫谈起义》的短评，泄露了党的武装起义的计划。

临时政府得到叛徒告密后，赶忙从前线调回部队，加强防守彼得格勒。

---

❶ 列宁．论政治形势［M］//列宁全集．第 25 卷．北京：人民出版社，1984：167.

10月24日，下令封闭了布尔什维克的机关报《工人之路报》和《士兵报》的印刷所，下令逮捕列宁和其他领导人。有鉴于此，列宁在《给中央委员会的信》中，要求提前在10月24日举行起义。

布尔什维克党加紧集结革命队伍。24日深夜，列宁秘密来到起义的司令部——斯莫尔尼宫亲自领导起义。10月25日，即公历11月7日，赤卫队、士兵、水兵20万人按照列宁的指示，迅速占领了主要桥梁、火车站、电话局、发电站、国家银行、邮电局和政府机关等战略要地，同时号召全国各地举行武装起义。下午6时，包围了冬宫；9时，以“阿芙乐尔”号巡洋舰发炮为信号，向冬宫——临时政府所在地发起总攻；26日早6时，占领冬宫，在冬宫的尖顶上升起红旗（见图5-1）。临时政府16名部长被捕，克伦斯基男扮女装逃跑。彼得格勒武装起义取得胜利。

图5-1 “阿芙乐尔”号巡洋舰

彼得格勒武装起义胜利的消息迅速传到全国各地。10月26日，莫斯科武装起义开始，在首都武装力量的支援下，于11月2日攻下克里姆林宫，取得胜利。

从1917年11月7日（公历）到1918年2～3月，全国各地展开了夺权斗争，苏维埃政权纷纷建立。列宁把这一时期革命形势的迅猛发展称为“苏维埃政权的凯歌行进”。

第二节　布尔什维克为巩固苏维埃政权而斗争

一、建立无产阶级专政国家的措施

1917年11月7日晚10时许（俄历10月25日），在斯莫尔尼宫召开了全俄工兵代表苏维埃第二次代表大会。会上通过了列宁起草的《告工人、士兵和农民书》，宣告全部政权归苏维埃，临时政府已被推翻。

第二天，大会通过了《土地法令》，规定地主的一切土地及农具耕畜等全部无偿地交给乡土地委员会和县农民代表苏维埃管理支配。根据《土地法令》，进行了土地改革，使全俄农民无偿得到了1.5亿俄亩的土地。

代表大会选举产生了由101人组成的新的全俄中央执行委员会和第一届苏维埃政府——人民委员会，列宁当选为人民委员会主席，斯大林担任民族事务人民委员。

布尔什维克所承诺的立宪会议于1918年俄历1月5日（公历1月18日）召开，但旋即在俄历1月9日（公历1月22日）被勒令解散。

1918年俄国立宪会议：俄国二月革命爆发后，临时政府曾承诺尽快召开立宪会议，成立新的政府。但立宪会议迟迟未召开，引起布尔什维克及帝制拥护者不满。十月革命后，布尔什维克承诺于1917年11月12日开始立宪会议选举。列宁在苏维埃第二次代表大会中曾多次提到立宪会议：“苏维埃政权保证按时召开立宪会议”，“成立工农临时政府，在立宪会议召开以前管理国家”。他还表示：如果布尔什维克在立宪会议选举中失败，他们将服从人民群众的选择（见图5－2）。但俄国立宪会议选举后，社会国民党所获选票超过布尔什维克。

图 5－2　列宁在演讲

1918 年 1 月 23 日，召开全俄工兵代表苏维埃第三次代表大会。会议通过了列宁起草的《被剥削劳动人民权利宣言》。大会决定俄国为工兵农代表苏维埃共和国；规定全俄工兵农代表苏维埃代表大会是联邦的最高权力机关，俄罗斯苏维埃共和国是个联邦制的国家。

布尔什维克采取一系列重大措施，建立、健全和巩固苏维埃政权。

在政治方面，打碎旧的国家机器，建立新的国家机器：废除临时政府各级官僚机构，建立各级人民委员会；废除旧的司法制度及旧法院，建立新的司法制度、新法院和新警察；设立全俄肃反委员会，镇压反革命；解散旧的立宪会议，建立工兵农代表苏维埃；废除资产阶级的武装，建立无产阶级的常备军。1918 年 1 月 28 日和 2 月 14 日，通过了成立红军和红海军的法令，之后又实行了义务征兵制。

在经济方面，无产阶级掌握国家经济命脉，摧毁资产阶级专政的经济基础，建立社会主义所有制；决定成立最高国民经济委员会，对企业的生产分配进行严格监督，对大工业、铁路、银行实行国有化；对粮食和对外贸易实行国家垄断制；宣布废除沙皇和临时政府的一切外债，共160亿卢布；没收外国资本，取缔外国银行；实行8小时工作制，改善工人的生活条件和工作条件。

在社会文化方面，实行教会与国家、教会与学校分离，宣布宗教信仰自由；宣布男女平等，各族人民平等；查封旧报刊和私人出版社，由国家成立统一的出版机构；开展扫盲工作等。

在国家建设方面，列宁强调国家机关的革命化，要求国家各级机关接受群众的监督，成立了人民群众的监督机构——工农检察院。强调领导干部要深入群众，做人民的公仆。规定人民不仅有选举权，而且可以随时罢免不合格的国家工作人员。规定国家工作人员的最高工资标准只相当于产业工人的平均工资。列宁多次提出要提高工作效率，要精简机构。

在民族政策方面，废除民族压迫制度，废除人的等级区分，实行各族人民平等。

外交方面，实行和平的外交政策，支持先进国家无产阶级革命运动，支持殖民地和附属国的民族解放运动。以无产阶级国际主义原则作为对外政策的根本原则。同时，着手签订《布列斯特和约》，退出帝国主义战争，以巩固新生的苏维埃政权。

1918年7月，全俄苏维埃第五次代表大会通过了俄罗斯苏维埃联邦社会主义共和国宪法，将各民族成立的自治共和国与俄罗斯苏维埃共和国以联邦的形式固定下来。这是第一部苏维埃宪法。

二、《布列斯特和约》的签订

苏维埃政权建立后，国际上帝国主义对其武装干涉日趋严重。当时苏俄还同德、奥处于战争状态。因此，着手摆脱帝国主义战争，争取时间，镇压国内地主、富农、资产阶级发动的反革命暴乱，医治战争创伤，恢复和发展国民经济是巩固苏维埃政权的重要条件。

早在1917年10月25日，全俄苏维埃第二次代表大会通过的《和平法令》中，苏俄政府就建议各交战国立即停止战争，进行和平谈判，签订和约。但遭到英、法等协约国的拒绝，他们妄图使苏俄继续战争，以使苏俄在同德国的战争中彻底毁灭。面对这种情况，苏俄政府决定与德、奥一方进行谈判，单独缔结和约。

1917年12月3日，苏俄与德国在布列斯特－立托夫斯克开始谈判。谈判过程中，德方提出了苛刻的条件，要苏俄割让被德国占领的波罗的海沿岸、乌克兰等地约15万平方千米的土地，还以支付俘虏费为名，要苏俄赔款30亿卢布。

从保住年轻的苏维埃政权出发，列宁提出立即签订和约。但孟什维克、社会革命党人和白卫分子都竭力反对。托洛茨基提出“既不进行战争，也不签订和约”的主张。2月10日，他利用担任代表团团长的身份拒绝签订和约，同时还告诉德方，苏维埃政府决定不进行战争，并在复员军队。对于托洛茨基的卑劣行径，列宁进行了严厉批判。德方了解到苏俄的情况，中断谈判，于2月18日发动了进攻。德军侵入乌克兰等地，进攻矛头直指彼得格勒，苏维埃政权面临被扼杀的危险。

在这关键时刻，列宁和党中央于2月21日宣布：“社会主义祖国在危机中”，号召全国人民起来保卫社会主义祖国。2月23日，苏维埃军队击败了德军的进攻。

德方由于被打退，被迫同意继续谈判，但提出了更加苛刻的条件。列宁除与托洛茨基等人进行斗争外，还在党内做了大量耐心的说服工作，终于在2月23日党中央会议上，他的主张得到绝大多数人同意。

1918年3月3日，苏俄与德国签订了《布列斯特和约》。苏俄政府接受了德方提出的更加苛刻的条件，将波兰、立陶宛、拉脱维亚、爱沙尼亚和白俄罗斯及芬兰割让给德国，将乌克兰变成德国的附属国。这些地区的面积约100万平方千米，同时俄方还赔款3亿卢布。尽管如此，在当时的条件下，这是必需的。该条约是列宁巧妙地利用帝国主义之间的矛盾，为了争取时间以组织红军、恢复和调整经济，为了积聚力量以最后消灭敌人而签订的。列宁指出："从保卫祖国的观点看来，我们必须签订最苛刻、最屈辱、最野蛮、最可耻的和约，这不是为了向帝国主义'投降'，而是为了学习和准备同他进行严肃认真的战斗。"❶ 不久，德国在第一次世界大战中战败，苏俄政府宣布废除《布列斯特和约》。

第三节　战时共产主义政策与新经济政策

一、国内战争与战时共产主义政策的实施

十月革命胜利后，特别是《布列斯特和约》签订后，苏维埃政权不断巩固。但这时国内被推翻的地主资产阶级拼死反抗苏维埃政权。英、美、法等帝国主义把苏维埃政权视为洪水猛兽，不甘心丧失在俄国的巨额投资和贷款，害怕俄国革命的烈火会在其本国燃烧起来。因此，勾结俄国国内的地主、资产阶级白匪分子，策划对苏俄的武装干涉，要把新生的苏维埃政权扼杀在摇篮里。在这样的情况下，国内战争已不可避免。

应该说国内战争在苏维埃政权建立不久就发生了。1917 年 10 月底，男扮女装逃跑的克伦斯基和克拉斯诺夫的部队就开始向彼得格勒进攻；1917 年年底～1918 年年初，顿河和奥伦堡等地的哥萨克首领先后发动武装叛乱。这些叛乱很快就被苏维埃政权镇压下去。

1918 年春，外国干涉军开始进犯苏维埃俄国。德国军队首先占领了波罗的海沿岸一带和白俄罗斯、乌克兰，之后于 4 月又占领了克里木、顿河地区。同年 5 月，德军又进犯到高加索地区。

1918 年 3～8 月，英、法、美干涉军先后占领了摩尔曼斯克、阿尔汉格尔斯克，成立了自卫政府，称"北俄政府"。4 月，日美军队在符拉迪沃斯托克登陆后，成立了反革命自卫政府。5 月，英法策动捷克斯洛伐克兵团

❶ 列宁．沉痛的但是必要的教训［M］//列宁全集．第 27 卷．北京：人民出版社，1994：50.

在伏尔加河中部和西伯利亚发动叛乱，占领了西伯利亚的大片地区、乌拉尔部分地区和伏尔加河流域，建立了以社会革命党人为首的反动政权。1918 年，德国支持克拉斯诺夫叛乱，从三面包围了察里津，想以此为阵地与捷克兵团联合起来，夺取莫斯科。当时，乌克兰、西伯利亚、巴库、顿巴斯等重要的燃料和粮食产区都被敌人占领了，40% 的工厂由于原料和燃料紧张被迫停工，莫斯科和彼得格勒的工人每人每天连 1/8 磅的面包都难以保证。“左派”社会革命党人和一切反革命分子十分猖狂，阴谋在莫斯科和雅罗斯拉夫等 23 个城市发动叛乱。他们刺死了德国驻苏大使，企图挑起德国的进攻。社会革命党人对布尔什维克党的领袖进行暗杀活动：8 月 30 日，他们指使特务杀害了彼得格勒特别委员会主席乌里茨基；同一天，女社会革命党人卡普兰用带毒药的子弹打伤了列宁。当时，苏维埃俄国3/4的国土被帝国主义和白匪军占领，白色恐怖笼罩着全国。

面对国内外敌人的疯狂进攻，为了保卫苏维埃国家、保卫社会主义革命和建设事业，苏维埃政府采取了一系列非常措施，统称为“战时共产主义”政策。该政策从 1918 年夏季开始实施，到 1921 年春为止，主要有以下措施。

（1）实行余粮收集制。列宁于 1918 年 5 月 22 日发表了告彼得格勒工人的信《论饥荒》，指出：“国内情况危急到了极点……必须有钢铁般的政权，在全国广大范围内组织搜集食品、运输和分配食品的事业。”❶ 从此开始实行余粮收集制。根据余粮收集制的法令，国家不依据农民实有余粮的多少，而是根据国家需要粮食和饲料的数量，确定收购数量，分配到产粮区省、县，直至各农户。在粮食收购中采用固定价强制收购，出现了不仅收购余粮，还收购农民必需的粮食甚至口粮的现象。后来，余粮收集制扩大到肉类、油类、糖等农产品。而且余粮收集制从产粮省区扩大到全国各地，余粮收购数量不断增加，1918～1919 年度为 1.07 亿普特，1919～1920 年度为 2.12 亿普特，1920～1921 年度为 3.6 亿普特。❷ 可见，余粮收集制

---

❶ 列宁全集［M］. 第 34 卷. 北京：人民出版社，1987：334.

❷ 苏联科学院经济研究所，编. 苏联社会主义经济史［M］. 第 1 卷. 北京：三联书店，1984：484.

的成绩是明显的。在战争的特殊情况下，对于保证粮食供应，保证战争胜利是起到了一定的作用的。但由于货币迅速贬值，按固定价格强制收购余粮，农民几乎得不到什么补偿，这就引起农民的不满。

（2）在工业方面，实行普遍国有化。1918年5月底6月初，全俄国民经济委员会举行第一次代表大会，号召加快国有化步伐，提出从个别企业的国有化转向“各个工业部门的彻底国有化”。此后，工业企业国有化进程加快。基本工业部门的大中型企业一律收归国有，包括采矿、冶金、金属加工、纺织、电气、伐木、木器制造、烟草、玻璃、水泥、蒸汽磨、地方公用事业、企业和铁路运输业，等等。1920年11月29日，最高国民经济委员会通过决议：凡有机器动力而工人超过5人、没有机器动力而工人超过10人的一切私人企业，全部实行国有化。

（3）禁止自由贸易，力图取消商品和货币。1918年11月21日，人民委员会发布法令取消私人贸易，并用国营和合作社的分配来供应居民的一切用品。1919年3月16日，苏俄人民委员会颁布了关于消费公社的法令。该法令规定：“在分配方面，苏维埃政权现时的任务，是坚定不移地继续在全国范围内用有计划、有组织的产品分配代替商业。目的是把全体居民组织到统一的消费公社中，这种公社能把全部分配机构严格地集中起来，最迅速、最有计划、最节省、花费最少的劳动来分配一切必需品。”❶ 当时由国营和合作社供应的商品根本无法满足居民需要，因而要通过集市购买或交换一些产品。由于集市贸易的存在，投机商人倒卖产品的现象难以避免。1920年年初，苏维埃政府关闭了所有市场。在取缔贸易的同时，苏维埃政府还打算尽快取缔货币。

（4）实行平均主义分配，扩大供给制。在工资制度方面缩小工资等级差别，从1919年2月1日起，按全俄工资率规定，工人的最低与最高工资额的比例为1：1.95。从1920年起，供给制范围日益扩大。国家拟订了关

❶ 苏联共产党和苏联政府经济问题决议汇编［M］. 第1卷. 北京：中国人民大学出版社，1984.

于废除国家机关、企业工人、职员的邮电费、电话费、自来水费和其他公共服务费的法令草案。

（5）实行普遍义务劳动制度。1918 年，苏维埃政府实行“不劳动者不得食”的原则。10 月 5 日，人民委员会作出对非劳动者实行用劳动手册代替身份证、公民证和其他证件的规定，只有得到劳动手册，才能迁移和获得口粮；12 月又颁布了实行普遍义务劳动制的法令，强迫资产阶级分子参加劳动。

（6）在军事方面，1918 年 9 月 2 日，全俄中央执行委员会决定以全国为军营，实行军事体制；号召工人阶级用“对革命的一切敌人实行群众性的、无情的恐怖”回击敌人的进攻。同年 11 月，成立了工农国防委员会。在红军中，注意加强党的领导，建立了政治委员制度。

列宁认为，“战时共产主义政策”是在苏俄处于战争和严重经济破坏的情况下实行的，“这种政策基本上是正确的”。但他也指出了这种政策带来的消极面，这种政策超越了客观的实际条件，是不符合客观经济发展规律的。

二、协约国三次武装干涉被粉碎

1918 年 11 月，德国向协约国投降，第一次世界大战结束，英、法、美加紧入侵苏俄。从 1919 年春到 1920 年年底，苏俄国内战争进入第二个时期。干涉军的兵力不断增加，并以大量武器装备俄国国内的反对派，先后发动了三次武装干涉。

（1）第一次进攻及其失败。1919 年 3 月，高尔察克在协约国的支持下集中了 30 万大军，越过乌拉尔山，向苏俄腹地、向莫斯科推进。10 万干涉军也同高尔察克一起参加了军事行动。这次进攻以高尔察克的东部战线推进为主，同时，尤登尼奇指挥的自卫军队在英国、芬兰和爱沙尼亚的自卫军配合下，重点攻击彼得格勒。邓尼金从南方进攻，米列尔从北方进攻，乌克兰的白卫分子发动反革命叛乱，英国占领军和巴斯马奇匪徒在中亚地区进攻。

为粉碎高尔察克的进攻，莫斯科和彼得格勒的共产党员和工会会员奔赴东方前线。东方战线的主力兵团是南路兵团，司令是米·伏龙芝，革命军事委员会委员是古比雪夫。他们是俄国国内战争中涌现出来的杰出军事家。伏龙芝从1918年12月起就是第四集团军司令，在东线指挥作战。1919年4月，伏龙芝南路兵团发起全面攻击，击退了高尔察克的军队，解放了乌法等城市。1919年8月，红军解放了乌拉尔，年底彻底消灭了高尔察克军队，高尔察克被活捉并被判死刑。尤登尼奇的军队也被击败。第一次进攻破产了。

（2）第二次进攻及其失败。高尔察克失败后，俄国国内的反革命分子和外国干涉者组织了第二次进攻。这次进攻的特点是协约国撤出自己的军队，改为逼迫苏俄周围的小国来进攻苏俄，并许诺给这些小国以经济援助。进攻的重点在南方，邓尼金是这次进攻的主力。

1919年7月3日，邓尼金下令分三路进攻莫斯科：右路是弗兰格尔指挥的军队；中路是顿河军队；左路是邓尼金的王牌军——“志愿军”。邓尼金的军队气势汹汹，给苏维埃政权造成极大的压力。同时，尤登尼奇又一次向彼得格勒发起进攻，反苏维埃分子甚至悬赏100万卢布给邓尼金首先进入莫斯科的军队，莫斯科岌岌可危。列宁发出“大家都去同邓尼金作斗争”的号召，大批党团员和工人奔赴前线，英勇杀敌。在战争中，涌现出像布琼尼这样英勇善战的指挥员。他指挥红军骑兵集团军不断重创敌人，取得了重大胜利。由斯大林替任托洛茨基在南线的领导职务后，红军迅速于12月击溃邓尼金的主力，同时还击溃尤登尼奇发动的进攻。协约国第二次武装干涉又被打败了。

（3）第三次进攻及被粉碎。就在高尔察克和邓尼金被击败之后，波兰和在克里木邓尼金残部的白卫将军弗兰格尔又对苏维埃政权形成现时威胁。波兰当局在协约国的支持下，试图趁苏俄军队极度疲惫之机，捞取乌克兰领土，建立一个“大波兰”，将其边界线由波罗的海岸边扩展到黑海岸边。1920年4月，波兰不宣而战，侵入乌克兰。当时乌克兰军队只有1.5万人，而波兰军队则为5万人，实力相差悬殊。波兰军队占领了乌克兰大部分领土。

红军迅速组织力量进行反击。列宁在对开往波兰战线的红军战士的讲话中表示，波兰的地主和资本家在协约国的支持下，把一场新的战争强加于俄国："我们应该好好地教训他们，要他们告诫自己的子子孙孙永远不再玩弄这套把戏。"❶ 红军很快收复了基辅；8 月，西线红军逼近华沙；9 月，波兰提出与苏俄媾和。1920 年 10 月 20 日，苏俄与波兰在里加缔结了和约。

就在波兰军队大举进攻苏俄之时，弗兰格尔军队也在克里木进行准备，与波兰军队相配合。列宁将弗兰格尔和波兰形容为帝国主义者的两只扼杀苏俄政权的毒手。就在红军打击波兰军队时，弗兰格尔军队从后方突袭红军。伏龙芝为红军南方面军的总指挥。1920 年 11 月，伏龙芝指挥红军解放了克里木，弗兰格尔乘英国军舰逃走。协约国第三次进攻被粉碎了。

在远东，1922 年 10 月，红军把日本侵略者赶出了国土。

三、新经济政策的实施

（一）国内战争后的形势和任务

粉碎协约国武装干涉和国内反革命叛乱后，苏维埃政权得到初步巩固，党的领导得到加强。在国际上，对苏俄干涉而遭失败的帝国主义尽管还想继续进犯，但迫于本国人民的压力、经济危机的形势和苏联存在的事实，不得不同苏联接触，先后签订了苏英、苏德等贸易协定。同时，苏联还同其邻国签订了苏波、苏土、苏芬等和平条约。这些做法为恢复和发展国民经济创造了有利条件。

四年帝国主义战争和三年国内战争，使国民经济遭到极严重的破坏。1920 年年底，大工业只有战前的 1/7；生铁仅 11 万多吨，只等于战前的 3%；煤只有战前的 1/3；纺织品只等于战前的 6%；火车头只等于战前的 15%；农业产量是战前的 3/5，其中谷物不到战前的 1/2。由于武装干涉和

❶ 列宁全集［M］. 第 31 卷. 北京：人民出版社，1987：152.

白匪叛乱造成的损失就达400亿卢布，国家处于经济崩溃的边缘。

1920年年底，体现直接过渡思想的战时共产主义政策在苏俄各地遭到工农群众的抵抗和反对。在农村不时发生暴动和抢粮事件，农民越来越不愿接受余粮收集制度，普遍存在不满情绪。工农联盟面临破裂的危险，苏维埃政权面临失去农民支持的危险。

从1920年下半年开始，苏维埃俄国的政治形势十分紧张。在伏尔加河流域、坦波夫省、乌克兰和西伯利亚等地出现了暴动，参加暴动的不仅有富农，还有相当数量的中农。俄国北部、中部各省和白俄罗斯等地区的农民也日益表现出不满情绪，他们对余粮收集制和余粮征集队伍严重不满，向各级苏维埃申诉。1921年2月，在国内外敌人的策划组织和支持下，克琅施塔得发生了反革命暴乱，目的是要颠覆苏维埃国家。

从俄国内战结束后的形势可以看出，当时的生产力与生产关系、经济基础与上层建筑之间存在突出的矛盾。1921年3月，俄共（布）召开第十次代表大会，根据列宁的提议，会议通过了从“战时共产主义政策”过渡到新经济政策的决议。会后，全俄中央执行委员会颁布了“关于用粮食税代替粮食和原料收集制”的法令和“关于完成余粮收集制任务的省份自由交换和买卖农产品”的法令。

（二）新经济政策的实施

新法令规定，粮食税数额比余粮收集制数额低，农民交税后的余粮可由农民自由支配，可以买卖。工业方面，由国家掌管大企业，收归国有的小企业可租给私人经营，将一部分收归国有的小工厂还给了私人，并准备将一部分企业租给外国资本家。1920年11月，颁布了租让法令。此外，对工资制度和工业管理制度也作了规定。

列宁预见到，允许私人贸易自由，会使国内资本主义成分活跃起来。但列宁认为政权、大工业等主要经济命脉掌握在无产阶级手中，是可以对资本主义实行限制、监督、利用的；一定的贸易自由，可以提高农民的经营兴趣，加强城乡联系，提高劳动生产率；农业发展了，能促进社会主义工业的恢复和发展，可以建立起强大的社会主义经济基础；这样，无产阶级专政才能得到巩固和加强，为消灭资本主义创造条件。列宁坚信，推行新经济政策的苏联将变成社会主义的苏联。列宁还指出，对于私人工商业者的违法乱纪、投机倒把行为是不能容许的，要进行斗争。

新经济政策实施的结果表明，它是苏联恢复和发展经济唯一正确的政策。到1925年，农业达到战前水平的87%，耕地面积是战前的99.5%，大部分农民加入了合作社；工业总产值相当于战前的3/4，国营工业与合作社工业的产值约占4/5，社会主义成分有显著增加。此时，苏联的国际地位提高了，影响扩大了。对苏联进行过武装干涉的国家也被迫同苏联建立了外交关系。继1922年德国同苏联建交后，到1925年，同苏联建交的国家有英、意、法、日、希腊、瑞典、中国、墨西哥等10多个国家。

在实行新经济政策的同时，列宁还不断总结苏维埃政权建立后政治和文化建设的经验，对政治和文化等方面向社会主义过渡作出了全面规划。按照列宁的设想，在政治方面，首先，执政党必须实现由内战时期的“极端集中制”向“工人民主制”转变，“工人民主制的形式排斥一切委任的制度，它的表现就是从下到上的一切机关都实行普遍选举制、报告制和监督制等等”。❶ 执政党在对国家政权的领导上，必须实现由内战时期的以党代政、党政不分向“对所有国家机关的工作进行总的领导”和“十分明确地划分党（及其中央）和苏维埃政权的职责”转变。❷ 对“仅仅在表面上稍微粉饰了一下，而从其他方面来看，仍然是一些最典型的旧式国家机关”的苏维埃国家机关必须进行改造；为此，应大力反对官僚主义，实行分权制衡，同时向资本主义国家学习管理。❸ 在文化方面，应从最基础的东西抓起，抓紧扫盲，发展国民教育，发展科学技术，继承和利用人类文明的一切优秀成果，特别是资本主义时期和存在于西方先进国家的一切优秀成果。

---

❶ 中共中央编译局．苏联共产党代表大会、代表会议和中央全会决议汇编［M］．第2卷．北京：人民出版社，1964：54.

❷ 列宁全集［M］．第43卷．北京：人民出版社，1987：64.

❸ 列宁主集［M］．第43卷．北京：人民出版社，1987：373，383.

由此可以看出，列宁的新经济政策及其思路，包含着他对落后的俄国如何走向社会主义的全面规划，勾勒出了一条在经济、政治和文化诸方面向社会主义迂回过渡的道路。这条道路的根本点，是落后国家的工人阶级在掌握政权后、在和资本主义西方并存的条件下，通过“整整一个历史时代”的努力，发展生产力，实现工业化、农业合作化、经济商品化和市场化、政治民主化以及文化普及化；“发挥所有能发展成为社会主义的潜力”，建立社会主义文明，“不是在小农国家的水平上，不是在这种普遍的局限性的水平上坚持下去，而是在不断地前进、向着大机器工业前进的水平上坚持下去”，逐步到达社会主义。[1]

第四节　苏联的成立与列宁的对华政策

一、苏联的成立

十月革命胜利后，成立了俄罗斯苏维埃社会主义联邦共和国（简称俄联邦）。接着，乌克兰、白俄罗斯和外高加索地区相继建立独立的苏维埃共和国。俄罗斯同这些国家在历史上就有着悠久的联系，这些国家的无产者和劳动人民又都参加过 1905～1907 年革命和 1917 年十月革命。特别是粉碎白匪叛乱和外国武装干涉后，这些独立的民族苏维埃共和国都面临恢复和发展经济的问题，因此开始考虑同俄联邦的相互关系。1922 年 8 月 11 日，根据俄共（布）中央政治局的建议，俄共（布）中央成立一个委员会专门加以研究。斯大林草拟了一个《关于俄罗斯联邦和各独立共和国的相互关系》的决议案，并邀请政治局委员审阅；列宁对决议草案提出了原则性的修改意见。同年 10 月 6 日，俄共（布）举行中央全会，通过了以列宁的提议为基础写成的决议，把它作为中央委员会的指令，并委托以斯大林为主席的新的委员会起草关于成立苏维埃社会主义联盟共和国的法令草案，

[1] 列宁全集［M］．第 43 卷．北京：人民出版社，1987：388－392.

以提交苏维埃代表大会讨论。1922 年 12 月 30 日，举行联盟苏维埃第一次代表大会，大会宣布苏维埃社会主义共和国联盟正式成立。

参加联盟的起初只有俄罗斯、白俄罗斯、乌克兰和外高加索联邦 4 个共和国（阿塞拜疆、亚美尼亚和格鲁吉亚三国于 1922 年组成联合体，同年 12 月 13 日起改称外高加索苏维埃社会主义联邦共和国；1936 年 12 月 5 日，外高加索联邦撤销，这三国作为独立国家直接加入苏联）。后来，中亚的乌兹别克和土库曼于 1924 年 10 月 27 日、塔吉克于 1927 年 12 月 5 日、吉尔吉斯和哈萨克于 1936 年 12 月 5 日、摩尔多瓦于 1940 年 8 月 2 日、立陶宛于 1940 年 8 月 3 日、拉脱维亚于 1940 年 8 月 5 日、爱沙尼亚于 1940 年 8 月 6 日先后加入联盟。至此，由 15 个民族共和国组成的联邦制苏维埃社会主义共和国联盟形成了。

1924 年苏联宪法： 1924 年颁布的苏联宪法以法律的形式明确规定了联盟与各加盟共和国的关系、权利和义务。联盟拥有苏联的最高主权，是苏联对外关系和国际法的主体代表；联盟的立法机构——中央执行委员会由联盟院和民族院组成；联盟中央政府拥有外交、国防、外贸、交通、邮电方面的权力，批准全苏国家预算，统一货币制度，信贷制度，制定全苏土地、矿藏、森林、水流等自然资源使用立法原则，颁布全苏劳动、国民教育、卫生保健、度量衡和统计立法原则及宣布大赦等。各加盟共和国（包括自治共和国、自治州和边区等）作为联盟的主体，完全平等并享有主权；各加盟共和国有自己的宪法和法律，但不得违背联盟的宪法原则；各加盟共和国享有自由退出联盟的权力。

二、列宁的对华政策

对于沙俄在中国的侵略，列宁进行过揭露和批判，指出沙俄同中国签订的是不平等条约，以列宁为首的苏维埃政府一直主张废除。1919 ~ 1923 年，苏维埃政府发表过三次对华宣言。第一次对华宣言是 1919 年 7 月 25 日发表的，宣言指出，苏维埃军队在击溃高尔察克军队后，进入西伯利亚，“当此之际，人民委员会特向中国各族人民发表下列友好宣言”。“工农政府于1917年10月取得政权后，立即代表俄国人民向全世界人民倡议建立巩固持久的和平。这种和平的基础应当是决不侵犯他国领土，决不强行吞并其他民族，决不勒索赔款。”工农政府接着宣布废除与日本、中国和以前各协约国所缔结的一切秘密条约。“苏维埃政府已放弃了沙皇政府从中国攫取的满洲和其他地区。”苏维埃政府还宣布“废除一切特权，废除俄国商人在中国的一切商站。”❶

1920年9月27日，苏俄政府发表第二次对华宣言，宣布：“我们坚决遵守1917年7月25日俄国苏维埃政府宣言所声明的各项原则，并根据此原则缔结中俄友好协定”。苏俄提出的协定要点是：“俄罗斯苏维埃联邦社会主义共和国政府宣布，以前俄国政府历次同中国订立的一切条约全部无效，放弃以前夺取的中国一切领土和中国境内的俄国租界，并将沙皇政府和俄国资产阶级从中国夺得的一切，都无偿永久归还中国。”

1923年9月4日，苏联代理外交人民委员加拉罕在华对报界发表声明，即苏联政府第三次对华宣言。宣言重申了前两次宣言的精神，指出“这两个宣言的原则和精神仍然是我们对华关系的基础”。他强调：“沙皇俄国把征服中国领土，征服与俄国边界接壤的中国人民作为自己的任务”，“俄国的工农革命推翻了沙皇政府，同各国人民的关系中，现在正在制定完全尊重主权、彻底放弃从别国人民那里夺得的一切领土和其他利益的政策。苏联对中国的政策也是这样”。

加拉罕来华是谈判外交问题的，北京政府派代表与其谈判。1924年3月，北京政府代表与加拉罕拟订了《中俄解决悬案大纲协定》《暂行管理中东铁路协定》等草案。由于当时的历史情况，北京政府外交总长命令修改上述草案，使双方谈判暂时受挫。在全国人民的压力和各国与苏联建交高涨的形势下，北京政府同意签订《中俄解决悬案大纲协定》《中俄暂行管理中东铁路协定》等七个声明书，规定“将中国政府与前俄帝国政府所

---

❶ 薛衔天，等．中苏国家关系史资料汇编（1917－1924）［M］．北京：社会科学文献出版社，1996：64.

订立之一切公约、条约、协定、议定书及合同等项概行废止，另本着平等、相互公平之原则暨1919与1920年苏俄政府各宣言之精神，重定条约、协议、协定等项”。对于外蒙问题，苏联政府承认外蒙为完全中华民国的一部分，尊重在该领土内中国之主权。对于中东铁路，则规定中东铁路纯系商业性质，除这条铁路本身营业事务直辖于该路外，所有关系中国国家及地方主权各项事务，如司法、民政、军务等概由中国政府办理。还规定了“将彼此疆界重新划定，在疆界未划定之前，仍维持现有疆界”。

中苏协定是中苏两国的一个平等条约，它受到中国人民的支持和欢迎。但它的缺陷也很明显，即没有规定废除承认外蒙为独立国家的苏蒙条约；从《中俄暂行管理中东铁路协定》中可以看出，管理铁路的实权仍被苏方掌握。

中苏是1924年5月31日建立外交关系的。1926年，中苏就《中俄解决悬案大纲协定》中的问题举行了谈判。但由于当时的历史条件，没能签订平等新约以代替不平等的旧约。

【思考与练习】

1. 战时共产主义的主要内容有哪些？实施的主要原因是什么？
2. 怎样理解新经济政策和列宁主义的实质？

【延伸阅读】

［1］安启念．东方国家的社会跳跃和文化滞后——俄罗斯文化与列宁主义问题［M］．北京：中国人民大学出版社，1994.

［2］邢广程．苏联高层决策70年［M］．北京：世界知识出版社，1998.

［3］沈志华．一个大国的崛起与崩溃——苏联历史研究专题（1917－1991）［M］．共三册．北京：社会科学文献出版社，2009.

［4］金雁．苏俄现代化与改革研究［M］．广州：广东教育出版社，1999.

第六章　社会主义建设成就与斯大林模式

【导言】 1924～1953 年，斯大林作为苏联最高领导人时期，苏联经历了大规模的社会主义改造和建设，实现了国家的工业化和农业集体化，经历了卫国战争的严峻考验。在此过程中，具有鲜明特色的苏联社会主义政治和经济体制最终形成。与此同时，在斯大林执政时期，也出现了一些严重的失误和错误。例如，在推行农业集体化过程中的行为；肃反扩大化；对一些少数民族进行整体惩罚；在对外关系上犯有大国沙文主义错误，等等。本章重点：斯大林执政时期苏联取得的主要成就和斯大林所犯的严重错误及其原因。本章难点：苏联传统体制（斯大林模式）形成的历史背景、主要内容及对苏联乃至国际共产主义运动的深远影响。

第一节　社会主义建设之争与工农业改造

一、如何建设社会主义之争

1924 年 1 月 21 日，年仅 54 岁的苏维埃俄国缔造者列宁与世长辞。列宁在世时，苏联党和国家的重要领导人有托洛茨基、斯大林、季诺维也夫、李可夫、加米涅夫和布哈林等人（见图 6－1）。列宁在去世前夕留下的所谓“政治遗嘱”分别对他们的优缺点进行了评论，但并没有指定谁接替自己。❶ 于是，1924～1929 年，联共（布）先后发生了一系列党内斗争，其中对苏联乃至整个世界社会主义运动都产生重大影响的是斯大林与托洛茨基、布哈林之间的争论。他们的争论涉及面很广，其中包括如何处理社会主义与资本主义的关系问题。不过，这两次争论的重点不同，斯大林与托洛茨基之间的争论涉及的是社会主义与资本主义国家的关系问题；斯大林与布哈林之间的争论涉及的则是社会主义建设过程中如何对待资本主义的一些运行机制问题。

图 6－1　列宁与斯大林在高尔克村（1922 年）

列宁逝世后的最初几年，苏联的国内外形势是复杂的。在国内经济上，新经济政策的实施虽然加快了国民经济的恢复，但也带来了新的矛盾，商品短缺和市场紧张的局面尚未根本改变；政治上，城乡时而出现骚动，工

❶ 列宁．给代表大会的信［M］//列宁全集．第 43 卷．北京：人民出版社，1987：337－340.［俄］尤·阿·布拉诺夫．被篡改的列宁遗嘱［M］．北京：新华出版社，1999.

农关系不太和谐；更为重要的，是布尔什维克党的上层领导不团结。在国外，德国等欧洲国家的无产阶级革命相继失败，这些国家的资产阶级政权经受住了革命风暴的冲击，资本主义世界进入“稳定”时期。国际形势已经明朗：近期内，苏联的社会主义将得不到社会主义欧洲的援助，而成为资本主义国家包围中的一个孤岛。美、英等国策划的一系列反苏行动，使苏联的被孤立感和不安全感进一步增强。

在这种形势下，苏联党仍然坚持马克思主义和列宁主义，坚持苏联的社会主义发展方向。党的上层领导虽然为掌握最高领导权进行着悄然的斗争、对建成社会主义的标准及苏联一国建成社会主义的可能性有着不同的认识，但都强调党的统一，反对党的分裂；都能尊重现实，承认苏联是社会主义国家、苏联进行的是社会主义建设，并认为苏联应该建设社会主义，党应该采取合适的政策把社会主义建设事业继续推向前进。也就是说，在目标一致的基础上，选择什么样的建设道路、怎样实现社会主义工业化、如何使占人口多数的农民走上社会主义，即在现实条件下究竟该怎样建设社会主义这一基本问题上，党内有着重大的意见分歧，有着不同的政策主张。与列宁的继承人之争纠缠在一起，将党的上层领导拖进了一场旷日持久的论战当中。

论战以 1927 年底联共（布）十五大为界，分为两个阶段。前一阶段（1923 ~ 1927 年）是斯大林、布哈林等中央多数派同托洛茨基、季诺维也夫、加米涅夫等反对派的论战，后一阶段（1928 ~ 1929 年）是以斯大林为首的一方同以布哈林为首的另一方的论战。这两场论战，虽然在形式上十分极端——相互批判、上纲上线，但在内容上并未超出怎样建设社会主义的思想交锋：一者是排斥新经济政策、主张以革命即直接进攻的手段消灭资本主义和个体农民经济、一举建成“纯粹”社会主义的“左”的思想；一者是坚持新经济政策、主张采取和平的市场竞争方式逐渐排挤资本主义及其残余、长期而缓慢地进入社会主义的思想。前一种思想根植于战时共产主义的理论和实践，其代表人物先是托洛茨基和普列奥布拉任斯基，后是斯大林；后一种思想是对列宁新经济政策、思想的继承和发展，其代表人物是布哈林。这两种思想的激烈交锋，最终是由斯大林所代表的“左”的思想占了上风，新经济政策被抛弃，列宁的长期“迂回过渡”思想遭冷落。

20世纪20年代，苏联面临的首要任务是迅速实现工业化。1925年12月18~30日，俄共（布）在莫斯科召开第十四次代表大会，确定了实现社会主义工业化的路线，决定把苏联从机器装备的输入国变成能生产机器装备的工业国、变成由新技术装备起来的工业强国，提出了优先发展重工业、发展机器制造业的方针。此次大会，以“工业化的代表大会”之称载入俄共（布）史册。

二、农业的社会主义改造

如何实现工业化、以什么形式实现工业与农业的结合，这是20世纪20年代苏联党内争论最为激烈的一个问题，争论始于1923年发生的工业品销售危机。由工业品价格过高、农产品价格过低即工农业产品价格“剪刀差”拉大引起的这场危机，破坏了商品的正常流转，导致城乡关系紧张、工阶级和农民之间的结合出现问题。当国家无法收购到足够的粮食以供出口换汇时，机器设备的进口便不得不减少，工业生产能力也自然受到影响；当市场上的工业品供不应求时，为发展工业所需的资金问题就摆在了党和政府面前。普列奥布拉任斯基提出：在经济落后、十分孤立的苏维埃俄国，由于通过大资本国有化而得到的“遗产”很少、能够从国外取得的贷款很少、依靠国营工业提供的少量剩余产品通过市场交换进行“正常的”积累又太慢，因此，社会主义原始积累的大部分只能靠剥削“社会主义以前的经济形式”，主要是小农经济。按照普列奥布拉任斯基的论证，国营工业与农业之间是“宗主国”与“殖民地”的关系，国营工业必须通过工农业产品的不等价交换“剥削”农民，为自己抽取资金。这样，从农民经济中大量抽取剩余价值就成为工业化所需资金的主要来源，成为过渡时期资本积累的基本途径。普列奥布拉任斯基把这叫做“社会主义原始积累规律”，认为这是在过渡时期替代价值规律的基本规律。

时任《真理报》主编、政治局委员的布哈林，系统地阐述了对党的一些政策的看法。他表示坚决拥护国有化方针，认为工业的高速发展应建立在农业迅速发展的基础上；由于苏联农业刚刚恢复，工业的发展速度应当适度，而当时苏联的工业化速度过快，弦绷得太紧，会造成预算极度紧张、备用物资缺乏、用于消费的部分大幅度下降。布哈林认为，粮食收购困难是因为收购价太低、农业税太重，挫伤了农民的积极性。对于富农，他反对采取“非常措施”，主张通过税收和各种形式的经济措施予以排挤，使其也能走上集体化道路。布哈林的主张得到党内一些人的支持。

图 6－2　托洛茨基

斯大林先是批判了托洛茨基（见图 6－2）和普列奥布拉任斯基的观点，但后来他又来了个 180 度转变，由反对剥削农民变为向其征收“贡税”。他说：“农民不仅向国家缴纳一般的税，即直接税和间接税，而且他们在购买工业品时还要因为价格较高而多付一些钱，这是第一；而在出卖农产品时多少要少得一些钱，这是第二。这是为了发展为全国（包括农民在内）服务的工业而向农民征收的一种额外税。这是一种类似‘贡税’的东西”，如果“不向农民征收这种额外税，那我党就不成其为布尔什维克了”。[1] 作为资金积累的主要来源，这种做法使破坏价值规律的工农业产品价格的“剪刀差”合法化和固定化。而斯大林的这一主张，同普列奥布拉任斯基的“社会主义原始积累”论并没有多大不同；区别仅在于，当普列奥布拉任斯基利用“剪刀差”剥削农民时，尚没有想出实现这种剥削的保障措施，即用什么办法保证农民不会因价格不利而退出市场，斯大林则发现并很快提出了相应的保障措施——通过全盘集体化运动将个

[1] 斯大林全集［M］. 第 11 卷. 北京：人民出版社，1955：139－140.

体农民变为集体农民，国家通过“义务交售制”等形式向集体农庄近乎无偿地收购农产品。普列奥布拉任斯基后来感叹道：“集体化——这是问题的关键!”同时也承认他当时没有想到这一办法。[1]

斯大林认为布哈林（见图6－3）是保护富农、纵容富农的“右倾机会主义”者，布哈林也因此受到严厉批判。1929年，布哈林被联共（布）中央定为“右倾机会主义”“富农的代理人”，6月被撤职，11月被开除出政治局。同时，联共（布）中央对支持布哈林的李可夫、托姆斯基提出了警告。1930年12月，党中央全会决定撤去李可夫人民委员会主席职务，开除出政治局。

图6－3　布哈林

从此，苏联进入全盘集体化阶段。1929年秋，集体化运动达到高潮。同年的最后3个月，有240万农户加入集体农庄，比十月革命后12年来参加农庄的总农户数多1倍多。联共（布）中央很重视集体化的速度，1930年1月5日通过《关于集体化速度和国家帮助集体农庄建设的办法》的决议，将全国分为三类地区，要求分别在1931年春、1932年春和1933年基本完成集体化。有的地区出现了剥夺富农财产、消灭富农阶级的做法，还有的地区强迫、命令一般农民加入集体农庄。到1932年年底，加入农庄的农户占总农户数量的60%以上，有些谷物产区达到80%～90%，苏联的农业全盘集体化基本完成。此后，又经过几年的巩固和发展，到1937年加入农庄的农户数量占总农户的93%，集体农庄的谷

[1] 转引自：沈志华．新经济政策与苏联农业社会化道路［M］．北京：中国社会科学出版社，1994：208.

物播种面积占全国播种面积的99%，农业全盘集体化实现了，苏联农业的社会主义改造为苏联国民经济的发展创造了条件。

第二节　斯大林模式与卫国战争前三个五年计划的实施

一、斯大林模式的形成

苏联遵循布尔什维克党制定的社会主义工业化路线，从20世纪20年代中期起不断加强对私营工商业的排挤和打压，终于在30年代初“一五”计划完成时消灭了工商业中的资本主义成分和个体成分，实现了工商业的国有化。同时，苏联自上而下突然发动和强制推行的农业全盘集体化，迅速消灭了富农和个体农民经济，在土地国有化的基础上实现了农业生产资料的集体所有制。这“两化”过程中所有制改造的完成，最终结束了新经济政策时期允许多种经济成分并存的局面，形成了生产资料公有制即国家所有和集体所有一统天下的格局；斯大林在20年代“一国能否建成社会主义”的论战中所界定的社会主义经济基础也就建立了起来。

与此同时，为了实现由农业国向工业国的跃进、尽快摆脱经济上的孤立和战争威胁，联共（布）党又动用其业已牢固掌握的国家政权，开始实行指令性计划，统一调配资源，集中资金，按照完全不同于资本主义经济所固有的运行规则实施对经济活动的全面管控。在这个过程中，一整套贯穿于社会再生产的各个环节、涵盖社会经济生活、从宏观到中观再到微观各个层面的具体制度逐步建立起来，国民经济被纳入国家集中控制的轨道。

1936年，斯大林（见图6－4）在向全苏苏维埃第八次非常代表大会所作的《关于苏联宪法草案》的报告中，宣布：“苏联社会已经做到在基本上实现了社会主义，建立了社会主义制度，即实现了马克思主义者又称为共产主义第一阶段或低级阶段的制度。这就是说，我们已经基本上实现了共产主义第一阶段，即社会主义。”❶这次大会通过的苏联宪法，确认了苏联社会主义改造和社会主义建设的成就，确认社会主义制度在苏联已经取得胜利，从而把两种形式的生产资料公有制及国家集中控制经济的各项具体制度作为社会主义制度固定下来，苏联的社会主义经济模式至此得以确立。

图 6－4　斯大林

斯大林模式本质上是一种国家高度集中的计划经济模式，它包括以国家所有制为主的单一公有制体制、以政治利益为主要目的的集权经济决策体制、全部经济生活无所不包的单纯计划体制、政府集中管理经济和配置资源的行政命令体制、以实现赶超为目标的粗放型和非平衡发展道路以及国家垄断的对外经济贸易的有限联系等几个方面的内容。这几个方面都不能、也无法孤立存在。在实践中，它们往往互为因果、相辅相成，共同托举出苏联传统经济模式的总体框架。

（一）以国家所有制为主的单一公有制体制

根据 1936 年制定的宪法，苏联当时只有两种所有制形式，即国家所有制和集体所有制。前者主要是工商业中的国有企业和农业中的国营农场，后者主要是工商业中的合作社和农业中的集体农社。在 20 世纪 30 年代形成的全社会生产资料归国家所有和准国家所有的所有制体制，是苏联计划经济的基础。所谓计划经济，必然是一种高度集中，或称国家垄断和统一管控的经济形式。

（二）以政治利益为主要目的的集权经济决策体制

苏联的经济决策权高度集中于国家，而国家由党所代表，故决策权实际上集中于党的领导集团和领导个人。无论宏观、中观，还是微观经济决

❶　斯大林文选（1934—1952）［M］. 北京：人民出版社，1962：90.

策，均由党所代表的国家统一决定，甚至连家庭和个人生活也在国家的统一决策之列，因为不仅集体福利由上级规定，就连工资标准和生活消费品的供应也基本被列入到国家的决策中。

（三）全部经济生活无所不包的单纯计划体制

在实践中，苏联的全国经济发展计划经最高苏维埃讨论通过后即获得法律效力，开始逐级下达并被执行。从20世纪20年代末制定和执行的、有史以来的第一个指令性计划——第一个五年计划起，苏联的经济计划即成为一种在全部经济活动中排斥市场机制的作用、包揽国民经济整个生产过程和分配过程的国家指令性计划，苏联的经济体制成了一种单纯的计划经济体制。

（1）由苏联国家计划委员会统管、由“条条”“块块”两大计划机构系统组成的庞大的计划机构体系，按照苏共中央制定的优先发展顺序和战略目标编制而成的全国经济发展计划无所不包，控制并渗透到经济社会生活的方方面面。

（2）排斥市场机制的调节作用，缩小商品流通范围，使经济生活趋向实物化。苏联自实行第一个五年计划以来，即中断了企业同市场的联系，企业无权在市场上进行采购和销售；农村集市贸易一度封闭后虽不得已恢复开放，但商品的价格仍受到严格管理。于是，所有企业和集体农庄的生产劳动都是为完成国家下达给本单位的计划指标，没有可能也没有必要与市场发生关系、参与市场竞争。

（四）政府集中管理经济和配置资源的行政命令体制

政府不断加大对经济的干预力度，导致经济管理权限迅速向政府集中，企业被纳入按专业划分的、相应的政府部门，接受后者的直接和全面管理。中央专业主管部之间的分工越来越细，各自直接管辖的企业数量呈扩大之势。20世纪30年代中期，苏联政府设部并由部管理企业的“条条”管理体系已经成型。全部工业企业依其在国民经济中的地位，分别受联盟部、联盟兼共和国部和共和国部的领导和管理，而属共和国部管辖的企业多为一些地方性工业企业。在企业与主管部之间，权力集中在主管部；部代表政府，因此部与企业的关系，实质上也就是政府与企业的关系。

与此同时，政府也建立起对全国农业进行集中管理的体制。农业人民委员部、农产品采购委员会、谷物畜牧业国营农场人民委员部和机器拖拉机站中央机构等政府部门分工合作，领导农业单位的整个生产过程并集中收购农产品，从而把农业纳入政府集中管理的轨道。

（五）以实现赶超为目标的非平衡和粗放型经济发展道路

从第一个五年计划通过和付诸实施之日起，苏联党就否定了布哈林等人关于放慢工业化速度、保持国民经济平衡的意见，接受了斯大林的速度决定一切、必须优先发展重工业、争取在较短的时间内在技术和经济方面赶上并超过各先进资本主义国家的思想。此后，斯大林的“赶超”思想成为全党的口号，“赶超”也成了苏联经济建设的战略目标。

为实现这一目标，苏联在斯大林时期不顾经济平衡，在工、农业之间以工业为主导，在轻、重工业之间以重工业特别是军事工业为优先，在生产和消费关系上使消费服从生产；不重效益而强调速度，注重数量而忽视质量，靠不断增加人力、物力和财力投入来保证增产，以求在经济增长的速度和社会产品的数量上赶超资本主义国家。这是一条在单独一国建成社会主义的压力下走出的非平衡、粗放型经济发展道路。

（六）国家垄断的对外经济贸易的有限联系

从20世纪40年代末开始，苏联主要是与以“经互会”成员国为主的社会主义国家进行对外经济贸易联系，形式也主要是对外贸易和对外国提供援助。就此而言，苏联经济基本上是关起门来在世界市场之外搞建设，没有加入国际经济的大循环中。

二、卫国战争前三个五年计划的实施

从1925年起，苏联就开始编制发展国民经济长期规划的第一个五年计划（1928～1933年），并于1928年开始实施。“一五”计划的任务是：消灭城乡资本主义成分，把苏联由农业国变为一个拥有先进技术、在经济上不依赖资本主义国家的工业国。按照“一五”计划的要求，工业产量每年增长19%～20%，建设1 500个大型企业；将全国400万～500万的农民组织到集体农庄；扩大社会主义成分在农业总产值中的比重；提高劳动人民的物质文化水平；到“一五”计划的最后一年，国民收入增加1倍。

苏联人民积极投入“一五”计划的建设中，表现出极大的热情，成绩显著。“一五”计划完成的1932年，苏联工业产值在国民经济中的比重达到70%，苏联由农业国变成工业国。“一五”计划期间，苏联建成了一批大企业，由机器装备的进口国变成了能生产机器装备的国家。

从1933年起，苏联开始执行国民经济发展的第二个五年计划（1933～1937年）。“二五”计划的政治任务是消灭资本主义残余，消灭阶级，消除人剥削人的根源；经济任务是完成整个国民经济的技术改造，为国民经济的各部门建立最新的技术基础。农业方面，完成全盘集体化，巩固和完善集体农庄、国营农场和机器、拖拉机站。

由于一大批新型企业投产，机械化程度空前提高，如何掌握、使用新技术设备，成了亟待解决的任务。以斯大林为首的党中央提出“在改造时期，技术决定一切”的口号。1935年，联共（布）中央又提出“干部决定一切”的口号，强调技术的重要性，重视技术人才的培养，全国开展了提高劳动生产率的竞赛运动。这时期有名的是“斯达汉诺夫运动”。

斯达汉诺夫运动：1935年8月30日，顿巴斯矿区汽钻掘煤手阿列克谢·斯达汉诺夫在一班工作时间内，利用新技术，采掘了102吨煤，超过原有定额的13倍。消息传开后，一个学习新技术、提高劳动生产率、向斯达汉诺夫学习的运动迅速展开。在很短时间内，全国涌现出一大批斯达汉诺夫式的先进工作者、劳动英雄。

“斯达汉诺夫运动”有力地推动了社会主义建设，使“二五”计划用4年零3个月提前完成。这时，苏联的工业产量比1932年增加了1倍多，比1913年增加约5倍，工业总产值在欧洲居第一、世界居第二。工业方面成就是突出的，但必须指出的是，轻工业的增长率并没有达到计划规定的水平，因为当时的指导思想仍然是优先发展重工业。还有，从五年计划看，农业总产值5年内增长1倍的计划也没有完成，实际只增长了1/2倍。畜牧业增长很少，甚至未达到1928年的水平。

1938～1942年，苏联开始实施发展国民经济的第三个五年计划。第三个五年计划被认为是苏联完成社会主义建设、为向共产主义过渡创造物质基础的计划。当时的形势是战争威胁日益严重，"三五"计划要求优先发展钢铁、机器制造、石油及化工业，同时加大了对国防工业的投资，使其占全部工业投资的1/4。"三五"计划还加紧了东部地区的开发和建设，力图将东部地区建设成为重要的工业基地。"三五"计划要求农业产值增加50%以上。

第三个五年计划由于德国的入侵没有完成，但从前3年看，计划执行得很顺利。到1940年，苏联生铁达到1 500万吨，钢1 800万吨，石油3 100万吨，这些都远远超过1913年的水平。到1941年中期，苏联工业产量完成了五年计划规定指标的86%。农业情况也较好，粮食产量在1940年超过了1913年的水平，但由于需求量大，粮食供应仍然较紧张，粮食问题仍然是个亟待解决的问题。

总的来看，卫国战争前的苏联在实施3个五年计划期间，工业有了迅速的发展，产值比1913年增长了11倍，在国民经济总产值中的比重有了大幅度提高。农业也有了发展，正加紧实现全盘机械化。文化教育事业为国民经济各部门培养了大批专业干部。所有这些，都为苏联进行反法西斯战争打下了坚实的基础。

第三节　苏联的肃反运动

一、基洛夫被暗杀

苏联的肃反运动是从1934年基洛夫被暗杀开始的。赛奇·基洛夫，1920年任阿塞拜疆党中央书记；1930年，在联共（布）举行的第十六次代表大会上当选为政治局委员；1934年，在联共（布）召开的第十七次代表大会上被选进政治局、组织局和书记处，成为联共（布）党内地位仅次于斯大林的人物。基洛夫是著名的演说家和政论家，被认为是德高望重、深受众望的领导人。但正是这位很有威望、被人民深深爱戴的领导人，在“十七大”闭幕不久，于1934年12月1日在列宁格勒斯莫尔尼宫被刺杀（见图6－5）；凶手叫尼古拉耶夫。此后，中央监委古比雪夫和政治保卫局主席明仁斯基也被暗杀。

图6－5　斯大林、伏罗西洛夫、莫洛托夫和加里宁为基洛夫送葬

基洛夫被暗杀当天，斯大林和其他党政领导人就赶到列宁格勒，亲自处理这一严重的谋杀案件。根据斯大林的提议，未经政治局讨论，就以苏联中央执行委员会的名义通过了一项决定，对现行刑事诉讼法作了修改，即侦查部门应从快处理被控策划和执行恐怖行动的案件；司法机关不得推迟执行对这类罪行的死刑判决并研究是否给予赦免，因为苏联中央委员会主席团认为作出这样的赦免是不可容许的；一俟对犯有上述罪行的罪犯作出死刑判决，内务人民委员部机关应立即执行。

最初，苏联侦查机关宣布尼古拉耶夫受流亡在西方的自卫组织指使，在全国逮捕和处决了一大批“白卫恐怖分子”。可是在12月22日苏联政府发表的案件通报里，又改称尼古拉耶夫受原反对派季诺维也夫领导的“列宁格勒总部”的指使。27日，苏联政府又公布了关于该总部的控告结论，指出谋害基洛夫只是这个恐怖组织庞大计划的一个组成部分，其目的是要暗杀斯大林和其他领导。1935年1月15日，苏联最高法庭对原“新反对派”领导人进行第一次开庭审判，被告是季诺维也夫、加米涅夫、叶夫多基莫夫等19人。在审讯中，所有被告均严词否认自己与基洛夫遇害一事有关系。最后法庭分别判处“列宁格勒总部”首领季诺维也夫、加米涅夫10年和5年监禁。

二、全国性“大清洗”

基洛夫遇害引发了全国性的政治大清洗运动。1935年1月18日联共（布）中央向全国各级党组织和执法机构发出密信，要求各级党组织和全体党员“必须铲除机会主义的好心肠，它的根源就是错误地认为随着我们力量的增长，敌人会越来越驯服、善良……布尔什维克决不应高枕而卧，决不应马虎从事。我们不要好心肠，而要警惕性，真正布尔什维克的革命警惕性”。❶

从1936年下半年开始，大清洗运动进入高潮，其标志是1936年7月29日斯大林以联共（布）中央的名义给托洛茨基－季诺维也夫联盟间谍恐怖活动的密信；信中说：“现在已经证明，托洛茨基－季诺维也夫恶魔在反苏维埃政权的斗争中，把我国劳动者的一切最凶恶的不共戴天的敌人——

❶ 中共中央编译局．联共（布）党史简明教程［M］．北京：人民出版社，1975：360.

间谍、内奸、破坏分子、自卫分子、富农等等——都纠集在一起；这些分子同托洛茨基分子、季诺维也夫分子两者之间已没有任何区别，在这种情况下，我们的一切党组织、全体党员都应当了解，共产党员随时随地都必须保持警惕性。在目前条件下，每一个布尔什维克必须具备的品质就是，要善于识别党的敌人，不管他们伪装得如何巧妙。”❶ 这封密信传达到各级党组织后，大清洗运动随之进入高潮。

大清洗首先是对原反对派的大规模逮捕、审判和镇压；1936～1938 年发生了举世关注的莫斯科三次大审判。

第一次大审判发生于 1936 年 8 月 19～24 日，苏联最高法院军事法庭对新反对派季诺维也夫、加米涅夫、叶夫多基莫夫、斯米尔诺夫等人立案审判，称“托洛茨基－季诺维也夫联合总部案”。审判长瓦西里·乌尔里赫宣布季诺维也夫等人接受托洛茨基的指令，组织“联合总部”，并策划和实施了对基洛夫的暗杀。主要被告人季诺维也夫、加米涅夫、叶夫多基莫夫、斯米尔诺夫等 16 人被判处死刑。

第二次大审判发生于 1937 年 1 月 23～30 日，案名为“托洛茨基平行总部案”，被告是原“联合反对派”成员拉狄克、皮达科夫、阿尔诺里特、索柯里尼科夫等人，他们在 20 年代党内斗争时曾支持托洛茨基。苏联最高检察长维辛斯基指控他们“背叛祖国，从事侦察和军事破译工作，进行恐怖和暗杀勾当”。法庭最后判处皮达科夫等 13 人死刑，立即执行枪决。拉狄克、索柯里尼科夫、阿尔诺里特被判处 10 年监禁。

第三次大审判发生于 1938 年 3 月 2～13 日，苏联最高法院军事法庭对布哈林、李可夫、克列斯廷斯基等 21 人进行起诉，案名为“右派和托洛茨基反苏联盟”，罪名除了“谋害基洛夫”“策划谋害斯大林”外，还有“谋害高尔基、古比雪夫、明仁斯基”“1918 年谋害列宁”“企图使乌克兰、白俄罗斯、远东、外高加索、中亚脱离苏联版图并把这些地方都出卖给帝国主义”等。法庭最后判处布哈林、李可夫、克列斯廷斯基等 19 人死刑，并

❶ 中共中央编译局．斯大林文选［M］．（上）．北京：人民出版社，1962：114.

将他们的财产充公，其余人也被判处10年以上徒刑。

政治清洗是大规模的，在党内几乎涉及到从中央到地方的所有党员，在军队、知识分子、工人、农民、少数民族以及苏联国际友人中都有不同程度的涉及。

在领导十月革命的28名中央委员和候补委员中，被敌人杀害的有3人（查帕里泽、邵武勉、乌里茨基），自然死亡的有5人（列宁、捷尔任斯基、斯维尔德洛夫、诺根、谢尔盖－阿尔乔姆），2人因政治原因自杀（约费、斯克里普尼克），3人因失宠被贬（穆拉诺夫、柯伦泰、斯塔索娃），15人被镇压（托洛茨基、布哈林、季诺维也夫、加米涅夫、别尔津、布勃诺夫、普列奥布拉任斯基、李可夫、基谢廖夫、克列斯廷斯基、洛莫夫、米柳亭、斯米尔加、索柯里尼科夫、雅科夫列娃）。

首届苏维埃政府的16名成员中，除列宁、卢那察尔斯基、诺根、斯克沃尔佐夫－斯捷潘诺夫等4人在大清洗前死亡外，有12人在大清洗中被枪毙或暗杀（阿维洛夫、迪宾柯、加米涅夫、柯鲍泽夫、克雷连柯、洛莫走夫、米柳亭、奥甫谢因柯、李可夫、泰奥多罗维奇、托洛茨基、施略普尼柯夫）。❶

从20世纪30年代至苏联卫国战争爆发，对军队的清洗更是惊人。据统计，5个元帅中3人被处死，5个一级集团军司令员中3人被处死，12个二级集团军司令员全部被处死，67个军长中60人被处死，199个师长中136人被处死，397个旅长中221人被处死，456个上校中401个被处死。16个一级和二级集团政治委员全部被处死，15个二级军政治委员全部被处死，28个军政委中25个被处死，97个师政治委员中79个被处死，36名旅政委中35人被处死；❷ 军队的损失是惨重的。苏德战争爆发初期苏军连连失利，除了斯大林对西线情况的判断有误和德国法西斯采用了“闪击战”

❶ ［苏］罗·亚·麦德维杰夫．让历史来审判——斯大林主义的起源及其后果［M］．北京：人民出版社，1981.

❷ 沈志华，主编．一个大国的崛起与崩溃［M］．（上）．北京：社会科学文献出版社，2009：345.

等原因外，苏联军中几无“大将”也是主要原因，一些尚无作战经验、刚刚从军事学校毕业甚至尚未毕业的军官在仓促之中无法胜任他们的军职。

此外，大清洗还牵涉到一些国际友人和其他国家的共产党人士。西班牙共产党员斯捷尔尼－科列别尼，意大利共产党员帕·罗波蒂、埃德蒙多·佩鲁扎，比利时共产党员赫伊洛、维尔捷年等，因各种罪名被处死。

大清洗是苏联在非常时期，党内、国内政治生活不民主、个人专权独断、权力监督机制完全失效、少数党内的坏分子借机弄权的表现。

第四节　卫国战争的胜利

一、“东方战线”的建立

1939年9月1日，德国对波兰发动突然袭击，第二次世界大战在欧洲爆发。英、法是波兰的盟国，9月3日，被迫对德宣战。虽然宣战了，但实际上是宣而不战。这种情况成了战争史上的怪事，所以被称为“奇怪的战争”。其实，这是帝国主义在战争中推行慕尼黑政策，力图使德国去进攻苏联的结果。

以斯大林为首的苏联政府，为了摧毁英、法、美怂恿德国进攻苏联的阴谋、粉碎德、日、意法西斯对苏联的包围、推迟苏德战争的爆发、赢得时间加强战备，于1939年8月23日，同德国签订了《苏德互不侵犯条约》，条约有效期为10年。

德国入侵波兰后，苏联在其递交的与其保持外交关系国家的照会中表示“苏联希望与所有国家和平共处”，将奉行“中立政策”。但苏联也感到，德国法西斯的炮火已烧到其边境。出于反苏危险和自身安全的考虑，苏联政府在其西部边境上同一些邻国迁改了边界，建立了一条从波罗的海到黑海的“东方战线”（见图6－6）。

1939年9月17日，苏联红军越过西部国界，进驻西乌克兰和西白俄罗斯地区。当天，苏联外交部长声明说，在波兰出现的局势要求“苏联政府

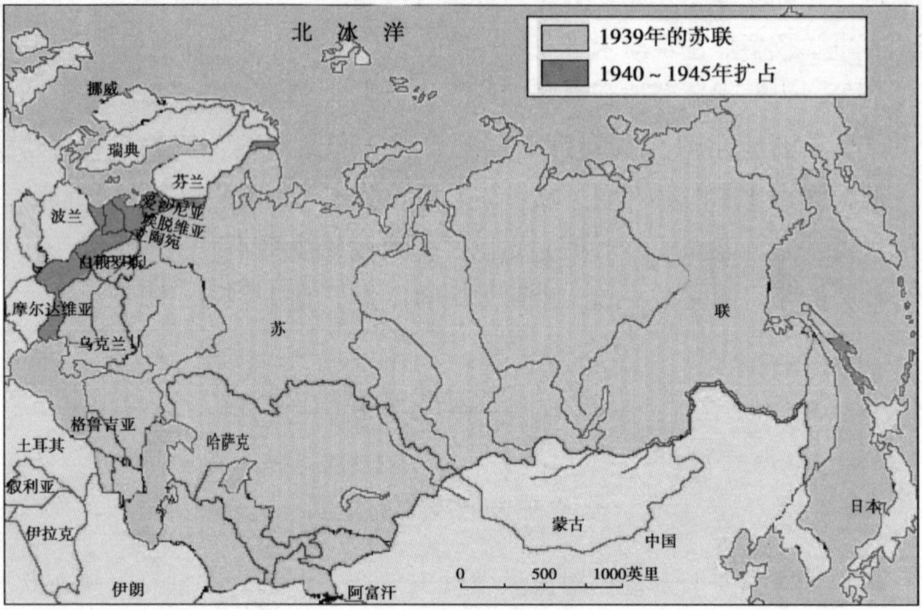

图 6－6　苏联建立“东方战线”所扩张的领土（深色区域）

对本国的安全加以特别的注意……由于上述情况，它不能再以中立的态度对待目前的局势”。

西乌克兰和西白俄罗斯被苏联占领后，进行了民主选举，成立了苏维埃政权；他们提出加入苏联的“申请”。1939 年 11 月初，苏联最高苏维埃同意西乌克兰和西白俄罗斯合并到苏联的乌克兰和白俄罗斯加盟共和国。这两块地方的面积为 19.6 万平方千米。

这两地在历史上曾被两国争夺过，在俄奥普之后又曾被沙俄占领，1918 年，《布列斯特和约》签订时被德国夺去。1920 年苏俄红军反击波兰武装干涉时打到了华沙城下，英国外交大臣寇松出面划了一条停战线，即“寇松线”。1921 年 3 月，苏俄与波兰在里加签订《波兰与俄罗斯和乌克兰和平条约》规定，西乌克兰和西白俄罗斯划入波兰；苏波国界线在寇松线以东 150 英里处。1932 年，苏波在莫斯科签订条约，双方“承认 1921 年 3 月 18 日的和平条约像过去一样依然是它们相互关系和相互义务的基础”。可见在这时，上述两地属波兰。1939年9月17日，苏军是在德国入侵波兰后进驻波兰的。

《苏德互不侵犯条约》的秘密附加议定书规定：(1) 属于波罗的海国家（芬兰、爱沙尼亚、拉脱维亚、立陶宛）的地区如发生领土和政治变动时，立陶宛北部疆界将成为德国和苏联势力范围的界限。在这方面，双方承认立陶宛在维尔诺地区的利益。(2) 如波兰发生领土和政治变动，苏德双方将大致以纳雷夫河、维斯杜拉河和桑河为势力分界。维持波兰独立是否符合双方利益，以及如何划界，只能在进一步的政治发展过程中才能确定。(3) 在东南欧方面，苏联关心在罗马尼亚的比萨拉比亚的利益，德国宣布在该地区政治上完全没有利害关系。(4) 双方将视本协议书为绝密文件。

1939年秋，苏联还建议爱沙尼亚、拉脱维亚和立陶宛三国缔结互助条约。这三国是在第一次世界大战后脱离德国的占领而独立的，当时苏联政府承认三国的独立主权地位。以斯大林为首的苏联政府于1926年、1932年和1933年分别同三国签订了互不侵犯条约。1939年9～10月，苏联建议三国缔结互助条约；经过多次谈判，三国与苏联签订了条约。但不久，1940年6月，苏联又分别照会三国，要求他们立即改组政府。在照会发出的第二天，苏联红军即对三国实行了军事占领，三国被迫改组政府。7月14日，三国同时举行选举；7月21日，宣布成立苏维埃共和国，并“申请”加入苏联。苏联第七次最高苏维埃会议批准立陶宛、拉脱维亚、爱沙尼亚加入苏联。从此，三国变成苏联的三个加盟共和国，总面积约17.4万平方千米。

苏芬边界也发生了变化。1939年10月，苏联邀请芬兰政府代表团到莫斯科会谈。谈判中，苏方提出，为了保证列宁格勒的安全，苏联要租借芬兰湾西部某个地区，要控制芬兰东部的北海岸；要求芬兰靠近列宁格勒的边界向北推移20～30千米，苏联愿以东卡累里阿两倍于此的领土作为交换；苏方认为贝柴摩地区的边界线不妥，要求收回雷巴契半岛；苏方每年以800万芬兰马克租用芬兰的汉科半岛，为期30年。芬兰政府没有答应。

11 月下旬，苏芬边界不断发生冲突事件；11 月 29 日，苏联同芬兰断绝外交关系；30 日凌晨，苏芬之间爆发战争。

苏芬战争打了 3 个多月，苏军突破了芬兰的“曼纳林防线”，芬兰战败求和。1940 年 3 月 12 日，苏芬双方在莫斯科签订和约，规定：全部卡累利阿地峡维普里（维堡）城和维普里湾及其岛屿、拉多加湖的西岸和北岸、芬兰湾中的一些岛屿以及雷巴契和斯来特尼半岛的一部分应划分在苏联领土内；汉科半岛租给苏联作为海军基地，为期 30 年。

苏联同罗马尼亚边界也有所变动。1939 年德国进攻波兰后，罗马尼亚宣布中立。1940 年 6 月 26 日，苏联政府向罗马尼亚政府递交照会，要求将“比萨拉比亚归还苏联，北布科维纳移交苏联”。罗马尼亚政府复照，希望双方商讨。6 月 27 日，苏联政府向罗马尼亚政府发出最后通牒。在强大的压力下，罗马尼亚政府被迫同意苏联提出的要求。自 6 月 28 日起的 4 天内，苏军占领比萨拉比亚和北布科维纳，总面积为 5.1 万平方千米。苏联最高苏维埃于 1940 年 8 月 2 日举行会议，决定将比萨拉比亚合并到摩尔达维亚加盟共和国，将北布科维纳并入乌克兰加盟共和国。

从 1939 年 9 月到 1940 年 8 月，苏联在不到 1 年的时间里，因建立“东方战线”而使其西部边界发生了迁变，向西推移了 300 ~ 400 千米。

二、德国进攻苏联及国际反法西斯统一战线的形成

1941 年 6 月 22 日清晨，希特勒撕毁《苏德互不侵犯条约》，背信弃义进攻苏联。希特勒调动了约 190 个师、550 万人、4 300辆坦克、4 900余架飞机及 47 000余门火炮的兵力，分 3 路，在苏联西部边境 1 800千米的战线上，以其惯用的“闪电战”向苏联发起全面进攻，代号为“巴巴罗萨”计划。北路从东普鲁士出发，沿波罗的海进攻列宁格勒；中路从华沙东北出发，沿明斯克、斯摩棱斯克进攻莫斯科；南路从卢布林地区出发，进攻基辅、哈尔科夫和顿巴斯。希特勒疯狂叫嚣：“当巴巴罗萨开始时，全世界将会大惊失色，难置一言。”

苏德战争爆发后，苏联党和政府号召全国人民奋起抗击希特勒的侵略。6 月 30 日，成立了以斯大林为首的国防委员会；7 月 3 日，斯大林向全国发出动员令，全国人民迅速行动起来，迎击法西斯的侵略。

对于希特勒侵略苏联的问题，斯大林早已料到，而且在加强国防、调整工农业布局方面做了许多工作。但是，由于缺乏战争过早爆发的准备，有些战备工作还没有完成，造成战争初期的失利，使德军得势、能够深入苏联境内 300 ~ 600 千米。然而，苏联人民在联共（布）的领导下，同仇敌忾，英勇杀敌，到 1941 年 7 月 11 日，有 530 万人应征或志愿参军。工人在 3 个月内，将 1 300多个工厂转移到乌拉尔等地并迅速投入生产，同时还改建和新建了许多国防工厂、军营。

苏德战争爆发的当天，英国首相丘吉尔发表广播讲话，声明英国将站在苏联一边。第二天，毛泽东发表《关于法西斯的国际统一战线》一文，号召各国人民组成国际统一战线，对法西斯斗争。6 月 24 日，美国总统罗斯福也声明，将全力援助苏联。

1941 年 7 月 12 日，苏、英签订了《关于对德战争中共同行动之协定》。8 月 9 日，罗斯福和丘吉尔在大西洋的军舰上会晤，发表了《大西洋宪章》，并致函斯大林，建议召开美、英、苏三国会议。9 月 29 日 ~ 10 月 1 日，苏、美、英三国在莫斯举行会议，宣告三国在反法西斯战争中采取联合行动。1942 年 1 月 1 日，中、苏、美、英等 26 个国家在华盛顿发表《联合国家宣言》，也称《同盟国宣言》；签字国保证用自己的全部经济、军事力量对法西斯国家作战；签字国不得同敌人单独媾和。同年 5 月，苏、英签订了为期 20 年的军事同盟条约，苏、美签订了互助协定。所有这些，标志着国际反法西斯统一战线的形成。

三、莫斯科战役与希特勒“闪电战”计划的破产

德国兵分三路进攻苏联后，遭到苏联人民英勇抗击。中路斯摩棱斯克战役后，德军损失惨重；北路德军始终未能攻入列宁格勒；南路经过基辅和敖德萨战役后，难以前进。

苏德战争爆发的头两个月，德军死伤和被俘虏的达200万人，损失很大，未能实现“巴巴罗萨”计划；在3个月内消灭苏联的“闪电战”计划破产了，希特勒决定重点进攻莫斯科。1941年9月，德国法西斯制定了进攻莫斯科的“台风”计划，调集75个师、1 500架飞机、1 700辆坦克，于9月30日猛扑苏联的首都——莫斯科。希特勒宣称要在红场上举行胜利后的部队检阅。

苏联军民英勇奋战，顽强抵抗，使德军遭受沉重打击。11月7日，苏联在红场上照例举行了国庆大会和传统的阅兵式，接受检阅后的苏军直接开赴前线。由于苏联军民的顽强战斗，德军的第一次进攻被击退了。

进攻莫斯科的失败兼之苏联的红场阅兵式，给希特勒以重大打击。11月16日，希特勒又调集51个师的兵力，再次进攻莫斯科，与苏军在莫斯科近郊展开了激烈战斗。苏联坚强的守军和游击队使敌人寸步难行。12月6日，苏军转入大反攻；经过激战，歼敌50多万人，使其后退300千米。莫斯科保卫战的胜利粉碎了“德军不可战胜”的神话，宣告了其“闪电战”计划的彻底破产。

四、斯大林格勒战役——卫国战争的根本转折

莫斯科战役后，希特勒不甘心失败，决定利用英、美拖延开辟第二战场的机会，调集150多万人的兵力在南线作重点进攻，目的是夺取斯大林格勒和高加索。

斯大林格勒原名察里津，是苏联南部重要的工业城市和交通要道，具有重要的战略地位。这一带有丰富的石油、煤和粮食，占领这里可以增强战时经济；同时，希特勒想从东南方向包抄莫斯科，南下打通德、日联系的通道，以便对付英、美。斯大林格勒战役关系着苏德战局的命运，是关键的一战。

希特勒集中其精锐部队共有50个师的兵力，于1942年8月23日在斯大林格勒的西北和西南发动进攻，斯大林格勒大会战开始。德军进行了疯狂的轰炸，共投下100多万颗炸弹，城市变成了一片废墟。为了保卫斯大

林格勒，苏联军民展现出空前的英勇、顽强和视死如归的革命精神。敌占区的游击队配合和支援前线，其他战场则有力地牵制了敌人的兵力。转移的工厂也迅速投入生产，为大反攻提供了物质保障。

1942 年 11 月 19 日，苏联军民展开大反攻；红军将德军包围住，在城西北和南面形成对德军的“钳形攻势”。1943 年 1 月 10 日，红军对被围敌军发起攻势；2 月 2 日，以德军元帅鲍留斯为首的官兵 9 万多人全部投降。短短 20 多天，击毙敌军官兵 14.7 万多人。历时 160 天的斯大林格勒大会战以苏军的胜利告终。在大会战中，德军 150 多万人被歼，希特勒的丧钟敲响了。从此，德军转入战略防御，苏军则转为战略反攻。

五、库尔斯克战役和德黑兰会议

德寇不甘心在斯大林格勒的失败，决定在 1943 年春、夏攻势中夺回战略主动权。这次进攻的地点选在库尔斯克。到 1943 年 7 月初，希特勒集中 90 万人和 1 万门大炮，并给部队装备了新型的“虎式”“豹式”重型坦克和“斐迪南式”自行火炮。8 月 5 日，苏军反攻。在 3 个月里，苏军将德军打退 400 多千米。这次战役，德军 30 个师被歼，希特勒进攻莫斯科的计划成了泡影。希特勒到了崩溃的边缘。

1943 年 7 月 10 日，苏德正在库尔斯克进行会战时，美、英放弃开辟第二战场的机会，在西西里岛登陆，意军迅速溃败。7 月 25 日，意大利国内发生政变，墨索里尼倒台。8 月底，意新政府对英、美签订了无条件投降书。10 月 13 日，意政府正式退出法西斯同盟并对德宣战。意大利的投降是法西斯三大轴心国瓦解的开始。

1943 年，是反法西斯战争发生根本转折的一年。在战争进程急转直下的形势下，为商讨对德作战和战后的重大问题，1943 年 11 月 28 日 ~12 月 1 日，苏、美、英三国首脑斯大林、罗斯福、丘吉尔在伊朗首都德黑兰会晤，此即德黑兰会议。会议讨论并通过了只能在法国北部和南部开辟第二战场的决议，时间不得迟于 1944 年 5 月 1 日；讨论了战后对德国的处置问题；讨论了对日的军事行动问题。罗斯福同斯大林会晤时还提出成立联合国的建议。会后发表了《德黑兰宣言》和《关于伊朗的宣言》。德黑兰会议是战争期间苏、美、英三国首脑举行的第一次会晤。

六、攻克柏林，反法西斯战争取得最后胜利

1943年，卫国战争发生了有利于苏联的根本性转变。1944年，是苏联红军实行战略大反攻并取得决定性胜利的一年。1月，苏联红军攻破德军包围列宁格勒的“永久性”防线，解放了列宁格勒州；接着又解放了第聂伯河西岸的乌克兰地区、克里米亚和敖德萨、白俄罗斯、乌克兰等地。这一年苏联红军对德军发动了10次歼灭性进攻，到年底，收复了被德军占领的全部国土；同时追击法西斯进入东欧、南欧和北欧，进入德国及其附庸国领土；支持欧洲各国人民的反法西斯斗争。希特勒的侵略集团迅速崩溃，希特勒到了垮台的边缘。

在这样的形势下，1944年6月、8月，开辟第二战场的盟军分别在法国北部和南部登陆，这是欧洲反法西斯战争的又一个转折点。这时，欧洲各国人民纷纷起义，积极配合反法西斯战争。随着战争胜利的到来，英、美提出再次召开三国首脑会议。

1945年2月4～11日，苏、美、英三国首脑斯大林、罗斯福、丘吉尔在苏联克里米亚半岛的雅尔塔举行了战时第二晤，即克里米亚会议，亦称雅尔塔会议。

雅尔塔会议讨论了对德国的占领和管制、德国的赔偿、改组波兰政府、重划波兰疆界、召开联合国会议以及苏联对日本作战等问题，分别达成了协议或初步协议。会议签署了《克里米亚会议公报》和《克里米亚会议议定书》；此外，还秘密签订了《雅尔塔协定》。《雅尔塔协定》规定，在德国投降及欧战结束后2～3个月内，苏联参加对日作战。罗斯福、斯大林商讨了有关苏联参加对日作战的条件问题。

克里米亚会议后，苏联红军展开强大攻势，迅速向西推进。4月16日，苏军摧毁了奥得河－尼斯河防线。4月20日，希特勒举行祝寿招待会，要求军队司令一定要坚持到5月5日，因为这一天是拿破仑的死日，

希特勒希望也能活到这一天。然而历史是无情的，4月25日，苏军包围了柏林，并同英、美军队在易北河会师。27日，苏军攻入柏林市中心，德军顶不住苏军的强大攻势。法西斯头子深感无望，纷纷逃离柏林，士兵纷纷投降。29日，希特勒得知他的亲密伙伴墨索里尼被游击队处决的消息，十分恐惧；30日，在激烈的战斗中，苏军把胜利的红旗插上了德国国会大厦屋顶，希特勒在总理府地下室绝望自杀。5月2日，苏军攻克柏林；5月8日，德国正式签署无条件投降书。5月9日被称为欧洲胜利日。

苏联人民以其英勇的牺牲保卫了社会主义政权，赢得了世界人民的赞赏，甚至赢得了西方政治家的赞许。20世纪20年代积极组织和参与武装干涉的英国首相丘吉尔在第二次世界大战后承认："正是俄国军队迫使希特勒的军事机器停止转动。"美国总统罗斯福也说："毫无疑问，是红军和俄罗斯人民迫使希特勒的武装力量走向彻底失败的道路，从而赢得美国人民衷心的、永远的钦佩。"他在写给斯大林格勒保卫者的一封荣誉状中写道："你们的光辉胜利，制止了侵略浪潮，成为盟国反侵略战争的转折点。"

经历了战争洗礼的苏联，在综合国力上更加强大了。战争结束时，苏联的国际威望和军事实力空前提高，被公认为世界上第一流的军事强国。战争结束时，苏联红军总人数1 140万，作战飞机16 000架，主战坦克12 000辆，作战摩托车67万辆，火炮1 151万门，军舰1 702艘。

战争扩大了社会主义的影响，也扩大了苏联的版图。在按照雅尔塔体系重新划分的欧洲政治版图上，苏联的领土扩大了60万平方千米。波罗的海沿岸国家爱沙尼亚、拉脱维亚、立陶宛加入苏联，波兰东部的西白俄罗斯和西乌克兰并入苏联，罗马尼亚的比萨拉比亚和北布科维纳并入苏联，捷克斯洛伐克的外喀尔巴阡等地区并入苏联，德国的东普鲁士领土的1/3并入苏联。1944年8月~1945年5月，苏联红军相继解放了中东欧地区的波兰、罗马尼亚、捷克斯洛伐克、匈牙利、保加利亚、南斯拉夫、阿尔巴尼亚等国，这些国家大都建立了人民民主政权、选择了社会主义制度，从而在地缘政治上加入了以苏联为主的社会主义阵营。

第五节　战后初期苏联对外政策

一、“冷战”的开始

面对战后苏联在国际舞台上的崛起，特别是在东欧地区的优势，西方资本主义世界不能不感到忌恨和忧虑，而对战后一心想称雄世界、富甲天下的美国来说更是不能容忍。在“我不怕俄国人，我准备采取坚定态度”的咆哮中，以杜鲁门为首的美国统治集团加紧了对苏冷战的酝酿。1946 年 2 月，美驻苏大使乔治·凯南为美国政府提出了一套所谓“遏制”的理论和策略。1946 年 3 月 5 日，丘吉尔在杜鲁门的家乡富尔敦发表了“铁幕”演说，发出了对苏“冷战”的信号。他宣布：“从波罗的海的什切青到亚得里亚海边的里雅斯特，一幅横贯欧洲大陆的铁幕已经落下。在这条线的后面，坐落着中欧和东欧古国的都城。所有这些名城及其居民无一不处在苏联的势力范围之内，不仅以这种或那种形式屈服于苏联的势力影响，而且还受到莫斯科日益增强的高压控制。”1946 年 9 月，杜鲁门的白宫助理克拉克·克利福德提出了长达 50 页的“美国与苏联关系”报告，从而奠定了对苏“冷战”的政策基础，这标志着美国对苏“冷战”战略酝酿成熟。1947 年 3 ~ 6 月，美国政府借英国无力援助希腊、土耳其之机，相继抛出了反共和扩张主义色彩极浓的“杜鲁门主义”和“马歇尔计划”，它们的出笼标志着美苏战时同盟的正式破裂和美苏“冷战”的全面爆发。

二、巩固在东欧的地位

“冷战”开始后，苏联意识到要加速工作、巩固东欧，以便更好地同西方抗衡。战后，苏联向东欧人民民主国家提供经济和食物援助，帮助这些国家渡过难关。在新的形势下，苏联为了稳住和巩固在东欧的地位，采取了以下主要措施：（1）帮助东欧国家加快政权建设，把其他党派的代表从政府机构中驱逐出去。苏联针对 1948 年 2 月捷克斯洛伐克政府中的资产阶级代表人物企图以辞职来制造政府危机指出，这是“不能容忍的，我们决不会容忍它”。从此，东欧各国实质上形成了一党执政的局面。(2) 在经济上，针对“马歇尔计划”的引诱和渗透，苏联搞了一个“莫洛托夫计划”。1947 年，苏联同东欧国家分别签订了双边贸易协定。1949 年 1 月成立了经济互助委员会，加强社会主义国家之间的经济往来。(3) 苏联给予东欧国家政治上和外交上的支持。苏联同这些国家都签订了为期 20 年的友好合作条约，答应提供安全保障，这对东欧国家的巩固和发展是有利的。(4) 为了协调苏联与东欧的政策和认识、采取一致行动来抵制西方侵蚀，成立了共产党工人党情报局。苏联要求东欧国家和党采取苏联的立场和模式。为了对付西方的冷战，斯大林过分强调了苏联、东欧关系中团结一致的一面，忽视了各国的特点与独立的一面。在当时的历史条件下，东欧国家基本上都接受了斯大林的政策，这是因为苏联的援助与支持对于巩固和发展国家政权是必要的，同时，来自西方的主要威胁，也需要团结一致来对抗。苏联对东欧实行的一系列政策，使东欧各国在几年之内便走上了社会主义道路，并与苏联连成一片，形成了社会主义阵营。

为了控制东欧，苏联要求东欧各国不只在形式上与苏联一致，在思想、行动上也要绝对统一。因此，苏联不仅从政治、军事、经济各方面采取一系列措施团结东欧，对东欧的各种或明或暗的离心倾向也一直存有戒心。东欧各国党在 1947 年 9 月情报局成立会议上表现出来的、希望独立自主的政治意向，更使苏联感到不安。因此，在情报局成立伊始，苏联就考虑要解决这一棘手问题。1948 年年初发生的苏南冲突以及随之而来的东欧各国政治清洗、情报局事件，为苏联铲除这种阴影提供了机会。在苏联强大的政治压力下，东欧各国党独立自主的苗头被暂时压了下去；在当时极端险恶的国际形势下，东欧各国的唯一选择只能是无条件地“团结”在苏联周围。

三、承认中国革命的胜利

中国革命胜利后，苏联与中国签订了中苏友好互助同盟条约，为中国的国民经济恢复和发展提供援助。在为期30年的友好同盟互助条约中明文规定，一方如遭到外来侵略，另一方就提供包括军事在内的一切援助。通过协商，中苏就解决中国长春铁路、旅顺口及大连的问题达成了协议。斯大林时期，苏联同中国的经济关系非常密切，曾答应向中国提供12亿旧卢布（约3亿美元）的低息贷款，年息1%，偿还期为10年。苏联还援助中国大型项目的建设。苏联坚决支持恢复中国在联合国的合法席位，支持中国"抗美援朝，保家卫国"。在当时资本主义世界严密封锁的情况下，苏联的支持和援助，对中国的革命和建设是十分宝贵的。

【思考与练习】

1. 斯大林模式是如何形成的？主要内容是什么？
2. 肃反扩大化出现的深层历史根源是什么？

【延伸阅读】

[1] 邢广程．苏联高层决策70年［M］．北京：世界知识出版社，1998.

[2] 沈志华．一个大国的崛起与崩溃——苏联历史研究专题（1917－1991）［M］．共三册．北京：社会科学文献出版社，2009.

[3] 金雁．苏俄现代化与改革研究［M］．广州：广东教育出版社，1999.

[4] 张建华．激荡百年的俄罗斯——20世纪俄国史读本［M］．北京：人民出版社，2010.

第七章 赫鲁晓夫的改革与冒进

【导言】斯大林去世后，苏联的历史发展进入一个重大的转折阶段，即从长达29年（1924～1953年）的战时状态和非常时期向和平时期过渡。在此关键时期，新的苏共领导人赫鲁晓夫发挥了重要作用，他顶住来自党内党外、国内国外的重重压力，坚决、果断地推行政治和经济改革；在思想文化、民族关系和对外政策等方面进行了重大调整，对斯大林执政时期所形成的高度集中的苏联政治经济体制和教条主义理论形成较大冲击。但是，由于苏共领导集团对改革的艰巨性和复杂性认识不足，特别是赫鲁晓夫本人在指导思想上的错误倾向、在具体方针政策上的主观随意以及在改革进程中表现出的急躁冒进，使得轰轰烈烈的改革以失败告终。本章重点：赫鲁晓夫改革的主要内容。本章难点：赫鲁晓夫改革失败的主要原因。

第一节 赫鲁晓夫改革所面临的国际国内环境

斯大林的逝世给苏联国家和社会留下了沉重的历史遗产。第二次世界大战结束后，苏联进入和平发展时期，历史条件发生根本变化，过去在特定条件下形成的政治经济体制在很多方面已明显不适应新的形势和任务。然而，这种体制并未随着客观形势的变化而变化，而是越来越僵化，弊病也越来越多。在对外关系方面，由于斯大林没有顺应战后的国际形势，不仅未能及时化解战后初期苏美之间出现的尖锐矛盾，反倒因“斯大林模式的阵营化”而导致“冷战”在社会主义和资本主义两大阵营之间全面展开。在亚洲，国际形势因朝鲜战争和越南战争等局部热战的存在而空前紧张；在欧洲，德国问题成为东西方对抗的焦点，苏联与美国、英国、法国等主要西方国家的关系不断恶化。到1953年斯大林逝世前，两大政治军事集团之间剑拔弩张，“冷战”已达到非战争条件下空前紧张的状态。在与社会主义各国的关系上，由于斯大林生前在对外关系问题上采取大国主义、大党主义、独断专行的做法，导致苏联同许多国家的关系趋于紧张。特别是苏南关系的破裂，更是斯大林对外政策的重大失误。国际关系中的这些不安定因素，均不利于苏联国内经济建设的进行。

斯大林逝世后的苏联国内政治经济形势亦十分复杂。经济方面问题成堆，首要的问题是农业发展迟缓。1949年，苏联第一颗原子弹爆炸成功，成为世界第二核大国。工业在战后得到很快恢复并取得较快发展，1953年已达到“二战”前水平的250%，钢铁和电力发展水平也跃居世界前列。而农业生产却停滞不前，甚至还有所倒退。为了实现“国家的总战略目标”，苏联在战后不仅继续实行备战经济，而且又掀起新一轮农业集体化运动。为了给工业发展积累资金，政府对农民仍然采取“挤压”政策，低价收购农副产品，强迫农民持续不断地缴纳“贡赋”，剥夺农民。同时，在农业领导中实行行政干预和命令主义，严重挫伤了农民的生产积极性，致使20世纪50年代初主要农畜产品产量甚至低于革命前沙俄时代的水平。在1952年苏共十九大上，虽然马林科夫宣布苏联的粮食问题已经“彻底而永远地解决了”，但事实上粮荒已经出现。农业的落后导致轻工业和食品工业的发展大大滞后，人民的日常生活仍然相当困难。赫鲁晓夫在其《最后的遗言》中谈到这一时期的人民生活：他在全国视察时，亲眼看到一些集体农庄的农民一个工作日的劳动仅值1戈比，商店的货架上缺乏新鲜的蔬菜，而一些矿工的住宅甚至不如革命以前。❶ 除此以外，经济管理体制与经济发展水平之间也产生了尖锐的矛盾：全国共有20.6万个国营企业及10万个以上散布在国内各地的建筑工程企业，各种经济联合体更是不计其

❶ ［苏］赫鲁晓夫．最后的遗言［M］．上海国际问题研究所，等，译．北京：东方出版社，1988：149，187.

数；领导如此众多的经济组织，单靠一个中央机构显然是很困难的，这就从客观上提出了改变过分集中的管理体制的要求。

在政治方面，由于斯大林长期搞一言堂和个人专断，党的民主集中制原则和社会主义法制遭到严重破坏，政治生活中出现了许多不正常的现象。反法西斯战争的胜利，使战后苏联国内对斯大林的个人崇拜达到登峰造极的地步，以致出现了个人崇拜的体制化。集权体制下党和国家机关存在严重的官僚主义和腐化现象。权力高度集中于中央，各加盟共和国的权力和积极性受到严重束缚。卫国战争中及战后遗留下来的少数民族问题完全没有解决。国家安全机关凌驾于党之上，破坏法制的问题极为突出，特别是在斯大林时期的各次政治镇压中，约2 000万人遭受各种迫害，[1] 清洗遗留下的成堆的冤假错案成为威胁苏联社会主义制度的硬伤。

在意识形态领域，思想文化上的专制主义、教条主义和形而上学盛行，哲学、历史、文化、自然科学等领域的批判运动使学术活动严重停滞。人们的思想受到严重束缚和禁锢，理论探索和科学创造精神受到压抑和摧残。在这种情况下，党内和社会上长期积累的矛盾进一步尖锐化，形势已发展到对传统的政治经济体制非改革不可的境地。如果说斯大林在世时还能暂时压住这一切的话，等到斯大林一去世，这一切就必然要强烈地表现出来。从苏联当时的国际国内形势来看，改革已成为历史发展的客观需要。

第二节　苏共二十大及赫鲁晓夫的秘密报告

1953年9月，赫鲁晓夫（见图7-1）在苏共中央全会上被选为苏共中央第一书记。在赫鲁晓夫的政治地位不断上升的同时，马林科夫、卡冈诺维奇和莫洛托夫等人的政治地位和影响力却在不断下降。1954年4月，在一些党员的强烈要求下，苏联最高法院开始重审“列宁格勒案”，发现该

[1] 关于斯大林时期遭迫害和镇压的人数，由于缺少官方公布的准确、权威资料，有各种猜测和估计，这些数字差距很大。本文所用数字引自：［美］布热津斯基．大失败［M］．北京：军事科学出版社，1989：32.

案件纯属伪造；调查结果表明，马林科夫间接参与了冤案的制造，他本人应负一定的道义责任。12 月 29 日，苏联最高法院军事法庭作出判决，判处制造这起错案的前国家安全部的阿莫库莫夫、列昂诺夫、科马罗夫、利哈乔夫死刑，宣布为“列宁格勒案”涉案人员平反。尽管法庭没有对马林科夫提出指控，但他与大清洗期间一系列案件的关系暴露出来，声誉也因此骤降。

图 7－1　赫鲁晓夫

1954 年 8～9 月，赫鲁晓夫分别会见米高扬、布尔加宁等党和国家主要领导人，表示要结束赫鲁晓夫－马林科夫共掌最高权力的局面，得到了他们的支持。1955 年 1 月 25 日，在苏共中央全会上，赫鲁晓夫通报了马林科夫与“列宁格勒案”的关系，强调马林科夫对此案负有道义上的责任；最后，中央全会同意解除马林科夫部长会议主席的职务。

1956 年 2 月 14 日，苏共二十大在克里姆林宫隆重召开。大会主席台上没有像历次大会一样悬挂斯大林的画像，只有列宁的画像。赫鲁晓夫作了工作报告，强调战争不是不可避免的。他认为：“我们时代的主要特点是社会主义已越出了一国的范围，成为一种世界体系。资本主义已无力阻挡这种具有世界历史意义的进程。两种相对抗的世界经济体系——按照不同的规律和相反的方向发展的资本主义和社会主义的体系的同时存在已成为不容置疑的事实。”❶ 他因此提出“和平共处”“和平竞赛”和“和平过渡”的观点，主张缓和世界局势。在报告中，赫鲁晓夫重申、党的集体领导原

❶ 转引自：张建华．俄国史［M］．北京：人民出版社，2004：241.

则、反对个人崇拜。全体代表选举赫鲁晓夫为苏共中央第一书记。

苏共二十大于2月24日宣布闭幕，准备返程的代表突然于24日子夜分被召集到一起，与100多名已恢复名誉和获释的党员继续开会。赫鲁晓夫作了《关于个人崇拜及其后果》的报告，被称为“秘密报告”。在历时4个多小时、洋洋4万余字的报告中，赫鲁晓夫揭露了斯大林的严重错误。

赫鲁晓夫在报告中强调，斯大林是一个“心胸狭窄、残忍和滥用职权的人。他不是去证明自己在政治上的正确性，不是去动员群众而是常常不仅对真正的敌人而且对那些党和苏联政府中毫无罪行的人进行镇压并加以肉体消灭。这是没有一点道理的，有的是对于伊·列宁感到震惊的残忍暴力的炫耀”。[1]

赫鲁晓夫认为，斯大林破坏法制，为了个人的私欲，无端搞起大清洗运动，重用贝利亚、叶若夫等坏人制造了大量冤假错案，批准大规模逮捕、处死大批无辜者。赫鲁晓夫谴责说：“斯大林提出了‘人民敌人’这一说法，有了这种说法，自然也就无须再去证明参加争论的某个人或是某些人在思想意识上的错误。此外，利用这种说法至少可以违反一切革命法则和制度法则，对那些与斯大林抱有敌对意图的人，以至于那些印象不好的人进行最为残酷的镇压。……这是公然违背革命法制秩序的做法，事情发展到使以前捍卫党的方针的完全无辜的人们也成了牺牲品。”赫鲁晓夫强调：“斯大林这一猜疑心被贝利亚巧妙地加以利用了”，而贝利亚“是一个卑鄙的挑衅分子，一个恶毒的敌人”。[2]

赫鲁晓夫认为，斯大林应该对基洛夫之死负有重要责任，而且“时至今日，在基洛夫事件中仍隐藏着许多无法说明、无法理解的地方”。[3]

赫鲁晓夫认为，斯大林应对苏军初期战争的失利负直接责任，因为斯大林在苏德战争前怀有“失败主义情绪”。“据现在发表的文件，丘吉尔在1941年3月通过英国驻苏联大使，直接向斯大林发出警告：德国为了进攻

---

❶ 苏共中央通报［R］. 莫斯科，1989.

❷ 苏共中央通报［R］. 莫斯科，1989.

❸ 苏共中央通报［R］. 莫斯科，1989.

苏联重新编制军队。……尽管有这个重大的警告，但斯大林并没有采取必要措施来加强苏联的防卫以免遭到突然袭击”，甚至“在希特勒军队侵入苏联的前夜，一个德国公民越过边境报告说：他们已经接到命令在6月22日凌晨2时发动对苏联的进攻；这件事马上被告知斯大林，但他对这一警告也加以漠视”。❶

赫鲁晓夫在报告中说：“在战争期间，斯大林为了抬高自己作为伟大领袖的威信，而进行了非常的努力。他用各种各样的方法向人民灌输这样的想法：苏联在卫国战争中的胜利是由于斯大林的勇气、果断和天才，其他任何人都不在话下。”“使伟大的卫国战争取得胜利的并非斯大林，而是整个党，苏联政府，我们英雄的军队——它的天才指挥员和勇敢的士兵，以及全体苏联人民。”❷

赫鲁晓夫揭露斯大林在民族问题上犯有严重的错误。斯大林和苏联政府在卫国战争期间以一些民族与“法西斯合作”为名，强行将整个民族迁离故乡，流放到中亚或西伯利亚，作为对他们的处罚。报告说：“不要说马克思列宁主义者，只要有一些常识的人，谁也不能设想这种行为，怎么能够说整个民族要为对敌行为负责呢？怎么能够针对整个民族，包括妇女、儿童、老人、共产党员、共青团员在内进行镇压呢？怎么能够要他们为个别人或某些组织的敌对行为去遭受苦难呢？”❸

赫鲁晓夫在报告中认为，斯大林应对苏联和南斯拉夫的冲突负有主要责任。

赫鲁晓夫在报告中还提出了根除个人崇拜的三点措施：用布尔什维克方式谴责和根除个人崇拜，对以某种形式来复活它的一切企图进行无情的斗争；继续坚持列宁的党的领导原则，首先是集体领导原则；恢复苏维埃社会主义民主原则，彻底纠正长期以来对社会主义法制的破坏。

在党内高层公开讲斯大林也犯过错误，这在当时，不啻为石破天惊。

---

❶ 苏共中央通报［R］. 莫斯科，1989.

❷ 苏共中央通报［R］. 莫斯科，1989.

❸ 苏共中央通报［R］. 莫斯科，1989.

“秘密报告”的消息不胫而走，在国外传播开来，引起了强烈反响。3月5日，苏共中央主席团又通过了《关于介绍尼·谢·赫鲁晓夫同志在苏共二十大上的〈关于个人崇拜及其后果〉的报告》的决议，建议各州委员会、各边区委员会、各加盟共和国党中央向所有共产党员和共青团员、工人、职员以及集体农庄庄园中的非党积极分子介绍赫鲁晓夫的这份报告。从这一决议贯彻之时起，对斯大林个人崇拜的批评就成了不断发展的社会思潮和大规模运动。

第三节　全面推行改革

一、“解　冻”

苏共二十大之后，在赫鲁晓夫的主持下，全国范围内展开了大规模的平反昭雪工作，释放无辜人员、批判个人崇拜，社会政治生活出现了巨大转折，政治空气也空前活跃。1954年，苏联犹太作家伊·格·爱伦堡出版了中篇小说《解冻》；小说不仅鲜明地反映了这一新文艺思潮的社会内容，而且书名本身也较为贴切地反映了苏联社会政治生活情绪，因此“解冻”一词被广泛引用。人们普遍地希望改变长期以来政治高压的紧张气氛，希望政府调整政策、实施政治改革，希望生活安定富足。

1956年3月28日，《真理报》发表《为什么个人崇拜和马克思列宁主义精神格格不入?》一文，这是在党外第一次公开批判斯大林的个人崇拜。6月，苏共中央通过《关于克服个人崇拜及其后果的决议》，在全苏开始了非斯大林化的运动，在哲学、政治经济学、文学、艺术、历史等领域逐步展开对个人崇拜的批判。同时，进行大规模的平反活动；在苏共二十大后的几个月内，就有八九千人得到平反。苏共二十大及之后的非斯大林化，在苏联党内、国内和国际上引起强烈反响。

1961年10月17~31日，苏共二十二大召开，西方媒体称这次大会是“赫鲁晓夫的大会”，因为赫鲁晓夫一人几乎包办了主持、致开幕词、作

《政治报告》、作总结报告、致闭幕词等会议所有仪式。它表明了赫鲁晓夫在全党的地位和威望，也是赫鲁晓夫向一切被击败的政治对手的总示威。

赫鲁晓夫强调，本次大会“将作为共产主义建设者的代表大会、作为审查和通过人类历史上第一个共产主义社会的伟大纲领的代表大会载入史册”。新党纲继续坚持苏共二十大的提法，强调资本主义正处于总危机阶段，而社会主义在世界范围内必将获得胜利，但争取社会主义的胜利不必完全通过革命和战争的形式，以民主的、议会式的和其他和平方式实行社会主义也是目前争取社会主义全面胜利的重要途径。新党纲宣布苏联共产党已经变成全民党，即“由于社会主义在苏联的胜利，由于苏维埃社会的一致性的加强，工人阶级的共产党已经变成了苏联人民的先锋队，成了全体人民的党”。新党纲提出了一个20年内在苏联基本建成共产主义的计划。其中，在1961～1970年的第一个10年里，苏联将在按人口平均计算的产量方面超过最富裕、最强大的资本主义国家——美国；劳动者的物质福利和文化技术水平将大大提高，人人都将在物质和精神上得到最大限度的满足。在1971～1981年的第二个10年中，将建立起共产主义的物质、技术基础，以保证全体居民得到富裕的物质和文化享受；苏联社会将逐渐过渡到马克思主义经典作家设想的“各尽所能，按需分配”的阶段，苏联的经济体制结构也将逐渐过渡到单一的全民所有制，最终实现基本建成共产主义社会的历史任务。

随后，全国掀起了公开批判斯大林的浪潮，全国各地成百上千个以斯大林名字命名的城市、街道、广场、工厂、农庄都重新命名；1925年命名为斯大林格勒的察里津，被改为伏尔加格勒，伏尔加－顿河运河上巨大的斯大林青铜纪念碑也被拉倒熔化。

苏共二十大后，苏联开始大规模地平反冤假错案。

上述措施，为后来苏联共产党和政府陆续进行的一系列政治改革奠定了基础。

二、经济体制的某些改革

（一）以“放权”和贯彻“物质利益”原则为主线的农业改革

赫鲁晓夫的政治命运同农业紧紧地联系在一起。在苏联历届领导人中，赫鲁晓夫第一个提出苏联的农业发展有问题，并把苏联经济发展的关键在于农业的问题提上了党和政府的议事日程；农业变革揭开了苏联改革的序幕。而他执政后期，因农业政策的失误而导致的农业大减产，又成为其下台的一个重要原因。

从农业改革的方向和实际效果看，赫鲁晓夫时期的农业改革以 1958 年为界分为两个阶段。1958 年以前的农业政策基本上是成功的，“放权”和贯彻“物质利益”原则是这一阶段改革的两大思路；1958 年之后的改革则是反向的，其实质是“收权”和搞行政命令、侵犯农民的经济利益。赫鲁晓夫的农业改革大致可归纳为以下七个方面：（1）改变农业计划管理制度，使集体农庄有较多的生产经营自主权；（2）全面改革农产品采购制度，取消义务交售制、改行收购制，取消多种价格结构、实行统一收购价格，提高农产品收购价格，增加农民的实际收入；（3）改变农业生产组织形式，撤销机器拖拉机站，合并集体农庄，发展国营农场；（4）大幅度削减自留地的物产税，对个人副业采取有限制的鼓励政策；（5）改革劳动报酬制度，贯彻物质鼓励原则，提高农民的生产积极性；（6）探索基层劳动组织形式，推行小组包工奖励制；（7）增加农业投资，大规模垦荒。

从实践看，赫鲁晓夫的农业改革思想切中了苏联传统农业体制的弊端，基本符合农业发展的方向。通过上述一系列改革，农业焕发了活力，农民的积极性得到提高，对农业生产产生了明显的促进作用。这一时期，苏联农业形势好转，农业十分落后的局面在一定程度上得到改变；农业形势的好转，除气候因素外，主要是农业改革带来的成效。1958 年之后，赫鲁晓夫转而采取了一系列抑制农业发展的措施，如提高集体农庄内部积累、强行合并集体农庄、“提高集体农庄的公有化水平”、[1]降低农畜产品收购价格、提高农业机器零件价格、重新规定庄员的宅旁园地、自留地数目和饲养牲畜的定额、限制个人副业的发展等。这些措施大大压抑了农民的生产积极性，加上后期大规模的玉米种植计划、取消休耕地、取消草田轮作制和掠夺式垦荒等错误做法，阻碍了农业的正常发展；苏联农业生产在1963年重又陷入困境。

(二) 变“条条”管理为“块块”管理的工业建筑业改组

在工业方面，赫鲁晓夫认识到传统的、按照一元型结构的层级制原则建立起来的部、总管理局、企业三级管理体制妨碍地方积极性的发挥、不适应生产力发展要求的弊端。1957年，赫鲁晓夫下决心对整个经济体制，特别是工业和建筑业管理体制进行大改组。改组分两个阶段进行。

第一阶段（1957～1958年）的改组原则和设想是：改进国家计划工作，加强民主集中制的管理原则，改“条条”管理形式为“块块”管理形式，建立经济行政区，扩大地方在经济管理中的权力，发挥工人群众参加管理的积极性。具体措施是：（1）除国防工业和某些关键性重工业部门继续实行中央控制外，其他所有部门，尤其是消费品生产部门，全部取消中央部委的直接领导，将管理权下放到地方；撤销25个联盟部和113个加盟共和国部，全国划分为105个经济行政区，每区设一个国民经济委员会，该委员会成为管理工业和建筑业的基本环节。（2）改组中央经济计划管理机构，撤销国家经济委员会，建立国家计划委员会，进一步改善计划工作，减少国家计划指标；新建的国家计委负责全国长期与短期计划的平衡工作。

第二阶段（1959～1961年）的改组重点是进一步推动各经济行政区、各共和国内部以及整个国民经济发展的专业化和协作化；任务是提高劳动生产率、发展集约化生产、加速技术改造。改组的主要内容是：（1）推动经济区内生产专业化和协作化；（2）建立跨部门的专业化生产单位；（3）推行国家标准化和规格化；（4）建立生产联合公司。

---

[1] 赫鲁晓夫言论［M］. 第8卷. 北京：世界知识出版社，1965：338.

从上述内容和措施看，这次大改组是在计划经济基本框架不变的前提下，从处理中央和地方关系的角度进行的“行政性分权”，而不是市场取向的“经济性分权”；不是根本改变指令性计划经济体制，而是把该体制的行政权从中央下放到地方层次；只是改变企业的隶属关系，将其由中央行政机关的附属物变成地方行政机关的附属物，而不是改变传统体制下企业作为行政机关附属物的地位，使其成为真正的企业；因此，改组不仅不可能克服计划经济体制的弊端，还会导致许多新问题，如“地方主义”和地区的“分散主义”泛滥。加之改组超出了社会的承受能力，触犯了过多人的利益，不久便难以再进行了。改革的受挫迫使当局采取紧急措施补救。中央回收部分生产计划权和部分物资分配权，合并、调整经济行政区，经济体制几乎又回到改组前的状况。这表明，行政性分权并非改革传统体制的可行之路；改革要取得进展和最终成功，必须另觅他途。

（三）“利别尔曼建议”——经济改革新处方

所谓“利别尔曼建议”，是指苏联哈尔科夫工程经济学院教授叶·格·利别尔曼于1962年9月9日在《真理报》上发表的大胆地《计划、利润、奖金》一文中提出的建议。在该文中，利别尔曼针对苏联经济管理体制改革大胆地提出，以统一核定的部门资金赢利水平定额作为企业编制计划和对企业进行物质奖惩的基础，通过利润杠杆来刺激、鼓励企业挖掘生产潜力、接受高计划任务；克服企业和国家在利益分配上的矛盾，把企业和国家的关系建立在利润分配的基础上。在这一思想指导下，利别尔曼对如何清除当时经济管理体制存在的弊病，提出了一系列建议：第一，扩大企业编制本企业计划的权限，减少国家下达给企业的计划指标。第二，改革企业工作评价制度。国家要“为各个部门以及自然条件和技术条件大致相同的各类企业”“制定并核准供长期使用的计划赢利定额”，进而根据赢利的多少来评价企业工作的优劣。第三，改革奖金分配制度，把奖金与企业的赢利状况联系起来。第四，规定灵活制定新产品价格的原则和程序。

1961年10月，赫鲁晓夫在苏共二十二大上提出新的改革方向，即加强经济刺激、扩大企业权限、充分利用各种经济杠杆和商品货币关系、加强经济核算等。在大力宣传和贯彻苏共二十二大精神的形势下，“利别尔曼建议”在赫鲁晓夫的授意下于苏联《真理报》发表。

“利别尔曼建议”在苏联引发了颇有声势的讨论。《真理报》《消息报》《经济报》《经济问题》《计划经济》等全国性、地方性报刊，各高等学校和研究机构的学刊，都刊登文章参加讨论。后来，这场讨论又跨出苏联国界；东欧的民主德国、波兰、捷克斯洛伐克、匈牙利、保加利亚、罗马尼亚等国的经济学界都对“利别尔曼建议”进行了讨论、研究，形成了一轮“国际性利别尔曼冲击波”——冲击了斯大林关于价值、利润、物质刺激等问题的基本理论。

赫鲁晓夫支持和赞赏围绕“利别尔曼建议”展开的大讨论。1964 年，苏联科学院的生产经济核算和物质刺激学术委员会受苏共中央委托，对这场讨论进行总结。该委员会在其综合报告中提出了九个方面的建议，包括：改进对企业的计划领导制度；改进计划、评价刺激企业工作的价格指标和实物指标体系；提高利润在企业经济生活中的作用；改进奖励基金的形成办法，提高奖金的作用；加强对创造和采用新技术、科学成就、各种科技进步新产品的刺激，等等。综合报告肯定，利润是工作质量的指标、是生产发展和刺激奖金的源泉。该委员会后来还提出，对这一建议进行大规模试验。但试验还未来得及全面推广，赫鲁晓夫就下台了。

“利别尔曼建议”的提出和讨论，无论是对于苏联经济理论的发展，还是对于赫鲁晓夫的改革而言，都是一个进步。但是，由于受到当时社会政治、经济等客观条件和人们思想认识、理论水平的限制，这场讨论仍有其明显的局限和不足。从上述讨论内容和总结看，这场讨论的基本倾向在于改进苏联的计划经济，实质是在保持以行政命令配置资源、以完成计划指标的情况作为主要考核尺度不变的条件下，更多地运用物质刺激的手段来激发企业完成计划指标的积极性。这一改革思路还没有突破计划经济的思维定式，仍停留在传统经济理论水平上，没有改变企业作为行政机关附属物的地位，这对推行以企业为中心的经济改革是极为不利的。尽管如此，“利别尔曼建议”及其引发的大讨论在苏联改革史上仍具有重要的意义；

在某种意义上，这场讨论亦可视为思想理论战线的一场思想解放运动。它是对传统理论和传统体制发起的一次巨大冲击，对后来的柯西金改革起到了理论导向的作用，对东欧国家改革也起到了借鉴和启示作用。

三、对政治体制的某些改革

赫鲁晓夫在对农业和工业管理体制进行改革的同时，对政治体制也进行了调整和初步改革。但他只是意识到改革苏联党政领导体制的必要性，对政治体制改革并没有一个整体的构想。赫鲁晓夫时期，政治体制改革的着眼点在于健全法制、改革干部制度、加强党政民主制度建设，采取的主要措施有以下几项。

（1）扩大苏维埃的权力，提高苏维埃的作用和地位。鉴于长期以来以党代政、苏维埃机构职能和地位都极为有限的局面，苏联政府通过一系列法令，加强苏维埃的立法权和对执行机关的监督权，扩大地方苏维埃在经济建设方面的权力等。

（2）提高社会团体的地位和作用。1961 年，赫鲁晓夫在苏共二十二大上系统地提出了全民国家理论。他指出："在社会主义取得了胜利和我国进入全面展开共产主义建设时期的情况下，苏联的工人阶级，从建立共产主义的任务出发，主动把自己专政的国家变为全民的国家。"❶ 他强调国家某些机关的职能要逐步过渡到社会团体手中，如对居民的文化服务、医疗卫生、体育运动、保障社会秩序等，都可全部或部分转归各类社会团体。

（3）提高群众地位，加强群众监督。赫鲁晓夫主张，要相信群众、扩大群众参政范围、让劳动者参加各级监督机关、听取群众意见。

（4）实行干部轮换制，废除领导职务终身制；加强各级干部队伍的知识化和专业化建设。苏共二十二大党纲明确规定，党政组织机关按比例定期更换；中央委员会及主席团每年更换 1/4，主席团成员最多任三届。

（5）强调党政分工，将党组织分成农业党和工业党。1962 年 11 月，

---

❶ 周尚文，等．苏联兴亡史［M］．上海：上海人民出版社，2002：638.

苏共中央决定把边疆区和州一级党组织划分为工业党组织和农业党组织两个独立的系统，并分别成立工业党委会和农业党委会两个独立的领导机关。工会、青年团、妇女组织也相应分为农业和工业两套班子。

（6）实行集体领导。赫鲁晓夫执政前期，坚持集体领导。1952～1957年苏共中央主席团定期开会，每周至少一次，一切重大问题都要经过主席团集体讨论决定，如有分歧，少数服从多数。在斯大林时期，1923～1929年每年开三次中央全会，1937～1952年每年不到一次。

赫鲁晓夫的政治改革是第二次世界大战后苏联进行的第一次大规模改革，也是对斯大林模式发起的第一次冲击。改革正确、全面地反映了苏联社会的要求，活跃了社会气氛，在较深的层次上触及了斯大林模式中的一些根本问题，为以后苏联政府的改革创造了必要的前提条件。

四、政治经济体制改革的绩效

就总体而言，赫鲁晓夫的改革虽然极大地冲击了旧体制，但并未从根本上改变传统的社会主义模式，只是在传统体制的框架内对其作了一定程度的修改，苏联社会生活形式并没有改变，国家权力依然掌握在党的上层少数人手里。赫鲁晓夫只能改变当时事态的个别面貌，却不能改变事态发展的一般趋势。改革后的政治体制，保留了斯大林政治体制的核心部分，即苏共一党独存、一党执政，国家政权和社会权力高度集中于苏共，权力缺乏约束和有效监督；党政不分、以党代政和个人集权劣根未改。赫鲁晓夫执政初期，虽然主张党政分开，自己也不兼任政府的一把手，但在党内“最后一个反党集团”被打倒后，他又重新集党政大权于一身，又一次形成权力个人独揽的局面，导致“个人迷信的重新复活”。[1] 他将党的组织结构划分为“工业党”和“农业党”的做法，又使以党代政、党越过政府部门直接对经济建设作出具体指示的错误发展到更加难以避免的程度。赫鲁

[1] 1964年苏共中央主席团准备向中央全会作的另一个报告。引自解密档案材料：俄罗斯联邦总统档案馆，全宗3、目录67、卷宗223。

晓夫改革干部制度的主要措施之一，是实行干部的更新制度。这一制度一方面规定了各级领导干部的任期和连任届数，另一方面又作了一条例外的规定，为干部制度改革留下了尾巴。苏共二十二大通过的党纲还规定："某些党的活动家，由于他们享有公认的威信，具有高度的政治品质、组织者品质和其他品质，可以在更长的时间内连续选入领导机关。在这样的情况下，有关的候选人在不记名（秘密）投票方式下须有3/4的选票投票赞成方可当选。"❶ 这项规定实际上为赫鲁晓夫这样的领导者不受限制地连选连任、终身任职提供了可能性。其他如党内民主、苏维埃地位及发扬社会主义民主等问题，也未能在改革中得到解决。正如波兰著名经济学家符·布鲁斯所指出的那样，继斯大林之后，苏联在总体上并没有发生运行体制的根本改革，没有在企业和中央一级进行体制民主化的改革。❷

改革后的苏联经济管理体制也保留了中央集权的基本特征，配置资源的基本方法依旧是计划经济和计划方法；中央集权仍然是苏联经济管理体制的基本特征。1957～1964年对工业和建筑业的管理体制改革，恪守的依然是传统的产品经济观念，所谓改善管理组织主要是解决"条、块"关系。该措施虽对调动地方的积极性起到一定作用，但与不良后果比则失大于得。这次改组大大缩减了中央政府的权力，扩大了加盟共和国和地方政府的权力。从计划制定看，改组后，由于中央把计划、物资分配、财政等方面的许多权力交给地方国民经济委员会，破坏了国家对经济的统一宏观管理，切断了中央领导经济的各种渠道，造成"地区割据"，破坏了国民经济综合体的发展。全国同一行业企业之间的生产专业化和协作受到严重影响，技术政策难以统一，全苏工业建筑业管理一时陷入一片混乱。各地的国民经济委员会表现出明显的保护本地区企业的倾向，实行经济割据；为了本地区的利益，争上计划外工程和非生产性项目，结果从1958～1962

❶ 苏联共产党第二十二次代表大会主要文件［M］. 277. 转引自：陆南泉，等，主编. 苏联兴亡史论［M］. 北京：人民出版社，2002：560.

❷ ［波兰］符·布鲁斯. 社会主义的所有制与政治体制［M］. 郑秉文，等，译. 北京：华夏出版社，1989：173.

年，苏联新建项目增加 1/5，未完工程量增加 50% 以上。❶ 1962 年 10 月，"按生产原则" 改组党的领导结构的做法又导致党政经机关的职能、权利和义务交织或彼此替代、工作重叠；机构设置恶性膨胀，到 1963 年，全国管理机构总数比改革前增加了 3 倍以上。根据社会主义各国多年的经验教训，经济改革必须解决的一个主要矛盾是，既要改进和加强国家对经济的宏观调控，又要搞活企业内部的经营管理。而工业建筑业改组只是管理机构搬家，企业内部改革基本上未涉及，微观管理原封不动。在如何处理中央和地方、国家宏观调控和企业自主经营的关系过程中，始终未能找到一个正确的定位。条块搬家式改革造成的宏观管理失控不仅未能促进生产力的发展，反而使工业增长速度下降。

从农业部门看，改革前半期指导思想基本对路，取得了较好的效果。1954 ~ 1959 年间，农业产值以平均每年 70% 的速度增长。1958 年，苏联农业创造了奇迹，谷物产量达 13 470万吨，比 1953 年增加 5 220万吨（1954 年以前，苏联谷物产量从未突破 1 亿吨大关），畜牧业也有了较大发展。农业的迅速发展使食品工业和相关的轻工业也获得了迅速发展，居民的饮食质量有了很大提高；人均实际收入在此期间增长 37%，历史上第一次开始向居民出售小汽车。在取得以上成绩的同时，也暴露出一系列问题。如实行农畜产品统一收购制度后，出现了浮夸风和高征购，破坏了对农民的物质利益原则；拖拉机站改组推行过急，使一些经济力量不足的农庄陷于困境，破坏了国家统一的农机修理基地，减少了农机的生产和供应，这也是后来农业发展速度降低的重要原因。1958 年之后，赫鲁晓夫的农业政策"由一方摆向另一方，由一个极端走向另一个极端"，如限制个人副业、合并集体农庄、将其转为国营农场等，大大破坏了农业生产力。其他一系列农业增产措施，如垦荒、种玉米等也未能收到预期效果。1962 年、1963 年因连年歉收，农产品出现负增长，按产值计算的总产量低于 1958 年的指

❶ ［苏］经济问题［J］. 1963（11）. 转引自：苏联经济研究会，编. 苏联经济体制问题［M］. 北京：时事出版社，1981：10.

标。苏联国内粮食严重匮乏，赫鲁晓夫（其墓碑见图7－2）不得不恢复战后早已停止的凭卡供应制度，从国外大量进口粮食（这也是苏联历史上第一次从国外进口粮食）。农业状况的不断恶化，最终导致了农业改革的失败。

图7－2　赫鲁晓夫墓碑

第四节　赫鲁晓夫时期的苏联外交政策

赫鲁晓夫在调整国内政策的同时，也修正了斯大林时期的外交政策。赫鲁晓夫在苏共二十大提出的苏联外交政策的主要任务是：奉行不同社会制度国家之间的和平共处政策，把国际紧张局势的缓和变为持久的和平；加强同人民民主国家的兄弟般的关系；巩固同主张和平的国家的友谊和合作关系；改善同美国等国家的关系；警惕不愿缓和国际局势的集团的阴谋，加强国防力量，保障国家安全。赫鲁晓夫从理论到实践推行的是一条苏美合作、主宰世界的和平共处总路线。

（1）赫鲁晓夫的“三和”路线。赫鲁晓夫在1906年的苏共二十大上提出了和平共处、和平过渡、和平竞赛的所谓“三和”路线。赫鲁晓夫把“和平共处”作为苏联外交政策的总路线，并欲把它强加给各个社会主义国家和各国共产党。赫鲁晓夫和平共处总路线的灵魂是“苏美合作、主宰世界”。苏联领导人说，当代世界上只有两个最伟大的强国苏联与美国，如果这两个国家联合起来，“那么就不会有战争了”，世界上的事情都会好办起来。

（2）解冻同西方的关系，开始走上和解的道路。为了改善同西方国家的关系、缓和冷战气氛，赫鲁晓夫采取了许多措施。他改变了在德国问题上的立场和态度，抛弃了原来在和平、民主基础上实现德国统一的主张；1955年首先同联邦德国建立了外交关系，同西方国家举行了一系列的会谈，以解决有关问题。1955年5月，苏、美、英、法四国外长会议，讨论和签订了对奥条约。苏联根据条约，第一个把自己的军队从奥地利撤走。7月，四国首脑日内瓦会议，专门讨论了解决战后问题及安全保障问题。50年代中，苏联提出了裁军新建议。1955年8月12日，苏联作出了在12月15日以前裁军64万的决议。1955～1956年，苏联裁军184万，但改变了原来全面禁止和销毁原子武器的主张。1963年8月5日，同美、英签订了部分禁试条约，妄图以此来保证三国对核武器的垄断地位。

赫鲁晓夫在苏美关系中寻求苏美合作、主宰世界，并且在双方斗争中往往采取退让的政策，这主要是由于当时苏联在经济和军事力量方面要落后于美国。以核武器为例，1962年美国的运载工具为苏联的10倍，核弹头为14倍。同时，还在于苏联以其政策缩小了自己的影响；东欧问题、中苏分裂、国际共产主义运动的分歧，都影响了其对美国的政策。赫鲁晓夫采取的松动措施，尤其是在同美国的关系上，对国际局势的缓和是有利的，因而也是值得肯定的。但是赫鲁晓夫的解冻措施并未缓和同西方的关系。赫鲁晓夫还用制造危机的办法，妄图对西方施加某种压力，如两次柏林危机和古巴导弹危机等。

古巴导弹危机：1962年7月，苏联在保卫古巴革命的旗号下开始向古巴运送导弹，进行核赌博。美国在得知苏联于古巴部署导弹后，采取了强硬态度。肯尼迪扬言，“我们决不会选择投降或屈服的道路”。美国海军对古巴进行封锁，并拦截苏联到古巴的船只。苏联最后同意从古巴撤走进攻性武器，古巴导弹危机得以过去。古巴危机是苏美实力的较量，赫鲁晓夫被迫撤走导弹，是力量远不及美国的缘故。古巴导弹危机之后，赫鲁晓夫下决心加速发展核力量，这是苏联军事战略的重大转变。在以后不长的时期内，苏联就取得了对美国的核均势。

(3) 调整同东欧一些国家的关系。斯大林时期对东欧政策的某些失误，带来了苏联、东欧关系的麻烦与困难。苏联过于强调自己的经验，把自己的模式强加于人；东欧国家也照搬照抄，不考虑本国的实际情况，结果造成经济发展迟缓。由于苏联一直加强在东欧的作用与影响，造成东欧国家在政治、经济、军事、文化方面的全盘苏化。苏联的某些弊病也在东欧出现，后者的民族感情受到压抑。斯大林逝世之后，东欧国家早已埋藏的不满就爆发了，酿成一系列事件，如1953年6月的东柏林事件以及后来的波兰事件和匈牙利事件。赫鲁晓夫面对存在于东欧国家中的普遍不满，采取了一些措施。他首先恢复了同南斯拉夫的关系。斯大林利用情报局把南斯拉夫开除显然是错误的，它违背了一律平等、互不干涉内政的基本原则。赫鲁晓夫主动出访南斯拉夫，承认错误，改善关系。1955年6月2日，苏南两国恢复了外交关系。赫鲁晓夫还妥善地处理了波兹南事件之后的波兰问题，发表了处理兄弟党之间关系的宣言，召回了担任波兰国防部长的苏联元帅罗科索夫斯基；建立了华沙条约组织，从军事上抗衡北约组织；在意识形态的争论中，把持有不同意见的阿尔巴尼亚赶出了华约组织和“经互会”，并对它施加经济、政治和军事上的压力。

(4) 中苏关系开始恶化。赫鲁晓夫当权之初，还是履行了中苏友好互助同盟条约的。根据协议，苏联归还了旅顺港和中长铁路，提供贷款、派遣专家，援助中国的社会主义建设。但是，随着意识形态的纷争，苏联对中国进行了一系列控制、破坏和颠覆活动，目的是要把中国纳入苏美合作、主宰世界的轨道。赫鲁晓夫提出，要在中国建立共同舰队和长波电台；撕毁关于国防新技术的协定，停止向我提供原子弹样品，阻止我国防的现代化；停止经济援助，撕毁几百个协议、合同，撤走专家，破坏我国的社会主义建设；煽动和策划民族分裂活动和反革命武装暴乱；公开袒护印度对我国的领土要求和侵略行径；还企图把自己的路线和政策强加在中国头上。苏联把意识形态的分歧与争论扩大到国家关系中，造成中苏两国关系的破裂。

（5）向第三世界渗透。赫鲁晓夫认为，欧洲存在两大军事集团的直接对峙，应该重点南下，向亚非地区进军。他对第三世界表现出浓厚的兴趣，强调要支持民族解放运动。他还竭力把苏联装扮成新独立的第三世界国家的朋友和恩人，加紧向第三世界渗透。苏联1954年进入阿富汗，1955年到达印度，1956年渗入埃及，此后又陆续进入加纳、几内亚、马里，1960年渗入古巴。

赫鲁晓夫提出了所谓非资本主义的发展道路，并把非洲的几个国家选为实验点。按苏联的观点，走非资本主义发展道路，必须是在苏联的政治指导下，接受苏联的经济和军事援助。

1961～1964年是赫鲁晓夫在第三世界活动的顶峰时期。苏联此时关心的主要是中东和南亚。赫鲁晓夫时期对外提供援助最多的国家是埃及、印度、印度尼西亚和加纳等。在苏联的援助中，经济援助占有重要地位，是它打入第三世界的主要手段。同时，苏联还向16个第三世界国家提供军事援助。1955～1964年，苏联的军事援助每年平均是3.75亿美元，而经济援助则是4.25亿美元。其经济援助多集中在一些“大型”的、引人注目的项目上，目的是为了政治和宣传上的需要。

【思考与练习】

1. 赫鲁晓夫在苏共二十大上所作的秘密报告造成了哪些严重后果？
2. 赫鲁晓夫进行的经济政治体制改革不成功的主要原因是什么？

【延伸阅读】

［1］邢广程．苏联高层决策 70 年［M］．北京：世界知识出版社，1998.

［2］沈志华．一个大国的崛起与崩溃——苏联历史研究专题（1917－1991）［M］．（共三册）．北京：社会科学文献出版社，2009.

［3］周尚文，叶书宗，王斯德．苏联兴亡史［M］．上海：上海人民出版社，2002.

［4］张建华．激荡百年的俄罗斯——20 世纪俄国史读本［M］．北京：人民出版社，2010.

第八章　勃列日涅夫时期的发展与困境

【导言】 勃列日涅夫担任苏联共产党最高领导人达18年之久，这一时期的主要特点是：改革步伐放慢，经济发展趋于停滞；国内政局稳定，僵化、保守气息浓厚；国家实力加强，在国际社会中争夺霸权，气势汹汹。在苏联74年的历史中，这是一个盛极而衰的转折期。这一时期的苏联大体上可分为两个阶段：第一阶段自1964年到70年代初，“新经济体制”出台，开始了比较认真的经济改革，主要是“将重点转向集约化的方法管理经济”，取得了一定成效；第二阶段自70年代初至80年代初，对前一阶段的改革进行调整和修补，改革步伐放慢，经济发展呈停滞和下降趋势。本章重点：勃列日涅夫执政时期苏联经济发展停滞、政治僵化保守、对外大肆扩张的特点。本章难点：勃列日涅夫时期苏联陷入总体性危机的原因。

第一节　对赫鲁晓夫时期政策的调整

列昂尼德·伊里奇·勃列日涅夫（见图8－1）1906年生于乌克兰一个冶金工人家庭，早年就读于农学院和冶金学院。1931年加入共产党，曾长期从事党的工作。1952年在党的十九大上当选为中央委员、中央主席团候补委员和中央书记。1957年6月在中央全会上当选为中央主席团委员。1960年5月，任苏联最高苏维埃主席团主席。1964年10月～1966年4月任苏共中央第一书记，1966年起改名为苏共中央总书记。1977年6月起兼任苏联最高苏维埃主席团主席和国防会议主席，直至1982年11月逝世。

1964年10月14日的苏共中央全会，选举勃列日涅夫为新的苏共中央

图8－1　勃列日涅夫

第一书记。12月9日，苏联最高苏维埃举行会议正式解除赫鲁晓夫部长会议主席职务，选举柯西金为新任部长会议主席。1965年12月，米高扬因与赫鲁晓夫的关系过密辞去了苏联最高苏维埃主席团主席的职务，由波德戈尔内担任。这样，“三套车”的高层权力结构正式形成：勃列日涅夫主持党的工作，是党的领袖；波德戈尔内为最高苏维埃主席团主席，是国家元首；柯西金主持政府工作，是政府首脑。这种集体领导体制在20世纪70年代中前期发挥了比较重要的作用，曾被形象地称为“三套车体制”，西方媒介也称之为“铁三角”。中央主席团会议每周召开一次，会上研究党的对内、对外政策等重大问题，中央书记处每星期举行一次会议。

新的领导集团执政后，首先采取稳定政治局势和社会情绪的措施。勃列日涅夫多次强调苏共二十大、二十一大和二十二大的路线是列宁主义的路线，要坚决继承下去。同时，新的领导集团又采取措施，对赫鲁晓夫的大规模政治改革所带来的混乱进行逐步调整。

首先，在党政组织体制方面采取措施，加强政治体制的集中和统一，基本上恢复了赫鲁晓夫改革前的中央集权体制。1964年11月，苏共中央全会通过了《关于把州、边疆区工业党和农业党组织合并的决议》，决定恢复统一的州和边疆区党的组织，苏维埃、工会和共青团等系统也得到统一。苏共二十三大决议中批评了赫鲁晓夫硬性规定的“干部轮换制”做法，认为“频繁地改建、改组党、苏维埃和经济机构，这对挑选、提拔和培养干部的工作产生了不良影响，是没有道理的调动和更换干部”，宣布予以废除。在新的党章中只规定在选举党的机关时，遵守系统内更新成员和领导连续性的原则。过去落选、撤职、调离的干部回到原工作岗位，或被重新分配工作。

其次，加强党的领导和中央政治局的权力，以突出党在国家政治生活中的重要地位。1966 年 3 月召开了苏共二十三大，会上决定将苏共中央第一书记改称苏共中央总书记，把苏共中央主席团改为苏共中央政治局。苏共二十三大决议强调："政治局是我们 1 000多万党员的党真正的战斗司令部。恰恰是在这里集中了党的集体智慧和形成了表达整个苏联社会、表达全体共产党员和非党人士利益的党的政策。"党中央和政府的文件最初都是以"苏共中央委员会、政治局和中央书记处"的名义发布，直至 1971 年苏共二十四大后，才开始出现"以勃列日涅夫为首"的党中央委员会的提法。

再次，鉴于国内外对赫鲁晓夫搞"非斯大林化"的不满，由苏共中央组织有关人员为斯大林"半恢复名誉"。在苏共二十三大召开前夕，有 200 名高级军官上书，要求为斯大林恢复名誉。苏共中央决定不再发表纪念因冤假错案被迫害致死人员的文章和揭露 30 ~ 40 年代大清洗内幕的文章。首先出版了由朱可夫、科涅夫等曾经在斯大林身边工作过的元帅们的回忆录，肯定斯大林是"一名卓越的军事统帅"。接着由中央马列学院发表一组学术文章，肯定斯大林是"党的领袖和列宁的学生"。1965 年 5 月 8 日，勃列日涅夫在纪念卫国战争胜利 20 周年讲话中，称苏联是"在斯大林领导下取得战争胜利的"。在 1969 年斯大林诞辰 90 周年的日子里，苏共中央以苏共二十三大决议为依据，评价了斯大林在社会主义革命、社会主义建设和卫国战争中的功与过。这一年，在克里姆林宫红墙下的斯大林墓前立起了他的半身像，以示纪念。

上述种种做法被称为"纠偏"，它部分地缓和了社会的不满情绪，也部分地稳定了社会局势，使得勃列日涅夫及新领导集团的领导得以稳固，也为新的调整和改革创造了条件。

赫鲁晓夫时期大规模的非斯大林化导致了人们思想的混乱和党组织机构的涣散，新的领导集体迫于现实情况和各方面压力，在政治方面进行了一些改革和调整。

第一，加强干部队伍的培养。苏共中央注意提高干部的专业知识水平，强调干部的专业化、知识化和技能化。为了有计划地轮训干部，苏共从中央到地方建立起系统的干部进修体制。苏共中央规定，党政领导干部每5年必须轮训一次，技术水平要求较高部门的干部每3年就应轮训一次。1980年的材料表明，苏共中央政治局和书记处成员都受过高等教育，并且是某一方面的行家里手。

第二，加强人民监督机制，扩大人民团体参与社会管理的权利。1965年12月，苏共中央全会决定把赫鲁晓夫时期建立的党和国家监察机关改为人民监察机关，在各级党和政府领导下工作，其职责范围是“经常检查党和政府指示的实际执行情况”。苏共强调人民监察机关是党联系群众的政治机构，应该吸收群众参加监察工作，把国家监察同社会监察结合起来，扩大“监察的社会作用”。苏共中央还强调进一步提高社会团体的作用，认为“社会团体是苏维埃政治体制不可分割的一部分”。苏共中央和政府将卫生、体育和文化等方面的一些职能划归社会团体履行。鉴于70年代后日益严重的社会问题，广泛建立人民志愿纠察队、同志审判会和社会治安站，强调由劳动者自己管理自己，以“劳动集体”的道德标准来约束其成员。

第三，重视发挥苏维埃的作用。勃列日涅夫曾长期担任最高苏维埃主席团主席的职务，对苏维埃活动的情况较为熟悉，他一上台，就陆续颁布一系列加强苏维埃工作的法令，进一步明确了苏维埃的职能，扩大了苏维埃的职权。最高苏维埃增强了立法职能，几年内制定了许多新的法律、法规，并开始对苏联现行法律进行整理和修订，着手编纂法典。最高苏维埃的监督职能也不断扩大，除了每年审议政府关于执行国家预算的报告外，它有权向部长会议、各部部长提出质询，被质询的公职人员必须在3日内作出口头或书面答复。地方苏维埃有权解决一切地方问题，在法律赋予的范围内通过一些决定，制定地方法规；有权对本地区范围内的所有企业、机构和组织进行监督。为提高苏维埃代表的地位，扩大代表的权力和职责，规定代表有权检查本地区机关和企业的工作，有权向机关和团体提出质询，并要求给予答复；有权参加下级苏维埃会议，非经苏维埃及其执委会同意，不得给苏维埃代表以行政解雇、降职、开除出集体农庄等处分。同时，也要加强选民对苏维埃有关法令法规的理解，以使苏维埃更好地发挥其应有的作用。

“发达社会主义”是勃列日涅夫执政时期苏联共产党和苏联理论界着意宣传的理论。赫鲁晓夫在1959年召开的苏共第二十一次非常代表大会上宣布苏联已经进入“一个新的、极重要的发展时期——全面展开共产主义社会建设时期”，并且认为“共产主义现在已经不是遥远的理想，而是我们最近的明天”。实践证明，赫鲁晓夫的提法是他一贯急躁冒进的工作作风的表现。勃列日涅夫批评了赫鲁晓夫的“唯意志论”，对赫鲁晓夫思想作了重要修正，明确地把社会主义阶段划分为建设发达社会主义阶段（社会主义初级阶段）和发达社会主义阶段（社会主义高级阶段），并且宣布发达社会主义阶段、即向共产主义过渡阶段是需要很长时间才能完成的，否定了赫鲁晓夫把这一过渡看成短暂阶段的观点。勃列日涅夫认为，60年代苏联才建成发达社会主义社会，之后才开始进入向共产主义过渡阶段。从这些方面看，勃列日涅夫对苏联发展阶段的估计较之过去现实了一些，在一定程度上纠正了赫鲁晓夫急于过渡到共产主义的思想。

按照勃列日涅夫的批示和苏联学者们的论证，在政治方面，在进入发达社会主义阶段以后，苏联已经变成全民国家，苏联社会内部已经不存在阶级斗争了，因此促进苏联社会发展的动力是各阶级利益的一致，苏联共产党变成了代表全体苏联公民的“政治先锋队”。在物质生活和精神生活方面，人民的物质需要已得到极大满足。更重要的是，在苏维埃体制下，社会主义民主得到充分发扬，全体人民充分享有参政、议政权和受教育权。社会主义生活方式日益完善，共产主义新人不断涌现。另外，在发达社会主义条件下，在苏联产生了一个新的历史性人类共同体——苏联人民。这个共同体既是各阶级和社会集团已经接近的社会共同体，又是所有民族已经接近并建立起牢不可破的友好关系的族际共同体。

“发达社会主义”理论及其部分标准仍然超越了苏联政治、经济和社会发展的现实。在勃列日涅夫执政后期，特别是70年代中期以后，苏联经济发展极其缓慢，一些与人民生活息息相关的物资供应极度匮乏；城乡差别、工人与集体农庄庄员之间的差别虽有缩小但仍然存在；管理阶层贪污腐化，特权阶层阻碍改革，特别是在民族问题上已经暗藏重重危机。因此，不顾事实、闭目塞听地宣称苏联已经处于“发达社会主义”阶段，仍然是错误地超越苏联社会发展实际水平的做法。

第二节　推行“新经济体制”

1965年9月，苏联政府通过了相应的决议和法令，决定在工业和交通系统重新恢复四级管理模式，即全联盟部、加盟共和国部、总管理局和企业。这些部门企业中的15%～20%直接由全联盟部管理，80%～85%由加盟共和国部管理。这样，苏联的工业又基本改回部门管理体制，全联盟和各加盟共和国的各专业部成了工业管理的主体。

从1965年起，苏联部长会议主席柯西金开始主持“新经济体制”、也称“计划工作和经济刺激新体制”改革，即采用在1962年引起较大争议和广泛讨论的“利别尔曼建议”，运用利润、奖金、核算等纯经济手段来改造和促进苏联工业的发展。1964年12月，苏联《消息报》宣布，从1965年起，利沃夫将有5个工业企业试行“利别尔曼建议”，试验方案是由利别尔曼亲自参与制定的。方案规定，重工业企业，国家只下达产量计划和赢利计划，其他各项经济指标由企业自行制定；轻工业企业的产量计划也由企业自行制定。当企业完成计划时，可以从利润中提取奖励基金；利润越多，奖励基金也越多。

苏联部长会议通过决议，凡进行新体制试验的工业企业均实行新的奖励制度。当企业完成任务时，企业领导和工程技术人员都可得到其职务工资一定比例的奖金。部长会议还规定，小型服务性的馆、店、社、厂的职工实行按收益百分比计酬制，以促使他们提高服务质量。

经过一系列试验，经济改革取得初步经验，也为实行新体制营造出一定的舆论环境，从而为在全国范围内大规模试行新体制创造了条件。1965年9月27～29日，苏共中央举行全会，柯西金在会上作了《关于改进工业管理、完善计划工作和加强工业生产的经济刺激》的报告，会议通过了相应决议。10月，苏共中央和部长会议又颁布了《关于完善计划工作和加强工业生产的经济刺激》决议和《国营生产企业条例》，决定从1966年起，在国民经济各部门的工业企业中，分期分批地推行"计划工作和经济刺激新体制"，即"新经济体制"。

根据经济改革的要求，国家下达给实行新体制的企业的指令性计划指标由原先的30项减少为21项，去除了其中的产品销售总额、产量、工资总额等9项。同时，赋予企业在支配和使用生产资料、在生产经营活动以及企业内部管理和分配等方面更多的自主权，以使国家利益、企业利益、工作者个人利益有机结合。

由于有一定的理论准备和实践经验，所以从1966年第一季度开始，第一批进行改革的就有43个工业大企业，涉及30万工作人员；第二季度增加到200个企业，第三季度又增加到430个企业；到1966年末，实行新体制的已有704个企业，占全部工业企业的1.5%，其产值占工业总产值的8%，上缴利润占工业总利润的12%。1966年下半年，开始在汽车运输及民航企业中实行新体制；1967年起，在铁路、内河和海上运输企业中全面推行新体制。

推行"新经济体制"的工作进展得较为顺利，截至1972年，工业企业的改革已基本完成，未实行新体制的主要是地方企业和实验工厂。此外，实行新体制的国营农业企业有9 000多个，占全部农业企业的50%左右；实行新体制的建筑安装组织有562个，占其总量的25%。在商业和饮食业中，实行新体制的企业有45 000个，占总数的18%，金额占商品流转总额的35%。

"新经济体制"的推行在一定程度上突破了苏联自30年代以来形成的旧的经济模式，增强了经济杠杆的刺激作用；企业自主权有所扩大，国家、企业和职工之间的利益进一步协调；缓解了原有管理体制和生产力之间的矛盾，在一定程度上调动了企业和职工的积极性。因此，在改革初期，收效比较明显。

但同时，“新经济体制”改革对社会主义计划经济和商品经济的关系并没有形成正确认识，市场机制仍受到排斥；企业自主权虽有所扩大，但仍受到多方面掣肘；国家、企业、个人三者之间的利益结合仍不紧密，并没有从根本上改变传统计划体制的基本框架。一句话，仍属于计划经济体制内的修修补补，并未触动理论体系和制度框架的根基。所以，进入70年代以后，经济增长的势头日趋消减，改革进入到一个相对停滞的阶段。

第三节　勃列日涅夫执政后期的停滞和后退

一、经济停滞

由于新经济体制改革的推行，在70年代中前期，苏联的经济形势相当不错。第八个五年计划（1966～1970年）顺利完成，社会生产总值的年均增长率达到7.4%；第九个五年计划（1971～1975年）期间，年均增长速度虽有所下降，但仍然达到6.4%。全国工业生产总值从1965年的2 294亿卢布上升到1970年的3 473亿卢布、1975年的5 112亿卢布。同期的农业生产总值由1965年的883亿卢布上升到1970年的1 084亿卢布、1975年的1 128亿卢布。70年代中期，被视为苏联历史上综合国力最强盛的时期。1975年，苏联的工业总产值已达到美国的80%以上，农业总产值也达到美国的85%，成为欧洲第一、世界第二的经济大国。勃列日涅夫在1976年召开的苏共二十六大上宣布：“我们总共只用了10年的时间，就已经使过去几乎半个世纪建立起来的经济实力增加了一倍。”❶

但70年代中后期，苏联经济增长的速度大大减慢。以国民收入为例，1966～1970年的“八五”计划期间，年平均增长率为7.7%；1971～1975

❶ 陈之骅．勃列日涅夫时期的苏联［M］．北京：中国社会科学出版社，1999：6.

年的“九五”计划期间，年平均增长率仍维持在5.7%；但1976~1980年的“十五”计划期间，年平均增长率下降到3.7%。以工业总产值年平均增长率为例，“八五”计划期间工业总产值增长率为8.5%，“九五”计划期间为7.4%，“十五”计划期间则下降到4.4%。[1] 以劳动生产率为例，“八五”计划期间社会劳动生产率为6.8%，工业劳动生产率为5.7%，农业劳动生产率为5.4%；“九五”计划期间分别为4.6%、6.0%和4.1%；“十五”计划期间分别下降为3.2%、3.2%和2.8%。勃列日涅夫执政的最后一年，社会劳动生产率则下降到2.7%，工业劳动生产率下降到2.1%。[2] 这种低速度增长与苏联在经济发展、社会保障特别是军备竞赛上的巨大支出是极其不相符的，而且这种增长还是建立在特殊的国外和国内条件上的。就前者而言，是建立在70年代国际石油危机所带来的巨额利润上；据估计，1974~1984年间，苏联高价出售石油的收入共达2 700亿~3 000亿美元。就后者而言，是靠大量销售含酒精饮料达到的；由于农业连年丰收，加之政府出于财政收入的考虑，放松了对酒类生产和销售的控制，1975年仅伏特加酒一项（果酒和白兰地除外）就使国家获得纯利230多亿卢布。[3] 综上，勃列日涅夫后期的苏联经济，实际上已处于停滞状态。

究其原因，除了斯大林模式的长期影响外，还缘于勃列日涅夫等苏联领导人错误的经济发展战略。自1966年全面推行新经济体制后，苏联政府和有关部门只是在减少计划的指令性指标、扩大企业经营自主权和调整生产劳动积极性方面做文章，未能突破高度集中的计划经济体制。而且，从1971年的苏共二十四大开始，勃列日涅夫就在各种讲话中只讲“完善”和“发展”原有体制，否定和讳言“改革”，而所谓的“完善”和“发展”，实际上更倾向于加强集中管理，这使得新经济体制改革到70年代初就基本

---

[1] 陆南泉，张础，陈义初，等，编．苏联国民经济发展七十年［M］．北京：机械工业出版社，1988：126.

[2] 刘克明，金挥，主编．苏联政治经济体制七十年［M］．北京：中国社会科学出版社，1990：597.

[3] 陈之骅．勃列日涅夫时期的苏联［M］．北京：中国社会科学出版社，1999：171.

停止。直至80年代初，苏联的经济体制仍然没有突破斯大林模式的框框，经济决策权仍然过分地集中在国家，企业的权限很少，领导经济的方法仍然以行政方法为主，国家管理经济的主要办法仍然是靠大量的指标，排斥市场调节的作用。

二、政治体制日趋僵化保守

20世纪70～80年代初的苏联国内政治舞台，由于勃列日涅夫刻意求稳，没有发生什么重大的政治事件。人民生活水平有所提高，社会表面上相当安稳。但是，许多社会矛盾被掩盖，党和国家政权机构臃肿，人浮于事，腐败现象滋生，各级干部队伍严重老化，整个社会生活缺乏活力，处于一片僵化、保守的凝重状态中。

重新修订苏联宪法，是勃列日涅夫当政期间较为重大的一项政治活动。苏联自1936年宪法问世以来，尽管国内外环境发生很大变化，但一直未制定新宪法。直到70年代，勃列日涅夫才把制定新宪法作为完善和发展苏联政治体制的一项重要任务。据苏联媒体报道，在制定新宪法的过程中，全国上下组织了150万次集会对宪法条文草案进行讨论和审议；参加讨论的有1.4亿人，占全部成年人的2/3以上。全民讨论宪法草案，是发扬社会主义民主的具体体现。

勃列日涅夫时期；社会主义民主有所扩大和完善，如要求党政机关重视人民群众的来信来访、1979年通过《人民监督法》以建立和加强人民监督制度并取得一定效果。

但总的说来，整个勃列日涅夫时期的政治改革步履蹒跚、进展不大，在有些问题上还有所后退，较为突的现有以下几点。

第一，各级干部队伍严重老化。由于取消了赫鲁晓夫时期关于干部定期更换的规定，领导班子变动极小；大小干部如果没有特殊情况，一般都能留在领导岗位上，处于超稳定状态，最高层尤其如此。在苏共二十三大上，连选连任的中央委员占79.4%，大大高于二十二大的49.6%；到二十五大，连选连任的达83.4%，如果不算去世的中央委员，连选连任则高达

90%。二十六大选出的中央政治局和书记处，是二十五大的原班人马。在苏联，存在干部职务事实上的终身制，使干部队伍的老化现象日趋严重。勃列日涅夫后期的14名政治局委员中，60岁以上的占92.9%，70岁以上的竟占57.1%。苏共二十六大产生的中央政治局委员的平均年龄超过70岁。[1]

第二，机构臃肿。1965年恢复部门管理经济的原则，从上到下撤销了各级国民经济委员会；1957年撤销的部基本上都予以恢复并建立了若干新部。1973年进一步改革工业管理体制，合并企业，成立生产联合公司，由原来的4~6级管理改为2~3级管理，但许多联合公司仅仅是“换换招牌”，管理方法仍承袭过去，实际上变化很少，收效不大。勃列日涅夫试图把地区管理原则同部门管理原则相结合，把政府机构的调整同经济体制的变革相结合，以便既加强集权，又在一定范围内扩大地方在管理经济方面的权限。但这样一来，中央和地方的管理机构都增加很多。到80年代初，苏联部长会议所辖已有64个部、20多个国家委员会和其他一些直属机关，这些部委的正副部长级干部就有800多人。

第三，权力日趋集中，个人专断现象日益严重。勃列日涅夫执政初期，尚比较注意维护集体领导原则，以防个人集权过多。然而，70年代中期以后，随着经济改革取得一些成就，勃列日涅夫的领袖地位也日益稳固，便开始大搞个人集权，树立个人威望，大肆宣扬政绩，在报刊、书籍和广播中大量刊载、播放他的语录和指示，任意拔高时任领导人的历史功勋，给自己颁发各种勋章、奖章，掩盖和粉饰种种失误和缺点。由于苏共党内没有建立起监督和更换领袖人物的正常机制，到70年代勃列日涅夫已年迈多病、反应迟钝、实际上无力把控政局时，党政大权仍集其一人手中。当涉及国内外局势的重大问题时，也只由极少数人独断专行。据透露，1979年底苏联出兵入侵阿富汗，也只是由勃列日涅夫、葛罗米柯（外交部长）、苏斯洛夫和乌斯季诺夫（国防部长）等4人作出的决定。1977年，勃列日涅夫取代波德戈尔

[1] 周尚文，等．苏联兴亡史［M］．上海：上海人民出版社，2002：727.

内，兼任最高苏维埃主席团主席和国防会议主席，又造成党的总书记独揽军政大权的局面；勃列日涅夫与熟悉经济、倡导改革的部长会议主席柯西金一向关系冷淡，而后者也最终因心力交瘁退出政治舞台。

第四，党内腐败现象丛生，特权现象和官僚主义严重。当时的领导干部，享受高于普通职工几十倍的高薪，享受名目繁多的补助，享受兼职兼薪，拥有高级别交通工具和特殊商品供应等等。特别是领导干部搞裙带关系，结党营私、损公肥私现象相当普遍。掌握权力的党政干部成为缺少约束和监督的特权阶层。据估计，这个阶层已有50万~70万人，加上他们的亲属，共有300万人之多，约占全国人口的1.5%。他们享有许多特权，并通过各种方式侵吞国家资财。到勃列日涅夫后期，党政机关的官僚主义现象愈加严重，机构臃肿，任人唯亲，以权谋私，形成一个个“官僚氏族集团”。[1] 他们在集团内部通过联姻等形式相互“照应”，将权力私自分配给氏族集团成员，形成变相的世袭制，其中最典型的是勃列日涅夫本人。他的儿子任外贸部副部长；女婿丘尔巴诺夫在短短的几年内就从一名普通的警卫部队上尉被提拔为内务部第一副部长、授予上将军衔，一时间权势炙人，在任期间受贿达65.68万卢布，相当于一名普通工人年均工资的270倍。这个阶层对上级唯命是从，明哲保身，高高在上，不问群众疾苦，没有把党和人民的利益看得高于一切。他们是一批地地道道的官僚，在他们的领导和影响下，苏联高度集中的政治经济体制进一步凝固，社会处在停滞状态。

20世纪70~80年代是苏联在政治和经济方面走下坡路的时期，在这样的大背景下，苏联社会出现普遍性危机。经济发展的停滞直接影响到人民生活水平的提高；政治高压、党的威信下降、党的凝聚力缺乏、民主原则被破坏，使得各种复杂的社会矛盾和冲突无法解决、各种社会不满情绪无法发泄和调适；人们或是极度压抑、或是将其转移到其他方面。它的集中反应就是：人们普遍丧失政治参与热情，不关心国家的前途和命运；公

---

[1] 周尚文，等．苏联兴亡史［M］．上海：上海人民出版社，2002：728－729.

民道德水平、社会道德标准、自我奉献精神普遍下降；社会问题日趋严重，社会矛盾和冲突日益激烈。同时，20 世纪 70 ~ 80 年代苏联的民族问题更加严重，因就业、水等问题发生的民族冲突、甚至民族危机比比皆是。

“持不同政见者”运动：20 世纪 60 年代末，苏联国内政治和社会生活中一个突出的现象，是出现了无数个“持不同政见者”团体。他们居于不同的政治立场，对斯大林模式和苏联的社会主义制度进行批判，从各个方面对苏联共产党和政府的失误进行揭露，其活动受到国际社会的广泛关注。代表人物有：“苏联的氢弹之父”、著名的核物理学家萨哈罗夫、著名作家索尔仁尼琴和麦德维杰夫兄弟等。

第四节　勃列日涅夫时期苏联的对外政策

勃列日涅夫执政初期，基本上维持赫鲁晓夫时期的对外政策，总体上仍然奉行赫鲁晓夫制定的“和平共处”总路线。同其前任相比，勃列日涅夫更注重增强物质基础，扩充军事力量，增加国防实力。到 60 年代末 70 年代初，苏美在经济、军事实力上的对比出现了有利于苏联的巨大变化，这促使勃列日涅夫调整苏联外交政策，修正赫鲁晓夫制定的对外战略，走上了公开同美国争夺世界霸权的道路。

一、对西方搞“缓和”

“缓和”是苏联“和平共处”的翻版，是苏联的外交战略和策略。在 1971 年苏共二十四大政治报告中，勃列日涅夫提出了“争取和平和国际合作”的所谓和平纲领。主要内容有：不使用武力和不以武力相威胁来解决争端；承认欧洲边界的不可改变，召开欧安全；保障欧洲集体安全；停止军备竞赛，缔结裁军协定；各国建立互利合作关系。和平纲领的核心是要缓和，在缓和的烟幕下，加紧同美国争夺世界霸权，又不同美国发生直接的军事冲突。用西方的话来说“苏联不愿打一场耗费极其巨大的战争。它深信苏联可以利用全球性的革命形势来增强它自身的力量和威望，维护安全与利益，避免发生战争”。苏联的如意算盘就是借助缓和来推进“世界革命进程”。在1976年的苏共二十五大上，勃列日涅夫又提出八点主张，除了重复和平纲领中的一些内容外，还特别提到：深化国际紧张局势的缓和，并使这种缓和体现为各国间的各种具体形式的互利合作，包括政治、经济、科学和文化等领域，同时提出要“加强社会主义国家的团结”“解决近东问题”“保障亚洲的集体安全”“签订在国际关系中不使用武力的世界条约”。在二十六大上，勃列日涅夫提出“消除战争威胁，巩固国际安全”的任务。他认为限制战略武器并减少这种武器是一个“非常紧急的问题”，而进行有关这方面的谈判“只能在平等和对等安全的基础上”。他呼吁要“尽一切可能使各国人民摆脱核战争的威胁，维护世界和平”。

二、对社会主义国家的控制和扩张

1968年8月20日深夜，苏联等国以25万军队，在保卫社会主义成果、保障社会主义大家庭安全利益的借口下，占领了一个社会主义兄弟国家——捷克斯洛伐克。（见图8－2）苏联在出兵入侵捷克斯洛伐克前后，抛出了“有限主权论”“国际专政论”“社会主义大家庭论”“利益有关论”“大国特殊责任论”等所谓勃列日涅夫主义。它挂着国际主义的招牌，贩卖霸权主义的货色，把苏联的利益凌驾于别国主权和利益之上。苏联的“有限主权论”就是不许东欧国家有自己的主权，不能抛弃苏联的模式而走自己的发展道路。如果谁敢不听话，苏联就以它“至高无上”的绝对主权来进行惩罚。

苏联通过华沙条约组织和“经互会”加强自己在东欧的影响。苏联在东欧一些国家驻有重兵，通过华约联合司令部来左右东欧国家的指挥权，并经常举行军事演习。华约组织拥有巨大的常规军备，根据美国国务院1983年12月的材料，它拥有4.25万辆坦克和各类飞机3.1万架[1]。苏联

[1] 梁守德，等，主编．世界政治与国际关系［M］．武汉：湖北人民出版社，1987：164.

图 8－2　1968 年苏军入侵捷克斯洛伐克

资料来源：http：//www. chinaiiss. com/pic/34038/909450. html.

还利用华约组织成员国的政治协商会议来协调和统一苏联与东欧的外交政策、乃至国内行动。苏联在经互会广泛推行“国际分工”，力图控制东欧一些国家的能源与原料供应及其对外贸易。1984 年，经互会国家之间的贸易可以满足机器设备需要的 70%，煤和焦炭的 90%，石油产品的 70%。1981～1983 年，苏联共向东欧国家提供石油 2. 6 亿吨、天然气 920 亿立方米、电 530 亿度等。“一体化”是苏联在东欧活动的理论根据。1969 年，苏联首次在经互会提出“经济一体化”。后来苏联又把一体化扩展至经济、思想政治、军事和外交等各个领域。在勃列日涅夫时期，苏联严格禁止东欧国家的任何改革和变动，不准有任何离心倾向产生和滋长。

三、继续采取敌视中国的政策

勃列日涅夫在执政之初曾经明确表示，在对待中国的问题上，他同赫鲁晓夫没有任何差别。实际上，勃列日涅夫对中国采取了比他前任更为恶劣的态度，推行更加敌视的政策。在勃列日涅夫时期，苏联曾多次利用党代会，通过各种决议公开指责中国，尤其是中国的外交政策；勃列日涅夫企图拼凑亚洲集体安全体系，孤立并包围中国。1969 年 6 月，勃列日涅夫在各国共产党和工人党莫斯科会议上，呼吁建立不包括中国在内的亚洲集体安全体系，但响应者甚少。苏联还挑起中苏边境的武装冲突。1969 年 3 月，苏联制造了珍宝岛事件。1969 年 8 月，苏联又在中国新疆的铁列克提地区制造事端。更为严重的是，苏联除了在中国边境陈兵百万，公开支持越南占领柬埔寨，还武装入侵中国的近邻阿富汗，对中国的国家安全和现代化建设构成了最现实的威胁。

珍宝岛事件：1969 年 3 月，苏联军队几次对黑龙江省乌苏里江主航道中心线中国一侧的珍宝岛实施武装入侵，并向中国岸上纵深地区炮击。中国边防部队被迫进行自卫反击，期间击毙苏军上百人，中方也有部分伤亡。1991 年，俄罗斯承认珍宝岛属于中国。

四、加紧在第三世界的扩张

在勃列日涅夫时期，随着苏联实力的增强以及“进攻性”全球战略的推行，苏联加大了对第三世界的渗透、扩张和争夺。苏联在第三世界的主要目标是尽量扩大自己在这些地区的势力和影响，同时削弱美国的势力和影响，以实现对西欧和北美地区的迂回包抄，为苏联的全球霸权战略服务。在中东，苏联介入阿以冲突，反对以色列，支持阿拉伯国家，排挤美国；在亚洲，苏联倚重印度，扶植越南，直至入侵阿富汗；在非洲，扶植亲苏政权，介入安哥拉内战；在拉丁美洲，发展与古巴的特殊关系，将古巴绑在苏联的战车上。在美国全球战略收缩性调整的背景下，苏联咄咄逼人的攻势使得苏联一度取得对美国的优势地位。勃列日涅夫声称：“地球上没有哪个角落的情况不以某种方式加以考虑。”❶ 苏联海军司令戈尔什科夫夸

❶ 辛华，编译．苏联共产党第二十五次代表大会主要文件汇编［M］．上海：三联书店，1977：14.

口说："在世界海洋地图上难以找到苏联舰只航行不到的地区。"❶ 1979 年苏联入侵阿富汗成为勃列日涅夫时期苏联对第三世界扩张的顶点，阿富汗也成为苏联的"滑铁卢"。此后，苏联深陷阿富汗战争，对第三世界的扩张势头渐缓。苏联对第三世界的大肆扩张既"害人"又"害己"，造成极为严重的后果和恶劣的影响。

【思考与练习】

1. "勃列日涅夫主义"的主要内容是什么？
2. 为什么说勃列日涅夫时期苏联陷入"停滞"时期？

【延伸阅读】

［1］邢广程．苏联高层决策 70 年［M］．北京：世界知识出版社，1998.

［2］沈志华．一个大国的崛起与崩溃——苏联历史研究专题（1917－1991）［M］．共三册．北京：社会科学文献出版社，2009.

［3］周尚文，叶书宗，王斯德．苏联兴亡史［M］．上海：上海人民出版社，2002.

［4］张建华．激荡百年的俄罗斯——20 世纪俄国史读本［M］．北京：人民出版社，2010.

❶ 夏义善．苏联外交六十五年纪事：勃列日涅夫时期（1964－1982）［M］．北京：世界知识出版社，1987：251.

第九章　戈尔巴乔夫的改革与苏联的解体

【导言】大致说来，戈尔巴乔夫执政时期的改革经历了四个阶段：第一阶段为1985年3月~1988年6月，苏联开始进行经济管理体制改革；第二阶段为1988年6月~1990年初，以苏共第十九次全国代表会议为标志，改革从经济领域转向政治领域，社会出现混乱和动荡；第三阶段为1990年初~1991年“8·19事件”发生前，1990年苏共中央二月全会接受了苏联社会业已形成的多党并存的现实，政治斗争进一步激化，苏共由党内意见分歧发展为组织上的分裂，激进民主派开始左右苏联政局；第四阶段为1991年“8·19事件”后至同年年底，苏联剧变和解体，标志着戈尔巴乔夫的改革彻底失败。本章重点：戈尔巴乔夫改革的主要过程，“新思维”的主要内容及其影响。本章难点：戈尔巴乔夫政治体制改革的经过及其后果。

第一节　戈尔巴乔夫的改革与苏联的解体

戈尔巴乔夫（见图9-1）在1985年3月契尔年科去世后由苏共中央政治局一致推荐为苏共中央总书记，当时是众望所归。苏联人民在20世纪70年代末和80年代初经历了勃列日涅夫的停滞年代和1982~1985年三年多时间中三位年迈体弱的党和国家最高领导人相继去世的国丧期后，非常希望出现一位年富力强的党和国家的领导人，希望改变勃列日涅夫后期出现的苏联国家与社会死气沉沉的状况。戈尔巴乔夫上任时提出的改革口号和他上台伊始就到全国各地巡视以及会见群众时所展现的旺盛精力，一时间受到苏联全国广大群众的热烈欢迎和拥护。戈尔巴乔夫上任伊始，就开始了大刀阔斧的改革。

图9-1 戈尔巴乔夫

一、不成功的改革起步：初期经济改革的失败

戈尔巴乔夫时期的改革是从经济领域开始的。1985年4月23日，召开了戈尔巴乔夫上台后的第一次中央全会，戈尔巴乔夫在会上所作的报告中分析了世界的新形势和苏联国内的严峻局势，指出近年来国家发展中积累的很多问题，如管理方法僵化、惰性大、干劲不足、官僚主义滋长、社会生活中出现停滞现象。据此，他提出了加速国家社会经济发展的战略构想和社会主义全面改革的任务，即著名的“加速战略”。四月全会是转向新的战略方针、转向改革的标志。全会后，党和政府采取了一系列措施。

第一，调整干部队伍。干部是权力的载体，是推进改革的重要保证。为了减少改革的阻力，戈尔巴乔夫上台伊始就大刀阔斧地调整了从中央到地方的各级领导班子。同年7月就免除了担任外交部长10余年的葛罗米柯的职务，葛罗米柯转任最高苏维埃主席团主席。9月，任命雷日科夫接替吉洪诺夫担任部长会议主席，叶利钦取代格里申当选为莫斯科市委第一书记。这在一定程度上结束了苏共中央和政府领导人年龄偏大、思想保守的局面，为下一步的改革扫清了道路。

第二，整顿秩序，加强法纪。戈尔巴乔夫执政后深感纪律松弛、社会秩序混乱已严重影响了政治安定和经济发展，决定采取有力措施进行整顿，特别是对少数违法乱纪、懈怠渎职的干部严加惩处，有选择的公诸报端。期间，还雷厉风行地发动了一场全国性反酗酒运动。战后，特别是70年代以来，酗酒已成为苏联社会的一个痼疾。由于长年酗酒，苏联男子的平均寿命在70年代已从66岁下降到63岁，酒精中毒死亡率达到1‰，而世界平均死亡率仅为1‱。在苏联，80%的恶性犯罪与酗酒有关，至于因酗酒造成的怠工、旷工而对经济生产造成的损失，更是难以用数字统计。1985年5月，苏共中央作出了《关于克服酗酒和嗜酒现象的措施》决定，接着最高苏维埃和部长会议相继颁布法令和执行条例，决定从6月1日起，禁止在公共场所、劳动岗位上饮酒，禁止家庭酿酒和购买私酒，违者罚款或给予刑事处分，干部和党员如违法情节严重者将撤职或开除党籍，并计划到1988年完全停止生产以水果和果浆为原料的酒精饮料。反酗酒运动效果并不理想，最后以失败告终。

第三，初步确定了经济体制改革的方针和措施。戈尔巴乔夫认为，克服经济发展的停滞现象，必须全面调整政策，进行综合的、根本性的改革；经济改革应为实现国家社会经济发展战略服务，为经济集约化和科技进步这个全党的中心工作服务。为此，戈尔巴乔夫在执政初期采取了一些具体措施。

1986年2月25日～3月6日，苏共召开第二十七次代表大会，主要议题是总结二十六大以来的工作和确定之后党的战略任务：加速发展社会经济和进行根本改革。“加速战略”提出的指标规定，从1986年到2000年的15年中，苏联经济社会发展总目标是：在经济发展方面，工业产值增长1倍，由1985年的8 070亿卢布增加到16 140亿卢布；在生产潜力翻一番（按苏联拥有的生产性固定基金计算，将由1985年的1.57万亿卢布增长到3.14万亿卢布）和对生产潜力进行质的改造的条件下，国民收入增加近1倍，即由1985年的5 670亿卢布增加到约11 340亿卢布，年均增长4.7%；劳动生产率增长1.3～1.5倍，年均增长5%～6.3%；等等。

在社会发展和提高居民社会福利方面，居民人均实际收入应增加1倍，年均增长3.5%；居民生活服务额增加1.1～1.3倍；非食品消费品至少增加80%～90%；手工劳动的比重减少一半以上，使2 000多万人从手工劳动中解脱出来；基本保证每个家庭有一套单独的住房。此外，还规定要从根本上改进教育和培训制度以及医疗服务，大力扩大和加强文化、体育、休息设施和整个社会的物质基础，等等。

1987年，苏共中央一月全会和六月全会对“加速战略”的内容作了进一步充实和发展。六月全会通过了根本改革苏联经济体制的方针、原则和具体方案，通过了《企业法》草案，交苏联最高苏维埃批准通过。这些文件集中反映了经济体制改革的基本构想。此时，苏共把“多一些社会主义，多一些民主”作为改革经济体制的目的和内容，以企业作为经济体制改革方案的出发点。

然而，由于各级经济管理机关和干部久已形成的工作方法和思维观念难以迅速转化；传统的利益格局难以被打破，特别是庞大的军事工业体系盘根错节，各种利益关系十分复杂，难以在短时期内改变；这一切都使改革遇到许多阻力和困难，苏共领导人制定的经济改革时间表很快便落空了。

经济体制改革实施时间不长，便出现了变形和“空转”。苏共领导人原以为实行订货制度就可以改变过去由政府部门给企业下达生产指标的传统办法。因此，在扩大企业自主权方面，1988年正式实行国家订货制度。可是在计划体制没有根本改变的情况下，不少干部和主管机关往往可以用超出国家规定的订货比例下达订货任务，订货额可高达企业生产能力的80%～90%，使扩大企业的自主权变成空话。在实施新的劳动报酬制方面，由于缺少相应的约束机制，导致职工收入的增长大大超过劳动生产率的增长幅度，从而扩大了总供给与总需求之间的缺口。与此同时，在企业中又开始采用企业领导的民主选举制度；企业领导人常以提高工人劳动报酬的方法去争取选票，这也进一步促进了职工收入的增长。结果到1989年，工业部门的产品生产只增长1.7%，而劳动报酬却增长了7.5%；1990年，劳动生产率下降了1.5%，而职工劳动报酬基金却增长了8%。这进一步加剧了市场供应紧张状况，消费品短缺现象越来越严重。

苏联人民对苏共新领导人进行的经济改革期望值很高，但最初几年的经济改革未能阻止经济增长速度不断放慢的趋势，也未能使苏联原有的经济体制和经济运行机制发生太大的改变，苏联经济改革的起步实际上陷于失败。

二、政治改革成为改革的中心

（一）公开性和民主化的提出

改革之初，苏共领导人尤其是戈尔巴乔夫，在对经济管理体制进行改革的同时，以“完善社会主义”为目标，极力倡导实行“公开性”“民主化”。戈尔巴乔夫认为，苏联以往几次改革不成功的一个重要原因是没有得到广大人民群众的支持；为打破长期以来苏联社会死气沉沉的局面、动员群众投身改革，必须改变过去苏共领导人高层决策和工作、生活情况都对群众保密的状况，增加公开性和透明度。他把公开性和民主化看做推进改革的必要条件。1987 年召开的苏共中央一月全会上，戈尔巴乔夫指出：“民主不是一个单的口号，而是改革的实质”，❶“只有通过民主和发扬民主，才有可能进行改革；只有这样，才能给社会主义的强大建设力量开创广阔的天地”。❷ 为了发扬民主，必须推行公开。戈尔巴乔夫说：“我们需要公开性，我们需要批评与自我批评，因为这是社会主义民主的有效形式。在我们的国家——工农国家：人民什么事都要管，因为这是他们的国家。人民应当知道一切，并且自觉地判断一切。”❸ 也就是说，在这次全会上确立了苏联改革的基本方针——民主化、公开性。

公开性和民主化在苏联的实施，首先遇到的问题是社会上广大群众要求澄清苏联历史上的许多问题。尔巴乔夫提出“苏联社会不应该有不受批评的禁区”，苏联历史“不应当有被遗留的人物和空白点”，并且特别强调

---

❶ ［苏］戈尔巴乔夫．关于改革与党的干部政策［M］．莫斯科：莫斯科新闻出版社，1987：25.

❷ ［苏］戈尔巴乔夫．关于改革与党的干部政策［M］．莫斯科：莫斯科新闻出版社，1987：26.

❸ ［苏］戈尔巴乔夫．关于改革与党的干部政策［M］．莫斯科：莫斯科新闻出版社，1987：66.

“这一点也完全适用于舆论工具”。这种一味放开的做法，事实上分散了社会注意力，难以把主要精力集中在最主要的改革问题上。这场历时数年的历史反思，对于苏联共产党和苏联的社会主义制度无异于一场空前的灾难，其直接的后果是斯大林和其他苏共领导人以及社会主义、马克思主义威信扫地，苏联的70年历史被弄得一团漆黑。

在国家和社会面临重大转折时期，苏共党内和苏联社会不可避免地会出现各种观点、看法和意见。公开性、民主化运动的开展，使相关问题的讨论、争论和思想交锋活跃起来。同时，由于苏共领导集团在一系列重大问题上认识不一致，导致各种社会思潮泛滥，苏共本身和整个社会陷入“政治热”。表面上看，“街头政治辩论”遍及全国，各种政论充斥报刊广播，几乎整个社会都被动员起来，实际上无休止的辩论、坐而论道、各种政治主张纠缠不清，使国家和社会越来越偏离改革的轨道，逐渐丧失了改革的时机。

公开性、民主化的实施在一定程度上调动了群众的积极性，在社会上形成了某种“轰动效应”。然而，其实际效果却不明显：国家决策过程仍然在很大程度上取决于少数人，特别是总书记一人，还远谈不上决策的科学化、民主化；利用各种“直接民主”形式吸引劳动群众参加国家和社会的管理事务仅仅停留在口头上、形式上，人民群众与政权疏远的现象并未有所改观。更为重要的是，公开性、民主化打开了禁锢已久的思想阀门，而对各种思潮却缺乏适当的法律控制，对群众中的各种情绪缺乏引导，从而使各种非社会主义、反社会主义思潮泛滥，为苏共反对派的形成提供了思想舆论准备。

（二）政治体制改革的提出

1988年6月28日~7月1日，在莫斯科召开了举世瞩目的苏共第十九次全国代表会议。[1] 会上，苏共中央总书记戈尔巴乔夫作了《关于苏共第

[1] 在苏共历史上，代表会议往往是在历史进程的转折关头召开。许多会议就其重要性来说无异于代表大会。十月革命后，经常在两次代表大会之间召开，对代表大会起补充和具体化作用。苏共第十八次全国代表会议是在1941年2月召开的，其后已有47年未召开过全国代表会议。

二十七次代表大会决议的执行情况和深化改革进程的任务》的报告。在报告中，戈尔巴乔夫提出了政治体制改革的总体方案。主要内容有：

（1）确定了“根本改革政治体制”的任务。戈尔巴乔夫认为“十月革命建立的政治体制发生了严重变形”，出现了僵化的权力体制；在这种体制下，造成“社会生活的过分国家化”“国家结构官僚化，群众的社会创造精神下降”，“口头上宣扬民主原则，实际上却是独断专行”，不能“使我们预先防止最近几十年经济和政治生活中停滞现象的增多”。戈尔巴乔夫提出，要同苏联传统的政治体制彻底决裂，“根本改革政治体制”，从而保证整个改革的不可逆转。

（2）第一次提出了“人道的、民主的社会主义”概念，并提出这一概念的七大特征：①真正的、现实的人道主义制度；②有效而活跃的经济制度；③社会公正制度；④具有高度文化素养和道德的制度；⑤真正民主的政治制度；⑥各民族真正平等的制度；⑦同各国建立正常和文明关系的制度。戈尔巴乔夫还强调，“我们的目标是多一些民主，多一些社会主义，劳动者过上美好生活，国运昌盛”。

人道的、民主的社会主义：戈尔巴乔夫提出的“人道的、民主的社会主义”的哲学基础是抽象人道主义。它宣扬人是“万物的尺度”，把社会主义说成是符合抽象的“人性”和“一切人”的利益的“人道的”制度，否认社会主义社会还存在阶级、阶级矛盾和阶级斗争，否定无产阶级专政的必要性，反对使用任何暴力，这就从根本上背离了马克思列宁主义的基本原理。

（3）改革苏维埃制度，恢复苏维埃的权力。报告强调，政治制度改革的实质是将权力交给人民，人民不是在口头上而是在行动上参加国家的管理；政治体制改革的最终目的和衡量标准，是全面充实人权，提高苏联人的社会积极性。为了在严格的法律基础上利用党的威信加强苏维埃的作用，建议把同级党委的第一书记推荐到苏维埃主席的职位上。还建议通过新的选举法组成新的代表性的最高国家权力机关——苏维埃人民代表大会，每5年选举一次。代表大会选举最高苏维埃作为常设权力机构，并设立最高苏维埃主席职务。[1] 最高苏维埃主席享有足够广泛的国家权力，负责解决内政、外交最关键的问题，领导国防会议，推荐政府首脑人选；最高苏维埃将在他领导下工作。

（4）报告论述了政治体制改革是整个改革不可逆转的关键和保证，提出公开性、民主化和社会主义舆论多元化是改革的必要条件，没有公开性就不可能揭露矛盾、克服消极现象。大会还决定，在党的工作中实行最大限度的公开性，包括公布各级党委会全体会议的发言内容，公开政治局委员的分工。党内选举贯彻广泛讨论候选人、秘密投票、差额选举等原则。党中央总书记、政治局委员、书记处书记都只能连任两届。

（5）报告强调恢复列宁主义的民主集中制的必要性，指出在一党制的条件下，应建立一种在党内和社会中进行各种观点的对比、进行批评和自我批评的机制，坚决反对迫害党内持不同意见的同志。

（6）实行党政分开，确定苏共在政治体制中的地位。引人注意的是，报告中放弃了党是苏联政治体制核心的传统提法，指出党是苏联社会的政治先锋队。

（7）建设社会主义法制国家，更新立法，使立法符合改革的要求并推动改革的发展；整顿和改革执法机关的工作，并在全国展开大规模的普法教育。

经过激烈争论，会议通过了《关于苏共二十七大决议的执行情况和深化改革的任务》《关于苏联社会的民主化和政治体制的改革》等 7 项决议。同时，会议决定在 1988 年年底前对全体党员进行公开的资格审查登记，规定评定党员的唯一标准是对改革所持的态度。会议还决定在莫斯科建造一座斯大林时代受害者的纪念碑。

十九次代表会议是苏联改革进程中的一个重要转折点，它标志着“全面改革”的重心转向政治领域，从此，苏联社会进入动荡多变的时期。

---

[1] 原有的苏联最高苏维埃主席团是集体的国家元首，由主席、副主席、秘书、委员共 39 人组成，其主席只是集体国家元首的代表，实权不大。

（三）政治体制改革的实施和国家的动荡与危机

在复杂多变的国内外背景下，从1988年7月初到1991年8月中旬，苏联长期以来沉积的各种矛盾骤然表面化和尖锐化；政局动荡不宁，经济不断恶化，民族分裂日益严重，国家陷入政治、经济和社会的全面危机之中。

苏共第十九次代表会议后，苏联加快了政治体制改革的步伐。1989年5月25日~6月9日，苏联第一届人民代表大会在莫斯科召开，正式成立了苏联人民代表大会，戈尔巴乔夫当选为最高苏维埃主席。

1990年2月，苏共中央召开全会，戈尔巴乔夫在报告中正式提出实行总统制的建议。1990年3月12日，苏联第三次非常人民代表大会在莫斯科举行，代表们就实行总统制问题展开辩论；经过激烈讨论，以1 817票赞成、133票反对、61票弃权通过了《关于设立总统职位和苏联宪法（根本法）修改和补充法》，还通过了在这次大会上选举总统的议案。

1990年3月15日，戈尔巴乔夫以59.2%的得票率当选为苏联第一届总统。戈尔巴乔夫在就职演说中表示：作为总统，“不是某一阶层和政治派别的代表，而是全体人民的代理人”，今后他要“最客观地和不带感情色彩地考虑社会存在的各种观点”。

苏联第三次非常人民代表大会对苏联宪法的有关条款作了重要修改，删去了“苏联共产党——苏联人民的先锋队——的领导作用加强了”一句，将苏联宪法的第6条关于苏共领导作用的条文改为“苏联共产党、其他政治组织以及工会、共青团、其他社会团体和群众运动通过自己选人民代表苏维埃的代表并以其他形式参加制定苏维埃国家的政策，管理国家和社会事务”。还将宪法第51条所规定的“为了适应共产主义建设的目标，苏联公民有结成有助其发挥政治积极性和主动性、满足他们各种利益的社会团体的权利”一条，改为“苏联公民有权结成政党、社会团体，参加有助于发挥政治积极性和主动性、满足他们多种利益的群众运动”。

1990年7月2~13日，苏共二十八大在莫斯科克里姆林宫召开。戈尔巴乔夫在政治报告宣布苏共的目标是实行“人道的、民主的社会主义”。

他说，“几十年来，苏共只是为专横的官僚体制服务”，而更新的苏共应该是“以社会主义为选择和以共产主义为前景的党”。随后，雷日科夫、麦德维杰夫、雅科夫列夫、利加乔夫、谢瓦尔德纳泽、拉祖莫夫斯基、留奇科夫和亚佐夫等11名政治局委员先后向大会报告了个人工作情况，并就党和政治工作发表了个人意见。

7月10日，戈尔巴乔夫以3/4的多数票再次当选为苏共中央总书记，成为苏共历史上第一个不是由中央委员会而是由党的代表大会直接选举产生的总书记。苏共二十八大通过了《走向人道的、民主的社会主义》的纲领性声明以及关于经济改革、军事政策、农业政策、民族政策、青年政策、文化政策等的决议和修改党章的决议。苏共二十八大文件中认为，苏联的政治经济制度是“专横官僚主义体制”，是“极权官僚模式的社会主义”，是对社会主义思想的扭曲。苏共二十八大宣布苏共是“以社会主义为选择、以共产主义为前景的党”，把“全人类价值”和“共产主义理想”并列作为苏共纲领性目标的基础，把“建立人道的、民主的社会主义，确立国际主义和全人类价值”作为奋斗目标，认为“改革的实质在于，从极权官僚制向人道的、民主的社会主义”过渡。苏共二十八大宣布苏共不再是国家的“领导力量”和“核心”，而是“自治的社会政治组织”，宣布党“将以自己的实际行动和解决社会发展问题的建设性立场捍卫在同其他社会政治力量自由竞争中作为政治领导的权利”。苏共二十八大宣布实行政治多元化和多党制，宣布要“摆脱教条主义解释的马克思、恩格斯、列宁的遗产”，“坚决放弃意识形态的垄断主义”。

苏共二十八大后，政治和经济形势继续动荡、恶化。从9月初开始，以叶利钦为代表的激进派有计划地策动了一场要求政府辞职、解散议会和罢免总统的风潮，同时发动了揭露一场“军事政变”的宣传攻势以配合行动。9月中旬，俄罗斯联邦最高苏维埃通过了一项要求苏联政府全体成员总辞职的决议，指责联盟政府“没有能力使国家摆脱极其深刻的经济危机”，要求采取紧急措施，组成人民信任的政府。10月3日，俄罗斯民主论坛提出《行动纲领——90》，要求苏共下台、雷日科夫政府下台、建立过渡时期的联合政府、提前解散苏联人民代表大会。10月20～21日，“民主俄罗斯”运动在莫斯科召开成立大会，其政治宣言公开号召同苏共进行斗争，反对政治垄断；大会还通过专门决议发动公民不服从运动，要求戈尔巴乔夫－雷日科夫的政府立即下台。11月7日，莫斯科选民联合会和民主俄罗斯组织在莫斯科举行集会游行，其口号和标语是：“十月政变是俄罗斯的悲剧”“打倒列宁主义”“打倒苏共”“苏联总统和议会辞职”“叶利钦、波波夫、索布恰克救救俄罗斯”等。

1990年年底，苏联的政治和经济已陷入深刻的危机中。党内有一部分领导人强烈呼吁采取坚决措施，稳定局势，摆脱危机。雷日科夫在苏联最高苏维埃两院联席会议上指出，苏联的“国民经济正处在深刻的危机之中”，“政治体制实质上已陷于瘫痪”，“国家已退到最后一步，再往后退，就要改变现行制度”，并指出反对派的主要目的是“打击国家，打击现存的社会政治制度，最终摧毁这个制度”。军队的领导人也多次公开揭露以叶利钦为代表的“激进派”势力企图搞垮联盟、搞垮军队、夺取政权的政治目的，批判激进派鼓吹“军队非政治化”的主张。11月14日，苏联总统军事顾问阿赫罗梅耶夫元帅提出警告，如果苏联宪法遭到践踏，苏军将使用武力确保国家统一，拯救社会主义制度。党内外一部分干部对戈尔巴乔夫的政策日益不满，一些州委第一书记要求戈尔巴乔夫下台。在多方压力下，戈尔巴乔夫也承认“苏联局势的确在恶化”，宣称“不能再退让了，再退让会出现经济崩溃、国家解体和政治结构解体”，表示要采取强硬立场和严厉措施，保持政治稳定，“彻底克服党的休克和瘫痪状态”，维护苏共的执政地位，加速向市场经济过渡，尽快签订新联盟条约。

1990年12月17～27日，苏联召开第四次人民代表大会，通过了《关于国内局势和克服经济政治危机的决定》，确定了整顿秩序、稳定形势、反对分裂、保持国家统一的基本方针。大会还通过了《关于宪法修正案》，指出：为了克服各级政权机关瘫痪无力，制止与中央对立的多头权势的增长，阻止国家的崩溃，必须修改宪法，授权总统在必要的情况下，可行使一切权力来控制局势，建立强有力的“总统权力体制”。大会还通过了

《关于新联盟条约总构想及其签订程序的决定》，决定由苏联总统和各加盟共和国最高领导人组成筹备委员会负责起草新联盟条约。大会还同意戈尔巴乔夫的建议，决定在1991年3月17日就签订新联盟条约举行全民公决。

三、"8·19事件"与苏联的解体

1991年1月11日，手握大权的戈尔巴乔夫对积极要求脱离联盟的立陶宛采取"强硬"措施；苏联内务部占领了立陶宛出版大楼和立陶宛边疆保卫局，双方发生冲突，伤亡近200人，立陶宛和联盟中央之间的矛盾再度激化。叶利钦乘机四处活动，积极支持波罗的海三国的独立活动，共同对抗以戈尔巴乔夫为首的联盟中央。1月20日，"民主派"在莫斯科举行10万人参加的声援立陶宛的集会游行，提出"今天的立陶宛就是明天的俄罗斯"等口号，要求苏联总统、国防部长、克格勃主席和内务部长辞职，并号召公民投票反对保持联盟，发动工人罢工。为了稳定局势，戈尔巴乔夫又采取了一些措施，授予内务部和国家安全委员会的人员到有关机关、所有企业和银行进行检查的广泛权力。苏联军队和警察受权正式在全国各大中城市实行联合巡逻。与此同时，各种反对派势力也纷纷举行支持叶利钦的集会，参加者达50万人次。

1991年3月17日，苏联全国就是否把苏联作为被革新的平等的主权共和国联邦保留下来的问题，举行全民公决投票，结果76.4%的投票人赞成保存联盟，这是苏联有史以来第一次以全民投票的形式来公决国家大事。但后来的事态表明，全民公决并未在事实上真正保证人民意志的实现，少数人根本不顾这次公决的权威，同时也没有举行新的全民公决。

4月23日，苏联总统和9个共和国领导人会晤（9+1会晤），并就稳定国内形势和克服危机采取紧急措施发表联合声明，表示必须采取坚决措施，普遍恢复宪法秩序，呼吁劳动者停止罢工。6月18日，戈尔巴乔夫向苏联最高苏维埃提出《主权国家联盟条约》草案。为了避免经济崩溃、政治失控、联盟解体的局面出现，最高苏维埃曾先后酝酿和提出了4个摆脱危机的方案，其中一个主张在国内实施紧急状态，但戈尔巴乔夫以实施紧急状态会导致灾难性后果而加以否定。戈尔巴乔夫引起了持强硬立场的一部分领导人的强烈不满，反对派却乘机推波助澜，加紧活动。

6 月 12 日，俄罗斯联邦举行总统选举，经过激烈的角逐，叶利钦以 57.3% 的得票率当选为俄罗斯联邦的首任民选总统。叶利钦当选总统后即出访美国，并称此行“最重要的成果”是“美国政府将在与联盟保持联系的同时，同俄罗斯发展独立自主的联系”。7 月 20 日，叶利钦发布第一个总统令，禁止各政党和群众性社会运动的组织在俄罗斯联邦的国家机关、团体、军队和企业中设立基层组织、进行活动。7 月 29 ~ 30 日，戈尔巴乔夫、叶利钦和纳扎尔巴耶夫（哈萨克共和国总统）三人会晤，讨论新联盟条约，并达成一致看法，确定 8 月 20 日正式签署这一条约。条约将苏维埃社会主义共和国联盟改名为苏维埃主权国家联盟，并规定：每个共和国都是主权国家，苏联为联邦制民主国家；共和国有权决定本国大事，在共和国职权范围内，共和国的法律至高无上；联盟设总统、副总统、联盟内阁和苏联最高苏维埃。这一条约的签订意味着各共和国独立的倾向大为增强，联盟中央作为政权中心的地位受到现实威胁，这在苏联引起极大震动，特别是引起党和国家领导层中“传统派”的严重不安和强烈不满，成了“8·19”事件的直接导火索。

“8·19”事件： 1991 年 8 月 19 日，苏联副总统亚纳耶夫宣布，戈尔巴乔夫由于健康原因已不能履行总统职务，自即日起由他本人代行总统职务；同时宣布成立国家紧急状态委员会，行使国家全部权力，在苏联部分地区实施为期 6 个月的紧急状态。国家紧急状态委员会由亚纳耶夫、总理帕夫洛夫、国防部长亚佐夫、国防会议第一副主席巴克拉诺夫、国家安全委员会主席克留奇科夫、内务部长普戈等 8 人组成。该委员会发布《告苏联人民书》，称戈尔巴乔夫倡导的改革政策已经走入死胡同，国家处于极其危险的严峻时刻。委员会连续发布两道命令，要求各级政权和管理机关无条件地实施紧急状态，并暂时只允许《真理报》等 9 家报纸发行。同日，苏联内阁举行会议，表示支持紧急状态委员会作出的决定。

但时任俄罗斯联邦总统的叶利钦不会听命于紧急委员会的命令，他跳到议会大厦前的坦克上发表演讲，指责紧急状态委员会要恢复苏联的政治铁幕统治，并号召群众进行总罢工（见图 9－2）。紧急状态委员会未能果断肃清议会大厦的反对派，在叶利钦的鼓动下，情况发生逆转。20 日晚，议会大厦前已聚集数万示威群众，有些人构筑了堡垒，要誓死保卫议会。21 日下午，苏联国防部命令军队撤回驻地，国家紧急状态委员会领导人放弃了行动。

图 9－2　"8·19"事件中叶利钦在坦克上发表演说

资料来源：http：//xwb. my399. com/html/2012－01/16/content_ 6952565. htm.

21 日晚 8 点，戈尔巴乔夫发表声明，强调他已完全控制了局势，并恢复了曾一度中断的与全国的联系，称将于近日重新完全行使他的总统职权。22 日，戈尔巴乔夫从克里米亚返回莫斯科后，立即撤销了由国家紧急状态委员会或个别成员颁布的一切决定；解除该委员会所有成员的现任职务；任命了新的国防部长、内务部长和国家安全委员会主席等（见图 9－3）。国家紧急状态委员会成员内务部长普戈自杀，副总统亚纳耶夫、最高苏维埃主席卢基扬诺、国防部长亚佐夫、国家安全委员会主席克留奇科夫等人被捕。

图9-3 1991年8月21戈尔巴乔夫从克里米亚的别墅回到莫斯科

资料来源：http：//www. baike. com/wiki.

“8·19事件”后，叶利钦和“民主派”在苏联政治生活中的地位和影响急剧上升。8月23日，戈尔巴乔夫宣布建立一种新的领导机制，一旦苏联总统和俄罗斯总统两人中有一个陷入无法下达命令的境地，另一个就可以立即接过他的权力和职责，这实际上承认了叶利钦的特殊地位。8月24日，戈尔巴乔夫又任命俄罗斯联邦的部长会议主席西拉耶夫为新的苏联部长会议主席。

戈尔巴乔夫将发生“8·19事件”的责任归罪于苏联共产党。8月22日，叶利钦宣布苏军中的共产党各级组织为非法组织。8月23日，叶利钦下令停止俄罗斯共产党的活动，查封了苏共中央办公大楼和俄共中央办公大楼，并宣布没收苏共和俄共的全部动产和不动产。8月24日，戈尔巴乔夫要求苏共中央自行解散并辞去总书记职务，各共和国内的共产党和地方党组织自行决定自己的命运。他还以苏联总统名义发布命令，停止苏共在武装力量、国家安全委员会、苏联内务部和其他公安军事单位以及国家机关的活动。

随着联盟中央和戈尔巴乔夫总统权力的削弱，各共和国的独立倾向更趋高涨。1991 年 8 月 20 日，爱沙尼亚宣布独立，脱离苏联。接着，拉脱维亚（8 月 22 日）、乌克兰（8 月 24 日）、摩尔达维亚（8 月 27 日）、阿塞拜疆（8 月 30 日）、乌兹别克和吉尔吉斯（8 月 31 日）、塔吉克（9 月 9 日）、亚美尼亚（9 月 23 日）、土库曼（10 月 27 日）、哈萨克（12 月 16 日）先后宣布独立。只有俄罗斯联邦没有宣布独立，但它在 8 月 24 日带头承认了爱沙尼亚和拉脱维亚的独立。9 月 6 日，苏联国务委员会被迫承认波罗的海三国独立。

1991 年 12 月 1 日，乌克兰举行全民公决，90% 的人赞成乌克兰脱离苏联成为独立国家；乌克兰的行动实际上给戈尔巴乔夫维持苏联的最后努力以致命打击。

12 月 8 日，俄罗斯总统叶利钦、乌克兰总统克拉夫丘克、白俄罗斯最高苏维埃主席舒什克维奇在白俄罗斯布列斯特附近的别洛韦日森林别墅签订《协定》，宣布："我们白俄罗斯共和国、俄罗斯联邦、乌克兰曾作为苏维埃社会主义共和国联盟的发起国签署过 1922 年联盟条约，现在我们三国明确指出：苏联作为国际法主体和地缘政治实体将停止存在"。

12 月 12 日，哈萨克、吉尔吉斯、乌兹别克、土库曼、塔吉克等国领导人在土库曼首都阿什哈巴德紧急磋商，并发表联合声明，宣布愿意以平等创始国的身份加入独立国家联合体。

12 月 16 日，叶利钦发表电视讲话，宣布在即将成立的独立国家联合体中，"没有戈尔巴乔夫的位置"。他要求戈尔巴乔夫最迟在 1992 年 1 月中旬辞职。12 月 17 日，俄罗斯联邦议会宣布享有苏联最高苏维埃的财产所有权。12 月 18 日，俄罗斯联邦议会宣布接管克里姆林宫。

12 月 21 日，原苏联 11 个主权共和国的最高领导人在哈萨克首都阿拉木图以创始国的身份签署《关于建立独立国家联合体协议的议定书》，并发表《阿拉木图宣言》，宣布"在平等的原则基础上作为缔约各方组成独立国家联合体"，所有签字国均为独立国家联合体的创始国。独立国家联合体首脑理事会作出决定，支持俄罗斯继承苏联在联合国和其他国际组织中的成员国地位，包括安理会常任理事国。首脑会议致函苏联总统戈尔巴乔夫，通知他苏联已不复存在，苏联总统的设置也已取消。

12 月 25 日 19 时整，戈尔巴乔夫通过电视向全国宣布："亲爱的同胞们！公民们！鉴于独立国家联合体成立后形成的局势，我停止自己作为苏联总统的活动。作出这一决定是出于原则性的考虑。我坚决主张各族人民的独立自主，主张共和国拥有主权。但是同时主张保留联盟国家，保持国家的完整性。事态沿着另一条道路发展，肢解国家和分裂国家的方针占了上风，对此我是不能同意的……我最后一次以苏联总统的身份向你们发表讲话，认为有必要对 1985 年以来所走过的道路作出自己的评价"。然后，他把象征无限权力、控制 2.7 万枚核弹头的黑色公文包——"核按钮"交给叶利钦派来的国防部长沙波什尼科夫大将。19 时 38 分，印有镰刀锤子的红旗从克里姆林宫楼顶上徐徐降下，7 分钟后，俄罗斯联邦的白蓝红三色旗冉冉升起（见图 9－4）。

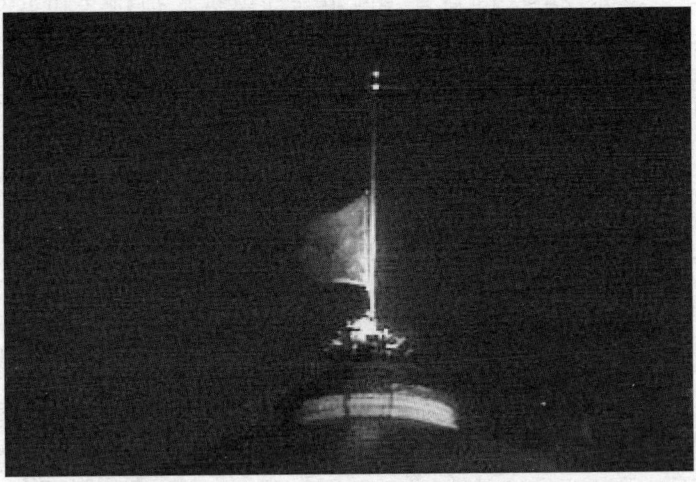

图 9－4　克里姆林宫上方的红旗徐徐降落

资料来源：百度百科：苏联解体。

12 月 26 日，苏联最高苏维埃共和国院举行最后一次会议，以履行苏联终止存在的法律手续。不足百人的会场十分冷清，共和国院主席阿利姆扎诺夫表示："共和国院坚持到了最后。我们完成了自己的公民和代表职责，没有辜负主权共和国的信任。既然苏联总统已经向全体人民宣布辞职，既然苏联国旗已经降下，我们今天有完全的权利以宪法途径平静地完成我们的工作——举行最后一次会议"。电子表决器也没有开通，到会代表以举手表决方式通过一项宣言："苏联最高苏维埃共和国院确认，随着独立国家联合体的建立，苏联作为一个国家和国际法的主体即将停止其存在"。

第二节　"新思维"和外交政策的调整

一、戈尔巴乔夫的外交"新思维"

为配合经济改革和政治改革，戈尔巴乔夫在对外政策和外交理论方面也作了重大调整。

1987 年，戈尔巴乔夫的新著《改革与新思维》以俄文和英文同时在苏联和美国出版。在书中，戈尔巴乔夫就苏联的政治改革、经济发展和对外关系提出了新的看法。在所处的时代问题上，戈尔巴乔夫提出社会主义与资本主义两种制度正处于"历史性的竞赛"阶段，要求各国领导人从根本上打破对外政策的传统看法、认识到两种制度是可能并存和相互依赖的；战争不再是解决政治问题的最后手段，国际格局应是所有国家利益的综合平衡；世界是一个相互依存的整体，在核战争中不存在胜利者和失败者。他提出了"全人类的利益高于一切，人类的生存高于一切"的观点。在谈到与社会主义国家的关系时，戈尔巴乔夫承认社会主义世界和国际共运客观上存在着多样性，社会主义各国和各党都应当"谨慎而相互尊重地"对待彼此的经验。简单来说，"新思维"是戈尔巴乔夫对迅速变化的外部世界的重新认识，以及对苏联作为超级大国之一、其地位日渐下降这一客观事实作出的判断和反应。

"新思维"的形成和提出是在戈尔巴乔夫改革初期，其目的很清楚：

第一，尽可能消除与外部世界的对抗因素，结束与西方的冷战，减轻苏联的战略负担，为改革创造宽松的外部环境；第二，积极加入世界经济体系，消除以往游离于世界经济体系之外对经济发展的不利影响；第三，确立与资本主义长期和平共处的关系，使“社会主义和资本主义之间的对抗仅仅并且完全通过和平竞赛与和平竞争的方式进行”。[1] 为实现这些战略目标，戈尔巴乔夫对苏联外交的战略指导思想进行了重大调整、修改并提出了一些重要的理论观点，树立了一套用以指导苏联外交实践的新价值标准，由此，形成了戈尔巴乔夫“对外政策新思维”。

二、戈尔巴乔夫对外政策的调整

在“新思维”思想的指导下，苏联政府开始在对外关系上作出重大调整。

（1）主动改善与美国的关系。裁军问题成了苏联改善与美国关系的一个突破口。1985 年 4 月 7 日，戈尔巴乔夫宣布，苏联单方面暂停在欧洲部署中程导弹，期限到 11 月。5 月 31 日，他又建议冻结苏美的核武器、削减太空核武器数额。7 月 29 日，戈尔巴乔夫发表声明，宣布苏联从 8 月 6 日起至次年 1 月 1 日单方面暂停核武器试验 5 个月，愿意立即恢复全面停止试验谈判；单方面暂停试验反卫星核武器，建议在和平探索和利用宇宙空间方面展开最广泛的国际合作。1986 年 1 月 15 日，戈尔巴乔夫发表声明，提出在 15 年内分 3 个阶段裁减军备、直至完全销毁核武器的裁军纲领。3 月 13 日，他又宣布到 3 月 31 日苏联延长暂停核试验期满后，仍不首先进行核爆炸。1987 年 2 月，苏联宣布把中程导弹问题同美国的战略防御计划正式脱钩。4 月 11 日，苏联提出“欧洲双零点方案”，建议立即就削减和最终销毁部署在欧洲大陆上射程在 500 千米以上的中、短程导弹进行谈判，表示苏联准备全部消除它在欧洲部署的中、短程导弹，使双方的中、短程

[1] 米·谢·戈尔巴乔夫在苏共中央二月全会上的讲话：使革命性的改革具有革新的意识形态［N/OL］.［苏联］真理报，1988－02－19.

导弹都成为“零”。

戈尔巴乔夫不仅在核武器方面向西方提出一系列建议，在常规武器方面也对美国作出了很大让步。1988 年 12 月 7 日，戈尔巴乔夫宣布苏联在两年内单方面裁军 50 万。1989 年 5 月，苏联公布了旨在消除华约在欧洲常规军事力量方面的优势的裁军方案。除此之外，在戈尔巴乔夫执政期间，美苏首脑会谈成为打破两国关系坚冰的一个重要手段。从 1985 年到 1991 年，两国首脑共进行了 8 次会谈（1985 年日内瓦、1986 年雷克雅未克、1987 年华盛顿、1988 年莫斯科和纽约、1989 年马耳他、1990 年华盛顿、1991 年莫斯科），极大地推动了美苏关系的缓和与发展。

（2）缓和与西欧国家之间的关系。戈尔巴乔夫十分重视与西欧国家关系的改善。1985 年 9 月 30 日，在对法国电视观众的讲话中，戈尔巴乔夫提出“全欧大厦”的主张。他指出，“我们与你们生活在同一个欧洲”，强调为了全欧洲的利益，必须进行全欧合作。他希望通过缓和与西欧的关系，增强苏联对西欧的渗透能力，削弱美国在欧洲的影响。为此，苏联通过高层互访，力图与西欧建立良好关系。戈尔巴乔夫曾五次与英国首相撒切尔夫人会晤。与此同时，苏联还加强了与西欧的经济贸易联系。在戈尔巴乔夫的推动下，1988 年 6 月，欧共体与经互会签署了相互承认宣言，结束了欧洲这两个最大经济组织 30 年互不承认的历史。这些，都使苏联与西欧的关系得到相当程度的改善。

（3）与东欧国家的关系发生了变化。戈尔巴乔夫从根本上改变了以往勃列日涅夫主义的政策，逐步实施了鼓动东欧国家进行改革、不干涉东欧剧变、从东欧撤军和允许两个德国统一的政策。

1987 年 4 月，戈尔巴乔夫在华沙发表的一次讲话中，敦促东欧各国领导人进行改革、不再以莫斯科为东欧各国效仿的榜样。此后，他又多次谈到“改革”的必要性和“社会主义世界的多样性”，从而为东欧各国的社会变革开了绿灯。1989 ~ 1990 年，东欧各国剧变对国际关系的直接影响，是 1991 年春季华沙条约组织和经互会相继解散。

戈尔巴乔夫对东欧政策的第二个重要方面，是实施从东欧撤军。苏联军队驻扎在东欧数国是第二次世界大战中苏军在东欧战场作战的直接结果；其后，由于冷战和建立华沙条约组织的需要，苏联通过与有关国家签订一系列条约而使之合法化和长期化。除了南斯拉夫、阿尔巴尼亚和保加利亚（1968 年侵捷事件中曾暂住两个师）外，其他东欧五国都驻有苏军，其中驻罗马尼亚的苏军在 1958 年 6 月应罗政府的要求撤出。据伦敦国际战略研究所统计，驻扎在东欧四国的苏军数量高达 31 个师，总人数达 56. 5 万人。其中在德意志民主共和国的人数最多，达 20 个师；在波兰有 2 个师，在匈牙利有 4 个师，在捷克斯洛伐克有 5 个师。1989 年下半年东欧剧变之后，各国新政府纷纷要求苏军尽快撤出。从 1990 年 2 月开始，苏联分别与四国签订了撤军协议。这些协议规定：1990 ~ 1991 年分三个阶段全部撤出。1991 年 6 月 31 日前撤出驻匈牙利的全部苏军，1991 年底前撤走驻波兰苏军的 1/5，1994 年 8 月 31 日前撤走全部驻民主德国的苏军。

（4）在德国统一的问题上态度发生变化。德国一分为二是第二次世界大战结束以来欧洲事务中的重大问题。1989 年 11 月柏林墙开放后，苏联政府在德国统一问题上的立场一退再退。1989 年 12 月，戈尔巴乔夫强调："必须从战后形成的现实出发——存在两个拥有主权的德国、两个联合国成员国，背离这一点会导致欧洲的不稳定"。[1] 1990 年初，苏联政府在这个问题上的立场有所后退，即允许两个德国统一，但统一后的德国必须是中立的，不得继续留在北约内部。时隔不到半年，戈尔巴乔夫与联邦德国总理科尔会谈后于 1990 年 7 月 16 日发布消息说，统一后的德国可以自由和独立地决定属于哪个联盟和集团。可以说，在德国统一和撤军完成后，苏联在战后几十年中经营起来的东欧势力范围基本已丧失殆尽。

（5）在第三世界实行全面的战略收缩。在冷战年代，美洲的古巴、非洲的安哥拉和埃塞俄比亚、南亚的印度和阿富汗、东南亚的越南和北亚的蒙古，都是苏联在第三世界扩张、建立战略据点的重要区域。在这些区域，苏联曾投入大量的经济和军事援助，甚至直接出兵。随着苏美对抗关系的

[1] 戈尔巴乔夫在苏共中央全会上的讲话，1989 - 12 - 09.

解除和苏联国内经济状况的严重恶化，在戈尔巴乔夫执政时期，苏联在上述地区逐步实施全面的战略收缩。在阿富汗，苏联从1986年10月中旬开始撤军，直至1989年2月将十几万驻军和辅助人员全部撤出。在蒙古，1987年4月开始了最早的撤军行动；1990年3月2日，苏蒙双方签订正式撤军协定规定，在1992年年底前撤出全部驻蒙苏军。在越南，苏联外交部于1990年1月18日宣布，苏联的“米格－23”和“图－16”战机已经从越南撤离，目前留在金兰湾机场的只有一个改编的航空分队（6～8架飞机）。在非洲，苏联的军事顾问也先后全部撤回。在美洲，1991年下半年苏联的1 100名军事顾问和军事技术人员从古巴撤离。1990年下半年，戈尔巴乔夫颁布命令，将苏联对外无偿援助削减75%，宣布要将苏联与第三世界的关系建立在“互利互惠的原则基础上”。此外，苏联还终止了对印度和越南在地区问题上的无条件支持，取消了对古巴的所有贸易补贴；宣布从1991年1月1日起，苏联所有盟国都必须用硬通货并以国际价格购买苏联商品，从1992年起终止与古巴的一切军事合作项目。

1986年7月28日，苏共中央总书记戈尔巴乔夫在符拉迪沃斯托克（海参崴）发表声明，宣布苏联将分阶段从阿富汗撤军，1986年年底前先期撤回6个团。1987年，戈尔巴乔夫再次表示，从1988年5月1日起，苏军开始撤出阿富汗，10个月内撤完。1989年2月15日，驻阿苏军总司令罗莫夫最后一个跨过苏阿界河。同日，苏联政府发表声明，苏军已全部撤出阿富汗。1989年12月23日，苏联人代会宣布1979年入侵阿富汗是少数几个人违背宪法作出的决定，应受到道义上和政治上的谴责；证实在10年的阿富汗战争中，苏军死亡、失踪的军人为141 421名。

（6）俄中关系改善。戈尔巴乔夫多次公开表示，希望中苏关系早日实现正常化。1989年5月16日上午，邓小平在北京人民大会堂会见了来访的苏共中央总书记、苏联最高苏维埃主席戈尔巴乔夫。邓小平宣布：“利用这个机会宣布中苏关系从此实现正常化。”此次会见，标志着中苏关系长达20余年的不正常状态结束，两国关系进入正常化轨道。

戈尔巴乔夫执政时期，苏联的对外政策在总体上解除了两大集团的全球性对抗，遏制了新一轮核军备竞赛，中止了苏美两国在第三世界的激烈争夺，使存在了几十年的冷战格局最终走向解体，这对于整个国际社会的和平发展是具有积极意义的。晚期的苏联外交虽然为独立后的俄罗斯与西方关系的修好奠定了基础，但由于苏联与以美国为首的西方关系的缓和基本上是在苏联单方面让步的情况下取得的，西方集团称霸世界的战略意图并没有改变；独立后的俄罗斯在继承苏联与西方集团的缓和与合作的基本外交原则后，如何维护自己已被严重削弱的国际地位和民族利益，成了其必然要面临的问题。

【思考与练习】

1. 戈尔巴乔夫改革主要经过了几个阶段？
2. “新思维”的主要内容是什么？

【延伸阅读】

[1] 戈尔巴乔夫．改革与新思维［M］．苏群，译．北京：新华出版社，1987.

[2] 沈志华．一个大国的崛起与崩溃——苏联历史研究专题（1917－1991）［M］．（共三册）．北京：社会科学文献出版社，2009.

[3] 周尚文，叶书宗，王斯德．苏联兴亡史［M］．上海：上海人民出版社，2002.

[4] 张建华．激荡百年的俄罗斯——20 世纪俄国史读本［M］．北京：人民出版社，2010.

[5]［美］杰克·马特洛克．苏联解体亲历记（上、下）［M］．北京：世界知识出版社，1996.

第十章　新俄罗斯政治

【导言】 苏联解体后，俄罗斯的政治体制发生了根本变化，从过去高度集权的政治模式逐步转变为一种具有俄罗斯特色的西方民主政治模式。俄罗斯政治体制转轨的最大特点，是在旧体制向新体制转变过程中经历了残酷的斗争。俄罗斯独立后不久，总统与议会之间围绕建立总统制还是议会制国家以及私有化等问题展开了激烈斗争，政局动荡不安，出现了“双重政权”局面。与此同时，分别支持总统与议会的政党、社会团体、群众之间冲突不断，流血事件时有发生。在严峻的形势面前，叶利钦于1993年10月动用武力逮捕了以议长哈斯布拉托夫为首的反对派人士，结束了“双重政权”的局面。1993年12月，俄就新宪法举行全民公决并获得通过，正式确立了法国式的半总统制政体；总统的权限大大提高，政治体制之争宣告结束，政局开始步入相对稳定的发展阶段。目前，俄罗斯西方式的民主政体已基本形成，总统制、三权分立、多党制等“民主政治”构架已基本完成。本章重点：俄罗斯政治体制的主要特色及与西方国家的区别。本章难点：俄罗斯特色的政治体制产生的原因。

第一节　俄罗斯的总统制

20世纪40年代苏联哲学家尼·亚·别尔嘉耶夫说过：“俄罗斯历史上

已经存在了不同形式的五个时期……可能还将有新的俄罗斯。”❶ 40 多年后，随着俄罗斯民主派与共产党争夺国家领导权的斗争、俄罗斯与联盟中央争夺权力的斗争以苏联解体、俄罗斯作为独立国家、作为苏联国际法意义上的继承国登上历史舞台，俄罗斯历史进入到一个新的时期——“新俄罗斯”时期。1991 年 12 月 25 日晚，在克里姆林宫上空飘扬了 69 年的、有着镰刀、锤子图案的苏联红色国旗在寒风中缓缓降下，代表俄罗斯的红、白、蓝三色国旗冉冉升起，标志着一个时代的结束和一个新时代的开始（见图 10－1、图 10－2）。

图 10－1　克里姆林宫

❶ ［俄］尼・亚・别尔嘉耶夫．俄罗斯思想——19 世纪末 20 世纪初俄罗斯思想的主要问题［M］．雷永生、邱守娟，译．北京：三联书店，1995：3.

图 10－2　俄罗斯联邦国徽

一、俄罗斯联邦总统的产生和任期

（一）俄罗斯联邦总统的选举

俄罗斯联邦现行宪法（见图 10－3）规定，任何年满 35 岁、在俄罗斯联邦定居 10 年以上的俄罗斯联邦公民都可以竞选俄罗斯联邦总统；同一个人不得连续超过两次担任总统；联邦委员会决定总统选举事宜；选民和竞选联盟均可推举总统候选人。根据 1995 年《俄罗斯总统选举法》，竞选联盟和选民倡议小组必须在中央选举委员会登记后才能参加总统选举；每个候选人必须向联邦中央选举委员会提交有关个人收入和财产的资料，征集足够的、符合宪法规定的签名，最后由中央选举委员会做出是否同意其参加竞选的决定；凡已获准登记的总统候选人享有同等权利、承担同等义务；未经总检察长同意，总统候选人不得被追究刑事责任、被逮捕或受行政处分。

俄罗斯联邦现行宪法第 81 条第 1 款还规定："俄罗斯联邦总统由俄罗斯联邦公民按照普遍、平等、直接的选举制，并采用无记名投票方式选举

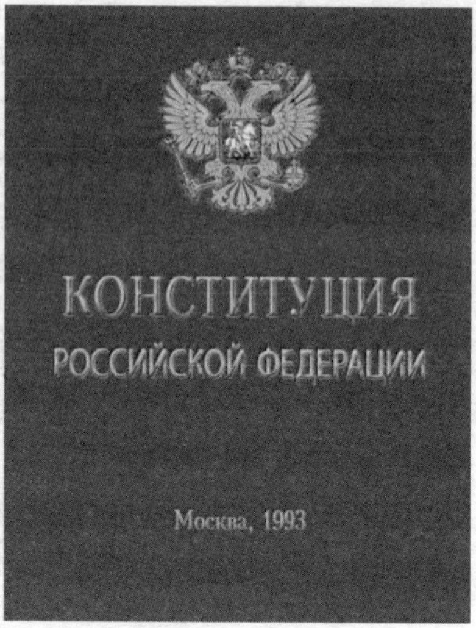

图 10－3　俄罗斯联邦宪法

产生。”上述规定表明俄罗斯联邦总统选举的基本原则如下：（1）普遍性。凡年满 18 岁的俄罗斯联邦公民都有选举俄罗斯联邦总统的权力；由法院认定为无行为能力的人以及根据法院判决被羁押在剥夺自由场所的公民除外。（2）平等性。每一个选民只有一个投票权，所有选民都在平等的基础上参加选举。居住在俄联邦境外或逗留于境外的俄联邦公民，与俄联邦国内公民一样享有选举俄联邦总统的全部权力。（3）直接选举。俄罗斯联邦总统由拥有选举权的俄罗斯联邦公民直接选举产生，而不是由议会或专门的选举团间接选举产生。（4）无记名投票。为了不妨碍公民意志的自由表达，俄罗斯联邦公民均在专门设立的封闭性投票室里画票，用无记名投票方式选举俄罗斯联邦总统。

俄罗斯联邦现行宪法第 81 条第 4 款规定：“俄罗斯联邦总统的选举程序，由联邦法律规定之。”俄罗斯联邦现行总统选举法规定总统选举包括 7 个阶段：（1）划分选区。（2）成立选举委员会。俄罗斯联邦中央选举委员会是常设性机构。在此阶段，主要是成立选区和选举分区的选举委员会。（3）选民登记。按照总统选举法规定，享有选举权的俄罗斯联邦公民都要进行选民登记。（4）总统候选人提名。选举联合组织、选举联盟或由 100 名以上选民组成的倡议小组有权提名俄联邦总统候选人。提名俄联邦总统候选人的单位或选民，必须为该总统候选人征集到 10 万名以上的选民签名支持。（5）竞选。各总统候选人在此阶段组织竞选班子，提出竞选纲领，研究和实施竞选策略，用会见选民、电视演讲和辩论、张贴和散发传单标语等各种形式拉选票。（6）投票。投票日禁止各种形式的鼓动宣传。（7）公布选举结果。根据俄罗斯联邦总统选举法第 15 条，得票超过参加选举者半数的候选人当选为俄罗斯联邦总统。

选举法还规定，如果候选人有两名以上，且其中任何候选人都没有当选，中央选举委员会将宣布对得票领先的前两名候选人进行第二轮投票；如果在第二轮投票中得票领先的候选人所得的赞成票数量超过完全反对票数量，则当选。如果出现总统选举被认为无效、参加第二轮投票的候选人在投票当日撤选或由于其他原因退选、参加第二轮投票的候选人无一当选等情况时，俄联邦委员会将宣布重新进行选举。在重新进行总统选举时，那些因其行为（或无为）造成选举无效或第二轮选举无效的候选人不能再度成为候选人。

（二）俄罗斯联邦总统的任期

按照俄罗斯联邦现行宪法规定，俄罗斯联邦总统每届任期 4 年；从宣誓就任总统起开始行使总统权限，到其任期届满、新当选总统宣誓就职时停止行使总统权限。俄罗斯联邦总统连选连任，但连续任职不得超过两届。俄宪法不限制已经担任过总统职务并在期满后卸任的人再次竞选总统。

俄罗斯联邦总统自选举结果正式颁布之日起第30日，在联邦委员会成员、国家杜马代表和俄罗斯联邦宪法法院法官出席的仪式上宣誓就职，誓词如下：“我宣誓：在行使俄罗斯联邦总统权限时，尊重和维护人民和公民的权利与自由，遵守和捍卫俄罗斯联邦宪法，捍卫国家的主权和独立、安全和完整，忠实地为人民服务”。总统从宣誓就职起正式行使总统权限，到任职期满、新当选总统宣誓就职时停止。

俄联邦总统在辞职、由于健康原因不能履行总统职责或受到弹劾时，提请停止行使总统权限，由俄罗斯政府总理担任临时代理总统。但代理总统无权解散国家杜马、决定全民公决以及对俄罗斯宪法条款提出修改。在此情况下，总统选举应在总统权力停止行使后的 3 个月内举行。

2008 年 11 月 5 日，俄罗斯总统梅德韦杰夫上任后首次发表国情咨文，提出三条关于行政改革的建议：将总统任期由当时的 4 年延长到 6 年；将国家杜马议员任期由 4 年改为 5 年；政府向议会报告工作，受议会监督。这是俄罗斯政府对 1993 年 12 月通过并实施的宪法首次提出修改。

11 月 14 日，俄国家杜马一读通过总统提交的关于延长总统和议员任期的提案；11 月 22 日，该提案在国家杜马最后一读（三读）表决中获得高票通过。

二、俄罗斯联邦总统的弹劾

俄联邦宪法第 91 条规定，“俄罗斯联邦总统享有不受侵犯权”，但宪法第 93 条又规定了弹劾俄罗斯联邦总统的根据和程序。

根据《俄罗斯联邦宪法（基本法)》的规定，总统如“违反俄罗斯联邦宪法、俄罗斯联邦法律以及俄罗斯联邦总统的誓词”就可被弹劾。1993 年 9 月 21 日，俄罗斯联邦总统叶利钦在电视上发表告俄罗斯公民书，宣布停止召开人民代表大会，停止俄罗斯联邦人民代表大会和最高苏维埃的执行、监督职能。俄罗斯联邦议会根据《俄罗斯联邦宪法（基本法)》第 121 条关于俄罗斯联邦总统无权解散或中止俄罗斯联邦人民代表大会和最高苏维埃活动的规定，指责总统解散议会的决定违宪，并根据弹劾总统的上述规定，决定剥夺叶利钦的所有权力，任命副总统鲁茨科伊为代总统。俄罗斯联邦宪法法院院长佐尔金也发表声明，宣布总统解散议会的决定违宪。

俄罗斯联邦总统叶利钦在总结上述经验教训的基础上，亲自主持制定的俄罗斯联邦现行宪法，将弹劾俄罗斯联邦总统的根据更改为“犯有叛国罪或其他重罪”。违宪已不再是弹劾俄罗斯联邦总统的根据。

俄罗斯现行宪法对弹劾总统的程序作出了极其严格的规定。按照规定，弹劾程序包括三个阶段：(1）国家杜马对俄罗斯联邦总统提出犯有叛国罪或其他重罪的指控阶段。在这一阶段，首先要有 1/3 以上国家杜马代表提出指控俄罗斯联邦总统的动议。其次，国家杜马为此组成的专门委员会经研究，作出同意对总统指控的结论意见。最后，国家杜马以其全体代表 2/3以上多数票通过国家杜马关于对俄罗斯联邦总统提出指控的决定。(2）国家杜马的决定经俄罗斯联邦最高法院和宪法法院证实阶段。在这一阶段，国家杜马对俄罗斯联邦总统提出的犯有叛国罪或其他重罪的指控，需要得到两个结论意见的证实。一是俄罗斯联邦最高法院关于俄罗斯联邦总统行为中具备犯罪要素的结论意见，二是俄罗斯联邦宪法法院关于国家杜马遵守已规定的、对俄罗斯联邦总统提出指控程序的结论意见。（3）联邦委员会作出弹劾俄罗斯联邦总统决定的阶段。联邦委员会需在国家杜马对俄罗斯联邦总统提出指控后的3个月内，在具备国家杜马专门委员会结论意见、俄罗斯联邦最高法院和俄罗斯联邦宪法法院上述结论意见的前提下，作出弹劾俄罗斯联邦总统的决定。[1]

联邦委员会全体成员2/3以上多数票通过，联邦委员会的决定才能生效。如果在国家杜马对总统提出指控后3个月内，联邦委员会未能作出弹劾总统的决定，国家杜马对总统的指控即被认定为否决。也就是说，上述第二、三阶段加起来的最高期限为3个月。

因此，俄罗斯联邦现行宪法规定的总统弹劾制被有的媒体评论为：尽管规定了弹劾总统的制度，但细节方面的规定使弹劾几乎不能实现。

三、俄罗斯联邦总统的职权

俄联邦宪法规定，“俄罗斯联邦的国家权力，由俄罗斯联邦总统、联邦会议（联邦委员会和国家杜马）、俄罗斯联邦政府、俄罗斯联邦法院行使”。因此，俄罗斯联邦国家权力实行三权分立制度。作为俄罗斯联邦的代表机关和立法机关的俄罗斯联邦议会行使立法权，俄罗斯联邦政府行使行政权，俄罗斯联邦法院行使司法权。但俄罗斯联邦现行宪法又规定，“俄罗斯联邦总统是国家元首”。这表明，俄罗斯联邦总统在俄罗斯联邦政治舞台上占有最突出的地位。它凌驾于联邦会议、俄罗斯联邦政府、俄罗斯联邦法院之上，拥有极为广泛的权力。按照俄罗斯联邦现行宪法的规定，俄罗斯联邦总统的权力可以划分为下述几类。

（1）保障宪法实施方面的权力。主要有：采取措施保卫俄罗斯联邦主权、独立和国家完整；保证国家权力机关协调一致地工作和相互作用，利用协调程序解决俄罗斯联邦国家权力机关同俄罗斯联邦主体国家权力机关

[1] 刘向文．试谈俄罗斯联邦的总统制［J］．东欧中亚研究，1994（10）．25.

之间的纠纷以及俄罗斯联邦主体国家权力机关之间的纠纷，并在未达成一致意见的情况下，将解决纠纷的办法提交有关法院审议；废除与俄罗斯联邦宪法、联邦法律、联邦总统命令相抵触的俄罗斯联邦政府的决议和命令，中止与俄罗斯联邦宪法、联邦法律、联邦国际义务相抵触或者侵犯人和公民权利与自由的联邦主体文件的效力，一直到有关法院解决这一问题为止；就联邦法律，联邦委员会、国家杜马、俄罗斯联邦政府的规范性文件是否符合俄罗斯联邦宪法向俄罗斯联邦宪法法院提出询问；决定举行全民公决；决定俄罗斯联邦国籍问题和提供政治避难问题；成立俄罗斯联邦总统办事机构；任免俄罗斯联邦总统全权代表。❶

（2）立法权方面的权力。俄罗斯联邦的立法活动可分为提案、审议、表决、公布 4 个阶段。俄罗斯联邦总统有向国家杜马提出法律草案和公布法律的权力。俄罗斯联邦总统的法律公布权，不仅具有签署、公布等程序上的意义，而且具有是否批准的现实意义。按照俄罗斯联邦现行宪法第 107 条的规定，通过后的联邦法律须送交俄罗斯联邦总统签署公布。总统须在 14 日内签署和公布法律。如果总统自收到联邦法律起 14 日内否决了该法律，国家杜马和联邦委员会该按照联邦宪法规定的程序重新审议。

俄罗斯联邦总统还拥有规定国内外政策、向联邦会议提交有关国内形势和国内外政策基本方针的年度咨文、发布命令和指示的权力。

（3）执行权方面的权力。俄罗斯联邦总统拥有外交权，包括：统管俄罗斯联邦对外政策；在国内和国际事务中代表俄罗斯联邦接受外国使节的国书；同联邦会议相应委员会或两院委员会协商后，任免俄罗斯联邦驻外国和国际组织的外交代表；谈判并签署俄罗斯联邦国际条约、签署批准书等。

俄罗斯联邦总统拥有军事权，包括，作为俄罗斯联邦武装力量最高统帅，有权成立和领导俄罗斯联邦安全会议、批准俄罗斯联邦军事理论、任免俄罗斯联邦武装力量最高指挥官、宣布俄罗斯联邦全国或个别地区实行战时状态或紧急状态——但要立即通知联邦委员会和国家杜马。

---

❶ 刘向文．试谈俄罗斯联邦的总统制［J］．东欧中亚研究，1994（10）．25.

俄罗斯联邦总统拥有任免权，包括：①提名权。总统向联邦委员会提出俄罗斯联邦宪法法院、俄罗斯联邦最高法院、俄罗斯联邦总检察长、俄罗斯联邦最高仲裁法院审判员候选人；向联邦委员会提出解除俄罗斯联邦总检察长职务的问题；向国家杜马提出俄罗斯联邦中央银行行长候选人，提出解除其职务的问题。②任免权。总统征得同家杜马同意，任命俄罗斯联邦政府总理，作出俄罗斯联邦政府辞职的决定；根据俄罗斯联邦政府总理提议，任免俄罗斯联邦政府副主席、联邦部长，任命除俄罗斯联邦宪法法院、俄罗斯联邦最高法院、俄罗斯联邦最高仲裁法院以外的其他联邦法院审判员。

俄罗斯联邦总统还有主持俄罗斯联邦政府会议的权力。

（4）其他权力。主要有：在司法权方面，俄罗斯联邦总统拥有特赦权；在议会方面，包括召集国家杜马会议、解散国家杜马、确定国家杜马选举的权力；荣典权，包括授予俄罗斯联邦荣誉称号、最高军衔和最高专门称号、颁发俄罗斯联邦国家奖赏等。

四、俄罗斯联邦总统制的特点

现代资产阶级国家的总统制，主要有两种形式：一是以美国为代表的典型总统制，一是以法国为代表的兼有议会制特点的总统制，又称半总统制。在美国式总统制下，总统既是国家元首，又是政府首脑；政府部长都是总统的下属，由总统按法定程序任免，向总统负责。总统和议会之间的关系是：总统不对议会负责，议会不能以通过不信任案为手段迫使总统辞职，但可以弹劾总统；总统无权解散议会。在法国式总统制下，总统为国家元首，主持政府会议，但不兼任政府首脑；总统有权按法定程序任免总理和政府其他成员；政府对其行使职权的活动不向总统负责，而是对议会负责，议会根据通过的不信任案追究政府责任；总统在与总理及议会两院议长磋商后，有权解散国会。

俄罗斯联邦总统制是法国式总统制，总统由选民直接选举产生。总统作为国家元首，拥有美国式总统制国家元首所拥有的权力；同时，他还拥有后者所没有的一些权力，如解散国家杜马、监督宪法的执行、采取措施以保证国家权力的正常行使、决定举行全民公决等。俄罗斯联邦总统不兼任政府首脑，但政府活动实际上由总统控制。政府总理和其他成员由总统按法定程序任免，政府会议也由总统主持。在国家杜马对政府提出不信任案后，总统可以宣布政府辞职或解散国家杜马，但总统不辞职。可见，俄罗斯联邦总统制既保留了政府对议会负责的形式，又赋予俄罗斯联邦总统比美国总统更大的权力。

应当指出，尽管俄罗斯联邦现行宪法确认了法国式总统制，但它赋予俄罗斯联邦总统的权力比法国总统的权力要大得多。例如，俄罗斯联邦总统发布的命令，不需要总理或有关部长副署；有权决定国内外政策的基本方针；可独立作出解散国家杜马的决定，无需同总理及议会两院议长磋商；总统不可侵犯，等等。

还应当指出，俄罗斯联邦现行宪法对俄罗斯联邦总统某些职权的规定过于笼统。例如，“俄罗斯联邦总统是俄罗斯联邦宪法的保障”，有权“采取措施保证国家权力机关协调一致地工作和相互作用”。如果考虑到俄罗斯联邦现行宪法是在1993年“十月事件”后制定的这一背景，可以认为上述规定给予总统“任意行动”的极权。美国前国家安全顾问布热津斯基指出：“叶利钦总统的极权主义倾向使得建立民主俄罗斯的新宪法变成一份能够轻易用来使个人独裁合法化的文件。”❶

1993年“十月事件”：又称“炮打白宫”事件。1993年10月3日，俄罗斯总统叶利钦发布在莫斯科实行紧急状态令。4日凌晨，俄政府军奉命进入莫斯科；8时许，政府军的数十辆坦克和装甲车包围了议会大厦，随后发起进攻。政府军同忠于议会的战斗队进行了长达10个小时的激战。最后，议长哈斯布拉托夫、议会任命的代总统鲁茨科伊以及支持议会的几名将军被捕。据官方公布，这场流血冲突造成142人死亡、744人受伤。

❶ 刘向文．试谈俄罗斯联邦的总统制［J］．东欧中亚研究，1994（10）．

第二节 俄罗斯联邦议会

俄罗斯议会称为俄罗斯联邦会议，是俄罗斯的代表和立法常设机关（见图10－4）。联邦会议由联邦委员会和国家杜马两院组成，前者称为上院，后者称为下院。联邦委员会和国家杜马分别举行会议，两院可举行联席会议听取总统咨文、宪法法院咨文和外国领导人的讲话。会议一般公开进行，但议院有权在议院规则规定的情况下举行秘密会议。

联邦委员会委员和国家杜马代表在任职期间不受侵犯，除非因犯罪被当场抓获。

图10－4 俄联邦议会大厦（白宫）

一、国家杜马

“杜马”一词，是俄文（дума）音译，意为“议会”；而Дума又来源

于俄文动词 думать，意为“思考”。沙皇俄国原是君主专制国家，直到1905年爆发革命，沙皇尼古拉二世为缓和政治危机，才于同年9～10月间宣布召集“国家杜马”，即国家的议会。1917年十月革命胜利后，苏俄建立了“议行合一”的苏维埃制度。1993年，俄罗斯又恢复了“国家杜马”的称呼。

俄罗斯在1993年建立国家杜马之前，仍沿用苏联时期的做法。苏联的议会是“人民代表苏维埃”，两院制的“最高苏维埃”是其常设机构，内分联盟院和民族院。1988年，苏联将“人民代表苏维埃”改革为“苏联人民代表大会”，其常设机构依然称“最高苏维埃”。俄罗斯联邦在当时也依此成立了“俄联邦人民代表大会”，“俄联邦最高苏维埃”是其常设机构。

1993年10月俄罗斯“炮打白宫”事件发生后，叶利钦总统宣布废除苏维埃制度，建立新的联邦议会，由“联邦委员会”和“国家杜马”组成上、下两院。

国家杜马有450名代表，每4年选举一次。其中225名代表由选民在按全国人口划分的225个单席位选区选举产生，另外225名代表按政党或竞选联盟在选举中的得票率分配。俄联邦宪法规定，任何没有跨越5%得票率“大关”的党派不仅不能参与党派竞选席位的分配，而且该党以独立候选人身份在地区选区当选的代表也无权在国家杜马中单独组成议员团。国家杜马代表必须年满21周岁，为专职常任工作，不得兼任联邦委员会委员，不得担任国家执行权力机关的公职，不得从事其他有报酬的活动，教学、科研以及其他创造性活动除外。国家杜马下设若干个专门委员会，它们对其所管辖的问题进行议会听证会。国家杜马在其代表中选举主席、第一副主席和若干名副主席，负责主持本院的会议和管理本院的内部事务。

国家杜马的职权范围是：在俄罗斯联邦宪法未作特殊规定的情况下，单独通过联邦法律；同意总统对政府总理的任命；决定对政府的信任问题；宣布大赦；任免人权全权代表；任免中央银行行长；任免审计院主席及其半数审计员；提出罢免总统的指控等。

联邦法律一般由全体国家杜马代表的多数通过，俄罗斯宪法有其他规定的情况除外。需呈报联邦委员会同意的联邦法律，国家杜马应在本院通过后 5 日内转交联邦委员会审议；如果联邦委员会半数以上的委员投票赞成，或者联邦委员会在 14 日内未作审议，则被视为联邦委员会赞成。如果联邦委员会否决国家杜马通过后的联邦法律，两院可建立调解委员会消除分歧，并由国家杜马对联邦法律进行复议。如果国家杜马再次表决时有不少于国家杜马代表总数 2/3 的代表投票赞成，则联邦法律被视为通过。通过后的联邦法律应在 5 日内递交俄罗斯总统，总统应在 14 日内签署并颁布。如果总统在 14 日内驳回该法律，而在重新审议时联邦委员会和国家杜马分别以 2/3 的多数再次通过，则总统必须在 7 日内签署并颁布（见图 10 - 5）。

图 10 - 5　俄罗斯总理普京向国家杜马作政府工作报告（2009 年）

资料来源：http：//news. xinhuanet. com/photo/2009 - 04/06/content_ 11139219. htm.

二、联邦委员会

俄罗斯联邦宪法第 95 条规定："委员会之组成由各主体推派两名代

表。”一位代表是由联邦主体的议会选举出，另一位则是由主体的行政首长推荐并经过议会同意后任命；2000年之前每位联邦主体的首长会自荐为上院议员，同时又兼任地方上的职务。普京于2000年8月5日签署总统令，批准了新的联邦委员会组成程序法。按照该法的规定，联邦委员会的代表不再由各联邦主体的立法权力机关首脑和执行权力机关的长官担任，而是分别由它们的立法权力机关选举和执行权力机关长官任命产生。凡年满30周岁，依照俄联邦宪法享有选举和被选入国家权力机关权利的俄公民，都可以当选或被任命为联邦委员会代表。

联邦委员会设主席和若干名副主席，由联邦委员会全体委员选举产生。他们主持本院的会议、管理本院的内部事务。联邦委员会下设若干个专门委员会，它们对所管辖的问题进行议会听证会。

联邦委员会的职权范围：批准总统关于实行战时状态的命令；批准总统关于实行紧急状态的命令；决定能否在俄罗斯境外动用俄罗斯武装力量的问题；批准联邦主体间边界的变更；确定总统的选举；罢免总统的职务；任命宪法法院、最高法院和最高仲裁法院的法官；任免总检察长；任免审计院副主席及其半数审计员；对国家杜马通过的涉及联邦预算、联邦税收和收费、金融、外汇、信贷与关税调节、货币发行、国际条约、俄罗斯国家边界的状况与保卫、战争与和平等问题的联邦法律进行复审。

第三节　俄罗斯联邦政府

根据俄罗斯联邦宪法和俄罗斯联邦政府法的规定，俄罗斯政府是国家权力最高执行机关，在俄罗斯总统的指导和总理的主持下开展工作。

一、政府的组成及其建立程序

政府成员包括政府总理、2~3名第一副总理、若干名副总理、各联邦部长和国家委员会主席；俄罗斯联邦境内的各共和国政府总理以及俄罗斯政府办公厅主任也是俄罗斯政府成员。根据总理的提议，俄罗斯总统可以把政府下属的其他中央国家管理机关的领导人列入俄罗斯政府成员。

政府总理由总统征得国家杜马同意后任命。新总统上任后，或者总统在内阁总辞职或在国家杜马否决总理候选人后，都需要提出新的总理候选人。如果国家杜马三次否决总理候选人，则总统可以直接任命总理并解散国家杜马，重新选举。总理在获得任命后，有权决定政府工作的基本方向、领导相关工作，并向总统提交有关联邦执行机构组成的建议。

第一副总理、副总理、部长、国家委员会主席以及其他中央管理机关领导人由总统根据总理的提名任免。外交部长、国防部长、内务部长、对外情报局长等联邦政府的强力部门领导人由总统直接任免。

政府成员及其副职不得同时兼任国家杜马代表，不得在国家、商业、社会机关和组织内担任其他职务，无权从事企业经营活动以及其他有偿工作，但教学、科研和其他创造性工作除外。

讨论政府工作重要问题的政府成员会议每季度至少召开一次，会议由总理主持；只要有不少于2/3 的成员出席，就符合法定人数。政府首脑监督政府纲领和总统委托任务的完成情况，对业务问题作出决定并定期向总统汇报工作。总统有权主持政府成员会议，总统代表可以出席会议，联邦主体行政长官可以列席会议；会议决议由多数票通过。❶

政府主席团是政府的常设机关，由总理、第一副总理、副总理、财政部长、经济部长、外交部长、国防部长、内务部长、国家财产管理委员会主席、政府办公厅主任等组成。主席团决议以其委员总数的多数通过，不得与政府成员会议的决定相抵触。

总统有权独立决定解散政府。宪法没有指明解散政府所需条件，这意味着总统可以自行作出决定。政府可以提出辞职，总统可以接受或拒绝；如果辞职被拒绝，政府将继续工作。政府在新当选的俄罗斯总统就职时卸任。总统可以废除与俄罗斯联邦宪法、联邦法律和总统令相抵触的政府决议和命令。

---

❶ “俄罗斯联邦政府”，百度百科，http：//baike. baidu. com/link.

国家杜马也可以对政府投不信任票。如果下院在3个月内两次对政府投不信任票，那么总统要么宣布解散政府，要么宣布解散国家杜马，重新进行议会选举。

二、政府的职权

俄罗斯联邦政府的职权包括：制定并向国家杜马提出联邦预算；保障联邦预算的执行并向国家杜马报告其执行情况；保障在俄罗斯实行统一的金融、信贷和货币政策；保障俄罗斯在文化、科学、教育、卫生、社会保障和生态领域实行统一的国家政策；管理联邦财产；实施保障国家防御、国家安全和贯彻联邦对外政策的措施；实施保障法制、公民的权利与自由、保护财产和社会秩序以及与犯罪现象作斗争的措施；履行俄罗斯宪法、联邦法律和俄罗斯总统令赋予的其他职权。

第四节 俄罗斯的政党制度

俄罗斯政党制度的确立和发展主要是从苏联时期的一党制转向西方式的多党制。俄罗斯多党制的确立经历了一个从混乱无序状态逐渐走向规范化和法制化的过程。普京执政以来，对政党制度进行了一系列改革，特别是《政党法》的制定和实施，使政党活动逐步走上法制化轨道，政党在国家政治生活中的作用也有所提高。各类政党和政治组织经过重新组合，初步形成左、中、右三派政党组成的多党制格局。但是，与西方国家的多党制相比，俄罗斯的政党制度还不成熟，仍然存在不少问题。

一、俄罗斯多党制的确立和发展

（一）苏联改革与一党制的终结

俄罗斯由共产党执政的一党制到多党并存，始于戈尔巴乔夫执政后期。根据1990年2月苏共中央全会通过的《走向人道的、民主的社会主义》行动纲领草案中关于实行“民主化”和“政治多元化”的决定，1990年3月苏联第三次非常人民代表大会通过了对苏联宪法第 6 条的修正案，从法律上取消了苏共的领导地位，承认了多党制原则。同年 10 月 9 日，苏联最高苏维埃通过《苏联社会联合组织法》，为政党的建立提供了法律保障。此后，在“意识形态多元化”的背景下，苏共党内和社会上出现了包括政党在内的各种各样的政治组织。

（二）叶利钦时期：多党制的确立

1991 年 6 月，叶利钦当选为俄罗斯联邦首任总统，标志着共产党从此失去执政地位。叶利钦执政时期，俄罗斯多党制创立并有所发展，初步建立了现代政党制度。

俄罗斯独立初期，人们热衷于政治参与，社会上出现了成百上千个形形色色的政党和政治组织，它们的主张和政治纲领不一，组织情况也差别很大。在反对叶利钦的、以俄共为首的左翼政党和拥护叶利钦的右翼“激进民主派”政党及其他组织之间展开了激烈的斗争。斗争以示威游行等街头活动为主要形式。“十月事件”后，1993 年 12 月以全民公决的方式通过的新宪法宣布：“每个人都享有自由组成社会联合组织的权利”，“在俄罗斯联邦，承认政治多元化和多党制”。这奠定了俄罗斯多党制的宪政基础。

1993 年宪法通过后，各党派不再热衷于“街头政治”，而是把主要精力放在合法斗争、参加选举方面，选举成为多党政治活动的主要内容。围绕总统选举、议会选举、地方行政长官和地方议会选举，各党派大都遵照有关法律进行精心准备，制定竞选纲领，展开宣传鼓动，尽力争取选民支持，以赢得各级政权。因此，选举活动客观上促进了政党发育和政党集中化趋势。到叶利钦执政后期，在俄罗斯政治生活中形成左、中、右和民族主义四种政治力量格局，俄罗斯逐渐改变了独立初期党派林立的状况；议会主要由几个固定党组成，俄罗斯的政党政治已逐步走上正轨。俄罗斯多党制的发展初步摆脱了混乱无序的无政府状态，所采用的方式方法完全符合宪法和法律的规定，也符合现代政党政治的原则。西方政党制度在俄罗斯基本确立，俄罗斯政党体制逐渐趋于稳定。

（三）普京时期：政党制的成熟

普京执政后，在政党制度建设方面采取了多种改革措施，以规范、制约政党行为。2001 年，颁布了《俄罗斯联邦政党法》，制约政党行为，规范政党组成。该法对政党的登记、成立和撤销、政党的宗旨和活动形式、党员的人数和地区组织的数量、政党的权利和义务等问题都作出详细规定。其中，比较重要的内容有：政党必须拥有 1 万名以上成员，并且至少在一半以上联邦主体内建有人员不少于 100 名的地区组织，在其他联邦主体的地区组织成员不少于 50 名；不允许按职业、种族或宗教属性建立政党；政党必须推举候选人参加全国立法、权力机构和地方各级自治代表机构选举；成立政党必须先组成发起委员会，举行成立大会，然后召开代表大会，通过党的纲领和章程，并把这些文件提交负责政党登记的部门审核；凡在杜马选举中得票超过 3% 而组成议会党团或通过单席位选举制在议会中拥有 12 名议员的政党，都可以获得国家的财政资助。《政党法》的实施有利于提高政党的制度化水平，对规范政党活动和完善竞选具有重要意义。

2004 年 9 月，“别斯兰人质事件”迫使普京进一步深化政治体制改革，并明确提出：能够保障社会和政府在与恐怖主义斗争中进行对话和互动的机制之一，就是全国性政党；而且，为了加强国家的政治制度，必须在国家杜马选举中实行比例代表制。为此，2004 年 11 月 3 日，普京签署《政府法》修正案，取消《政府法》中对联邦政府总理和部长级官员担任政党和其他社会组织内领导职务的限制。这意味着政府官员可以直接参与政党活动，也从理论上为议会制责任制政府的可能创造了条件。

2004 年 12 月 22 日，普京签署《俄罗斯政党法》修正案，其中主要规定全国性政党的党员数量不得低于 5 万人，并禁止地方性政党的建立。根据该修正案，截止到 2007 年 9 月第五届国家杜马选举前夕，符合《俄罗斯政党法》规定的政党只有 15 个。

2005 年 5 月 19 日，普京签署《国家杜马代表选举法》。该法的主要规定为：第一，俄罗斯在国家杜马选举中，将全部按照“比例代表制”的方式进行选举，取消“混合选举制”，即国家杜马所有 450 个议席将在取得进入国家杜马资格的政党中，按照其得票比率进行分配；第二，获得参选资格的政党的全联邦性候选人不得超过 3 人，其余候选人须全部登记在地区选区的选票上，且参选政党须在不少于4/5的联邦主体内提出自己的候选人名单；第三，只有获得7%以上选票的政党才能进入国家杜马。也就是说，单一选区制的取消导致独立候选人不能参加国家杜马的选举，国家杜马的运行机制完全是议会党团体制；原先存在的独立议员团被取消，选民只能以选举某个政党的方式参与国家杜马选举；政党成为选举的唯一主体，这将极大地促进政党制度的规范化发展。

二、现行俄罗斯政党制度的特点

经过10多年的演变和发展，以《俄罗斯政党法》的通过为标志，俄罗斯政党体制已经基本建立。这表现在以下几个方面。

第一，政党作为社会民主制度的组成部分，在国家政治生活中的地位被固定下来。绝大多数政党接受并认可了俄罗斯的政治制度；按照共同的"游戏规则"，议会成为政党活动的主要场所，各类政党主要以参与竞选和议会斗争的方式影响国家的政治进程。"众所周知，俄罗斯宪法没有为政党提供组成政府的权力。但是任何人也不会认为自己可以不考虑多党利益。政党成为民主制度的组成部分。"❶

第二，与苏维埃时期及反对苏共"极权体制"的苏联后期不同，现代俄罗斯政党已经逐渐转变为联系国家权力和社会各阶层民众的"纽带"和"桥梁"，发挥维系政权（或反对政权）的工具作用。政党在竞选和议会活动中代表某一或某些阶层选民的意志，表达各自的政治主张；公民也可以通过支持某个政党或某个政党候选人的方式表达自己的意志，政党的存在起到了稳定社会的作用。而俄罗斯执政权力的实现也需要利用政党制度：叶利钦和普京时期，每次议会选举或总统选举之前，当权者都试图以组建"政权党"的方式争取选民的支持。

第三，随着俄罗斯政党体制由混乱、无序逐渐发展到稳定、有序，俄

---

❶ ［俄］A. 伊万琴科主编．俄罗斯：政党·选举·政权［M］．莫斯科："观察员"信息出版社，1996：214．转引自：薛福岐．俄罗斯政党制度及其改革［J］．俄罗斯中亚东欧研究，2010（7）．

罗斯议会中也形成了一个相对稳定的政党格局：一是经过 10 多年的议会斗争和竞选活动，议会中形成了几个有一定选民基础和政治倾向的固定的政党和派别，历届国家杜马的大部分代表基本上是这些政党或政治组织的成员，有些代表甚至连任几届，成为“职业议员”；二是议会斗争的结果使得议会中的各种政治力量不断分化、组合，那些极端的或激进的、与现政权相排斥的政治派别和政治主张逐渐被抛弃，代之以不同派别之间纲领上的趋同，这在普京执政以后的两届议会选举中表现得尤为明显。

然而，与西方国家传统的政党政治相比，俄罗斯政党制度又存在明显缺陷。其一，俄罗斯的政党发育不足。除俄共外，其他绝大多数政党都不能被称为群众性政党，它们或是受到某些社会集团青睐的所谓“精英党”，或是以政权上层人物为代表的所谓“领袖党”，甚至是有着明显极端倾向的“民族主义党”。这些政党大多结构松散，组织性不强，政治纲领雷同，群众基础有限。其二，俄罗斯政党的地位和作用受到限制。在俄罗斯现行政治体制下，总统权力凌驾于其他权力之上，政党的作用仅限于参与选举和进行议会活动。各主要党派对总统的决策难以形成必要牵制，也无法对政府的组成产生直接影响。这种状况导致叶利钦时期议会反对派与当权派之间相持不下、长期尖锐对立，严重影响了社会的稳定与发展。其三，政党与政权脱节。在西方“民主政治”制度下，政党政治的主要功能之一是为政权与执政者充当政治支柱。而在俄罗斯政治生活中，尤其是叶利钦执政期间，政党并没有成为执政者依靠的政治力量，而仅仅是政权利用的工具。由于“超党派”形象更有利于他利用个人魅力拉拢选民，更便于他利用党派之间的矛盾，叶利钦一直以独立候选人的身份参加总统竞选。这在 1996 年的总统选举中表现得尤为突出。

三、目前俄罗斯的主要政党

在社会转型过程中，俄罗斯始终存在左、中、右三大派政治力量，每一派都有为数众多的政党和组织。在普京第一任期内，俄罗斯左、中、右三派并存的政党格局虽已形成，但各派政党之间的力量对比发生了重大变化；中派政党逐渐壮大，右翼政党力量下降，左派政党受到削弱，主体框架始终是政权党和反对派俄共的对峙。

统一俄罗斯党是支持普京的中派政党。该党宣称是总统的支持者和总统政策的执行者，“其宗旨是使俄罗斯联邦公民通过形成和表达他们的政治意愿参加社会政治生活，参与社会政治活动、选举和全民公决，以及表达国家机关和地方自治机关公民的利益”。该党还宣称奉行“自由、法律、公正和和睦”的共同价值观，以此将全俄“团结和祖国”——统一俄罗斯党的全体党员联系在一起。

俄罗斯联邦共产党是俄罗斯最大的左翼反对党。俄共成立于1991年6月，“8·19”事件后被禁止活动，1993年2月重建并恢复活动，根纳季·久加诺夫成为党的最高领导人（见图10－6）。俄共的政治纲领是：努力争取获得苏维埃形式的人民政权；捍卫俄罗斯作为一个联邦共和国的国家统一和领土完整；吸取苏共的历史教训，建设一个有组织的、民主的、代表所有劳动者利益的党。战略目标是，通过议会斗争和宪法手段获得政权。在经济、社会政策上，反对强行私有化，赞成不同形式所有制的最佳结合。2011年12月，第六届杜马选举，俄共获得92个席位，保持第二大党的地位。

右翼自由主义政党是俄罗斯政治结构中的右派力量，主要有“亚博卢”联盟、“右翼力量联盟”和日里诺夫斯基领导的自由民主党。“亚博卢”联盟成立于1993年10月，代表中产阶层的利益，主张在市场经济轨道上进行改革。右翼力量联盟也是一个右翼自由主义政党，成立于1999年8月，由涅姆佐夫、丘拜斯等人领导。日里诺夫斯基领导的自由民主党也是一个右翼民族主义政党，成立于1989年12月13日，主张俄罗斯民族利益高于一切，致力于恢复俄罗斯昔日的超级大国地位。由于带有强烈的民族主义色彩，曾得到部分选民的支持，在第一届杜马选举中获22.19%的选票，一度成为国家杜马第一大党；在之后的两届杜马选举中，分别获

图 10－6　俄共领导人久加诺夫（2007 年）

资料来源：http：//rusnews. cn/eguoxinwen/eluosi_ neizheng/20071203/41977805. html.

11. 18%、5. 98% 的选票。但近年来，该党力量剧减，影响逐渐缩小。[1]

随着社会转型期各种矛盾分化、演变，俄罗斯左、中、右三种政治力量的对比发生了根本性变化，其结果是中派力量上升，左、右力量削弱，俄政党初步呈现出多党并存、一党主宰政坛、反对党继续分化、组合的格局。

[1] "俄罗斯各主要政党情况一览"，载 http：//www. china. com. cn/chinese/HIAW/464635. htm.

第五节　俄罗斯联邦制

一、俄罗斯联邦制的历史发展

（一）苏联时期俄罗斯联邦制的实质

历史上俄罗斯是一个中央集权的沙皇专制国家，在不断对外扩张中兴起、形成和强化了帝国体制和专制统治；在加强中央集权的过程中，形成了一套从中央到地方的、完善的官僚机构。虽然在帝国时期也曾有过拥有一定自治权的公国，但并未从根本上改变帝国的单一制结构性质，地区政权只是中央政权在地方的延续。

1917 年“十月革命”胜利后，列宁领导布尔什维克党创建了世界上第一个社会主义国家。1918 年 7 月通过的苏俄宪法，首次从法律层面确认了一种特殊形式的联邦制。在这种联邦制下，边疆区、州、省、专区等主体被视为单一制的组成部分，只有自治州联盟是俄罗斯联邦的主体。1918 年苏俄宪法确认的联邦制，是俄罗斯“联邦制”的肇端。自此之后，俄罗斯在其历史发展的各个时期一直都实行联邦制。需要指出的是，苏俄之所以实行联邦制，是为了应对当时复杂的政治局面、解决当时的民族问题，通过整合为一个统一的国家以抵御外国的干涉和侵犯；这种联邦制是具有过渡性质的“权宜之计”，目的在于建构一个独立、统一和稳定的民族国家。

在整个苏联时期，先后颁布并实施了三部社会主义性质的宪法，它们都确认了由清一色联邦主体（加盟共和国）组成的联邦制。从联邦制的运转实践看，在改革和变迁的过程中，苏联时期的联邦制逐步“异化”，呈现出“集权化”特征，并逐渐扮演起单一制的角色。主要原因是：一方面，当时苏联实行高度集中的政治经济体制，逐步挤压了真正意义上的联邦制的存活空间；另一方面，当时苏联的主要政治诉求在于建成高度发达而又强大的社会主义国家，引领社会主义国家阵营，并没有对联邦制本身所蕴含和承载的民主价值予以应有的关切。也就是说，苏联时期名义上实行的是联邦制，但其党政不分、政企不分的体制实际上仍然是高度集权的。

（二）叶利钦时期联邦模式的选择和特点

1. 条约联邦制

1991 年年底苏联解体后，俄罗斯面临严重的联邦制危机，地方主义、分离主义和恐怖主义严重威胁着这个新生的主权国家。为维护和捍卫俄罗斯的独立、统一和稳定，俄罗斯新一轮的联邦制改革随着各联邦主体日益高涨的、声张“主权”的浪潮拉开帷幕。

从俄罗斯独立之初到 1993 年宪法通过之前，是俄联邦面临解体的危机时期。民族共和国独立主权运动和地区“共和国化”进程，严重威胁到俄联邦领土、主权的统一和完整。为避免重蹈苏联覆辙，1991 年初至 1992 年 4 月，在没有宪法规定的情况下，俄罗斯联邦中央与地区政权经过艰苦谈判，软硬兼施地迫使大部分联邦主体签署了《联邦条约》，遏制了各共和国闹独立的趋势，初步巩固了联邦体制，降低了俄罗斯联邦解体的危险。

由于俄罗斯独立之初实施“休克疗法”的激进市场改革进展很不顺利，不但没有立即改善国家的政治经济状况，反而使国家、社会失序、管理失控、联邦中央对地区的控制能力日趋削弱。与此同时，在地区利益的驱动下，联邦主体的权力和势力却急剧膨胀，一些共和国甚至大胆地提出独立的要求。新联邦关系的形成和确立变成了中央和地方对权力的相互争夺、讨价还价。1992 年 3 月 31 日，经过与各联邦主体艰苦的谈判，联邦中央最终与 86 个联邦主体（鞑靼斯坦和车臣—印古什两个共和国未签字）签署了《俄罗斯联邦条约》。联邦条约大大增强了联邦主体的自治权限。根据条约规定，共和国在其境内拥有除了规定为联邦机构管辖权限以外的全部权力。共和国的地位和领土未经其同意不得变更，土地、矿藏、水源和动植物是生活在其境内的人民的财富。

联邦条约的签署带来两种结果：一是在联邦构成中增加了新的联邦主体。除原有的民族自治共和国、自治州和自治区外，州、边疆区等行政区域也成为联邦主体，这样俄联邦主体数量就从原来的 32 个达到 89 个，几乎是原来的 3 倍。二是联邦主体划分除了以民族区域为准外，还以行政区域为标准组建，而行政区域是人为划定的，不是自然形成的。值得注意的是，在联邦条约中提到俄联邦成员共和国是主权国家。因此，该条约的签署虽然挽救了俄联邦免于解体，但是又为联邦内分离主义势力发展和国家统一埋下了隐患。

在俄联邦独立初期，联邦中央对来自地方的政治升格呼声采取了让步政策，提升了联邦主体或联邦主体下属行政区划的政治地位，极大地鼓舞了各民族联邦主体的自主倾向。各联邦主体在政治地位上取得一些政治权力的同时，开始要求经济利益。联邦中央同样在经济上通过各种协议、条约等让利给民族地方。到 1998 年，这类条约竟达 45 个。普京总统上任后曾指出，20 世纪 90 年代中期联邦中央做了许多收买地方的事情，虽然帮助俄领导人达到了当时的主要目的，但是地方很快开始利用这些条约维护自己的利益，甚至伸手向联邦中央索要各种本应属于联邦中央的权益。

2. 协商联邦制

1993 年 12 月 12 日俄罗斯全民公决通过新宪法后，俄联邦中央采取了多种措施，以使俄罗斯联邦中央与联邦主体的关系和权力运作都能统一到新宪法的框架中，使俄罗斯朝着制宪联邦制的方向发展。❶ 俄联邦宪法规定，俄罗斯联邦由 89 个形式多样的平等联邦主体构成，加入联邦的各个联邦主体不仅有组织形式上的区别，还各自拥有不同的权利和地位，彼此在法律和行政上独立，但又相互协调合作。由于俄联邦宪法是一定时期政治斗争的结果，因而存在重大缺陷，成为造成各种政治冲突的制度性因素。

在这一时期的联邦中央与联邦主体的关系中，联邦委员会起到桥梁和沟通的作用。联邦委员会是适应联邦中央和各地区相互利益的结合需要而建立的，是联邦各共和国和跨地区协会领导人组成的一个咨询协商机构，其宗旨是帮助联邦权力机关稳定社会政治局势、改善国家的经济状况、维护俄联邦的完整性。联邦委员会是地区政权在联邦的代表，主要代表联邦主体的利益，不能被总统解散。1996 年 6 月，国家杜马通过《俄罗斯联邦

---

❶ 邱显平. 变迁中的俄罗斯联邦体制与民族问题［J］. 俄罗斯研究，2005（3）.

会议联邦委员会组成法》，规定从第二届联邦会议开始，联邦委员会将由各联邦主体的执行权力机关的首脑和代表机关领导人组成，大大提高了地区议会在国家权力体系中的地位和作用。同时，随着联邦主体权力机关职权的扩大、法律地位和作用的提高，部分联邦主体国家权力机关行使职权渗透到了联邦中央的职权管辖范围，威胁到联邦中央的专有权限，甚至危及联邦制的存在基础。

联邦委员会的成立使中央和地区的互动关系发生了根本性的变化，谈判机制进而成为中央和地区间权力互动的主要形式。随着权力的扩张，地区政府的谈判能力越来越强，事实上形成了一种“协商联邦制”。换句话说，俄罗斯当时中央和地区间新的行为互动模式主要体现为双方之间的谈判与妥协。

“协商联邦制”案例：1998年俄罗斯爆发的金融危机引发了全面的经济危机，财政收入急剧减少，这使刚刚上任的普里马科夫政府面临两难选择：或者实行紧缩财政政策，或者为维持开支而开动印钞机。前者会使政府失去国家杜马的支持，导致政府的再次垮台；后者将导致恶性通货膨胀的严重后果，进而引起更大规模的社会风潮。最终，普里马科夫采纳了迎合州长们的重要措施——同意把预算收入分为两部分，一半上缴中央，一半留给地区，对代表地方利益的联邦委员会作出重大妥协。这在很大程度上并不是出于经济上的考虑，而是出于政治需要。普里马科夫还特意带领部长们去了别尔哥罗得州，与在那里聚会的州长们平等对话以换取他们的支持。上述案例表明，中央和地区间形成了相当程度的权力平衡和制约。

从政治演进过程来看，叶利钦执政时期，俄联邦制还处于协商联邦制阶段，没有形成以法制为基础的制度化机制。地方权力恶意膨胀，政令不畅，使联邦中央的一些权力得不到地方的有力执行。联邦原则也不是直接表现在国家的规范政治结构中，而是通过中央和地区之间多种多样的相互谈判、妥协行为表现出来的。

（三）普京执政时期的联邦制改革

普京当选俄总统后，在各个领域全面推行“强国”战略；其中，加强中央权力、建立统一的国家垂直权力体系成为他整顿俄罗斯政治的首要任务。他上任伊始就采取了一系列措施，大刀阔斧地对俄罗斯联邦体制进行改革；加强联邦中央对地区的控制能力，理顺联邦中央和联邦主体的关系，遏制联邦主体的离心倾向，引导俄罗斯联邦制走上宪政联邦制的道路。

普京采取的主要改革措施有：

（1）设立七大联邦区。2000 年 5 月普京连续发布总统令，在俄罗斯按地域成立七个联邦区，并同时任命驻联邦区全权代表，总统通过全权代表直接管理联邦区内事务。这一措施成为普京管理国家和推行联邦制改革措施的直接保障。

（2）通过立法形式改革联邦体制。普京在 2000 年先后向议会提交了《联邦委员会组成原则修正法案》《俄罗斯联邦主体国家立法与执行权力机关基本原则的修改与补充法案》《俄罗斯联邦地方自治设置原则的修正法案》，迅速得到议会批准。通过这三个法案，普京使俄罗斯联邦中央与联邦主体的权力分配发生了四点变化：①联邦委员会成员将不再由各联邦主体行政长官和立法机关的领导人兼任，而由各主体行政机关和立法机关的代表组成，这大大削弱了地方领导人影响联邦中央的能力。②联邦主体的法律违反联邦宪法或联邦法律时，联邦总统有权将该联邦主体的法律提交相关部门审理并作出判决。对在规定期限内不执行联邦有关部门裁决的地方立法机关，国家杜马可以根据联邦总统提出的动议，宣布解散该联邦主体立法机关，并要求其在一定期限内重新举行选举。③当联邦主体的行政长官发布的命令违反联邦宪法或联邦有关法律时，联邦总统有权根据俄罗斯联邦总检察长的提议或相关法院的决定，按照规定程序解除其职务。④联邦主体政权机关领导人有权按照规定程序解除地方自治机关领导人的职务，这也赋予联邦主体行政长官一项新职权，是对其被剥夺的、对联邦影响力的一个弥补。

（3）改变地方行政长官的产生方式。2004 年 9 月，普京指出，为保障国家政权的一体性，中央与地方必须联合参与地方政府的组阁。普京提议，改革各联邦主体执行权力机关的组建方式，地方最高行政长官用任命联邦政府总理时所采用的方式产生。各联邦主体的高级官员应由国家元首提名，经该地区的议会选举产生；联邦总统负责向地方立法机关提名各联邦主体候选人，再由地区立法机关选举产生。2005 年 12 月 19 日，国家杜马通过了联邦主体行政长官产生办法的修正案。普京总统的这一改革措施，确立了一种新的地方权力机关的组建方式，改变了整个国家的执行权力体系。由联邦总统提名地方领导人，然后经地方立法机构加以确认，这实际上是使地方的政治资源和政治倾向都能与中央的权力相匹配。

普京的改革得到国家杜马的积极配合，也得到社会的广泛支持，对俄罗斯政治体制的发展具有深远的意义。首先，以总统令的方式宣布建立联邦区和任命联邦区全权代表，为联邦中央控制地方局势提供了一个有效机制，建立了一套国家垂直权力体系，成为普京管理国家和推行改革的保障。叶利钦时期，是否解除地方领导人的职务属联邦主体职权内事务，联邦中央无权过问；联邦中央对地方违反联邦宪法和法律的行为几乎无能为力，实际上在俄罗斯国家权力体系中形成了中央和地方两套互不关联的机制。普京的改革措施将法院裁定地方领导人违宪行为的执行权收归联邦中央，建立了一套有效可行的国家干预机制。其次，普京将地方领导人的职权范围限制在管理本地区事务上，并接受联邦中央的监督，从而彻底改变了以往同地方领导人作出让步以换取国家完整与政局稳定的治国方法。再次，普京坚持在法律范围内行事，使其行为具有合法性。普京多次强调，他所领导的各项改革均是以宪法为依据，目的在于实现联邦中央对地方的有效监督，理顺中央与地方的权力关系，从而避免引发各项改革法案是否违宪或修宪的纷争。有关组建大的联邦区及地区联合会、减少联邦主体数量的问题在俄罗斯已经争论很多年；也曾提出过不同的方案，但由于在叶利钦时期还不具备合适的政治环境，一直没有被提上议事日程。普京则着手对长期争论不休的、有关改革俄罗斯联邦结构的问题投入实际运作。总的来看，尽管普京的联邦体制改革还处在起步阶段，有些内容还需要进一步明确，但俄罗斯的联邦关系在很大程度上已经发生质的变化，开始向加强中央权力的方向发展。

2008年5月，普京担任政府总理后，政府掌握了部分管理地方事务和任免地方行政长官的实际权力。2008年11月19日，俄罗斯政府通过决议，宣布成立“地区发展问题政府委员会”，主要负责协调联邦执行权力机关和联邦主体执行权力机关之间的关系，解决与联邦主体和市级地方机构社会经济发展相关的问题。委员会主席由联邦政府总理担任，每半年至少召开一次会议，其通过的决议联邦执行权力机关必须执行。通过这一形式，俄罗斯联邦中央能够直接管理地方事务，扩大了联邦中央的权力，实质上进行了联邦体制的微调。

二、俄罗斯联邦制的原则、构成和特点

（一）俄罗斯联邦制的原则

俄罗斯实行联邦制的国家结构形式，主要是为了解决其国内最为突出的民族和地区自治问题。俄罗斯前总理普里普科夫曾经指出：“对于俄罗斯这个幅员辽阔、民族众多、各地经济实力不同的国家来说，联邦制不仅是国家体制的最佳形式，而且是维护和加强国家统一的唯一可能的做法。”❶

在联邦制国家中，中央政府和地区政府的权力都由宪法予以规定，即中央拥有足够的权力来治理国家，同时也给地区保留了相当大的自治权。从联邦国家的构成形式来看，俄罗斯联邦是一种比较特殊的联邦模式，不同于世界上任何一种联邦模式，即民族区域原则与行政区域原则相结合的联邦模式。

（二）俄罗斯联邦的构成

为了巩固国家统一、强化总统对地方的管理体制，2000年5月13日，时任总统普京签署法令，把俄联邦89个实体（共和国、边疆区和州）按地域原则联合成7个联邦区。分别为：中央联邦区（莫斯科）、伏尔加沿岸

---

❶ ［俄］独立报．1999－01－27.

联邦区（下诺夫哥罗德）、西北联邦区（圣彼得堡）、乌拉尔联邦区（叶卡捷琳堡）、西伯利亚联邦区（新西伯利亚）、远东区（哈巴罗夫斯克）和北高加索联邦区（顿河畔罗斯托夫）。[1] 2010 年 1 月 19 日，时任俄罗斯总统梅德韦杰夫签署命令，新设立北高加索联邦区（皮亚季戈尔斯克，又称五山城）。各区均由联邦主体构成（联邦主体这一概念是 1993 年由俄罗斯联邦宪法引入司法体系的），联邦区首脑为俄罗斯总统任命的全权代表。

俄罗斯在 2005 年年底前有 89 个联邦主体。其中，共和国 21 个，主要是以特定的民族为主体的区划单位；边疆区 6 个，是俄罗斯联邦地域面积最大、距离中央最远、人口比较少的区划单位；州 49 个，是俄罗斯联邦面积仅次于边疆区而数目最多的区划单位；直辖市 2 个，与边疆区、州同级，分别是莫斯科和圣彼得堡；自治州 1 个，即犹太自治州，是俄罗斯人口比较少、面积比较小、由特殊民族组成的区划单位，虽然是边疆区的组成部分，但在同联邦国家权力机关的关系上与其他联邦主体一样；自治专区 10 个，是边疆区或州的组成部分，同时也是联邦的主体，通常由两个或两个以上民族构成。

自 2005 年普京实施联邦体制改革以来，多次成功地进行了联邦主体的合并，使俄罗斯联邦主体的数量发生了变化。2005 年 12 月 1 日，彼尔姆州与科米—彼尔米亚克自治区正式合并为彼尔姆边疆区。2007 年 1 月 1 日，克拉斯诺亚尔斯克边疆区与埃文基自治区、泰梅尔自治区合并为克拉斯诺亚尔斯克边疆区。2007 年 7 月 1 日，堪察加州和科里亚特自治专区正式合并为堪察加边疆区。2007 年 1 月 8 日，普京总统签署批准《由于伊尔库茨克州和乌斯基奥尔登斯基布里亚特自治专区合并而成立俄罗斯联邦新主体伊尔库茨克州的联邦宪法性法律》，新的伊尔库茨克州作为联邦主体自 2008 年 1 月 1 日起正式成立。2008 年 3 月 1 日，俄罗斯赤塔州和阿加布里亚特自治区合并为一个新的联邦主体——外贝加尔边疆区。至此，俄罗斯的联邦主体已减少为 83 个，分别是：

---

[1] 括号内为各联邦区中心。

（1）21 个共和国：阿迪格共和国（阿迪格）、阿尔泰共和国、巴什科尔托斯坦共和国、布里亚特共和国、达吉斯坦共和国、印古什共和国、卡巴尔达－巴尔卡尔共和国、卡尔梅克共和国－哈利姆格坦格奇、卡拉恰伊－切尔克斯共和国、卡累利阿共和国、科米共和国、马里埃尔共和国、摩尔达维亚共和国、萨哈共和国（雅库特）、北奥塞梯共和国、鞑靼斯坦共和国（鞑靼斯坦）、图瓦共和国、乌德穆尔特共和国、哈卡斯共和国、车臣共和国、楚瓦什－恰瓦什共和国。

（2）9 个边疆区：斯塔夫罗波尔边疆区、哈巴罗夫斯克边疆区、阿尔泰边疆区、克拉斯诺达尔边疆区、克拉斯诺亚尔斯克边疆区、滨海边疆区、彼尔姆边疆区、堪察加边疆区、外贝加尔边疆区。

（3）46 个州：阿穆尔州、阿尔汉格尔斯克州、阿斯特拉罕州、别尔哥罗德州、布良斯克州、弗拉基米尔州、伏尔加格勒州、沃洛格达州、沃罗涅日州、伊万诺沃州、伊尔库茨克州、加里宁格勒州、卡卢加州、基洛夫州、科斯特罗马州、库尔干州、库尔斯克州、列宁格勒州、马加丹州、莫斯科州、摩尔曼斯克州、下诺夫哥罗德州、诺夫哥罗德州、新西伯利亚州、鄂木斯克州、奥伦堡州、奥廖尔州、奔萨州、普斯科夫州、罗斯托夫州、梁赞州、萨马拉州、萨拉托夫州、萨哈林州、斯维尔德洛夫斯克州、斯摩棱斯克州、坦波夫州、特维尔州、托木斯克州、图拉州、秋明州、乌里扬诺夫斯克州、车里雅宾斯克州、雅罗斯拉夫尔州、利佩茨克州、克麦罗沃州。

（4）2 个联邦直辖市：莫斯科、圣彼得堡。

（5）1 个自治州：犹太自治州。

（6）4 个自治区：涅涅茨自治区、楚科奇自治区、亚马尔－涅涅茨自治区、汉特－曼西自治区。

（三）俄罗斯联邦制的特点

俄罗斯联邦制是民族区域原则和行政地区原则相结合的混合型联邦。现今的 83 个联邦主体由 37 个民族自治实体和 46 个地方自治实体组成。直到普京执政加以改革后，才突出了行政区域特征。

俄罗斯的联邦制一直以来突出的是民族区域特征。众所周知，俄罗斯联邦共和国是世界上民族构成最复杂的国家之一。据1989年统计资料，俄罗斯联邦有130个大小民族，最大的民族是俄罗斯族，人口1.1856亿，而最小的民族人口还不足10万、甚至更少。多年来，俄罗斯联邦共和国一直保持着以民族为特征的自治实体，其形式是现有的21个民族共和国、1个民族自治州、4个民族自治区。不过，也只有32个民族即大约1 700万少数民族拥有自己的民族自治实体，占63.72%，还有36.28%的少数民族没有自己的民族自治实体，而是生活在俄罗斯联邦境内其他州、边疆区、直辖市和民族自治实体中。并且，在俄罗斯联邦的83个联邦主体中都有较多的俄罗斯人居住，例如在曾经的10个民族自治区中俄罗斯人占40%～80%、在犹太自治州中占41%、在21个民族共和国中占9%～70%。可以看出，各民族之间人口不均，民族结构也很复杂。

这一联邦结构的特点必然会存在一些问题。

其一，为了维持国家统一的现实需要，尽管俄罗斯宪法规定，各联邦主体的地位平等，但实际上宪法又赋予某些联邦主体更多的权利。例如与鞑靼斯坦等一些共和国签署的双边条约赋予它们更多特殊权利。

其二，共和国、民族自治州和民族自治区三个不同层次的民族自治实体是按主体民族人口多少、地域大小和发展水平来划分的。特别是民族自治区是设立在边疆区和州之内，它既受俄联邦中央管辖，也受所在的边疆区或州管辖，因此不能与同为联邦主体的边疆区和州处于平等地位，而且民族自治州和民族共和国的地位也处在不同层次上。

其三，俄罗斯联邦主体的这种复杂多样性所造成的权力、地位上的不平等导致民族独立自主意识和自我意识加强，使民族关系变得更加尖锐复杂。

【思考与练习】

1. 俄罗斯总统制的主要内容是什么？有什么特点？
2. 俄罗斯联邦制的特点是什么？

【延伸阅读】

［1］薛君度，陆南泉，主编．新俄罗斯：政治、经济、外交［M］．北京：中国社会科学出版社，1997.

［2］孔寒冰．当代各国政治体制——俄罗斯［M］．兰州：兰州大学出版社，1998.

［3］海运．叶利钦时代的俄罗斯·政治卷［M］．北京：人民出版社，2001.

［4］徐向梅．由乱而治：俄罗斯政治历程（1990－2005）［M］．北京：中央文献出版社，2006.

［5］［英］卡瑟琳·丹尼斯．转型中的俄罗斯政治与社会［M］．欧阳景根，译．华夏出版社，2003.

第十一章　新俄罗斯的经济

【导言】苏联的计划经济体制在其施行初期，创造了令世人瞩目的经济发展速度，但随着时间的推移，其弊端也越来越明显。由于戈尔巴乔夫执政时期长时间的“政治热”以及苏联解体所造成的原有经济联系的中断，新独立的俄罗斯经济形势十分严峻：生产严重萎缩、财政赤字大幅增加、商品极度匮乏、货币流通混乱等。毋庸置疑，戈尔巴乔夫时期没有完成的经济改革的历史任务落在了俄罗斯新领导人肩上。为了解决经济体制与生产力的矛盾，转轨初期的俄罗斯政府把摆脱危机的希望寄托于向市场经济的过渡。叶利钦执政时期的经济改革，使得俄罗斯市场经济体制的框架初步确立。客观上说，俄罗斯已经选择了有效配置资源的市场化和全球化的经济机制和国际环境，为其未来的经济发展奠定了制度性基础。但20世纪90年代经济的“雪崩式”滑坡，严重损害了其经济持续发展的存量基础，错过了发展的机遇。1999年以来，俄经济的恢复性增长终于使国家摆脱危机，走上重新崛起的道路。今天的俄罗斯经济在快速增长和开放的经济环境下，仍存在一系列“增长中的隐忧”。本章重点：新俄罗斯向市场经济过渡的曲折转轨历程，新俄罗斯经济发展的曲折进程。本章难点：“休克疗法”不适合俄罗斯国情的原因。

第一节　经济转轨与向市场经济过渡

一、采用“休克疗法”进行经济转轨

俄罗斯的经济转轨是在“休克疗法”的指导下进行的。“休克疗法”

改革方案的制定者声称，在半年内即可使经济好转，几年内就可以创造出一个现代市场经济体制，西方的物质文明将在俄罗斯奇迹般地出现。

"休克疗法"：由美国哈佛大学教授萨克斯提出，最初作为反危机的手段在拉美国家玻利维亚应用，后来成为某些计划经济国家向市场经济过渡的激进经济改革纲领。"休克疗法"的内容基本上是新自由主义和现代货币主义所主张的政策措施。萨克斯把"休克疗法"的基本内容概括为"三化"：自由化、私有化和稳定化。自由化指经济自由化，包括价格自由化、经济联系自由化、对外经贸自由化等；私有化指国有企业的私有化；稳定化指采取紧缩的财政和货币金融政策，实现财政和货币的稳定。

盖达尔政府全部照搬萨克斯的教条，在制定的《深化经济改革纲领》和《俄罗斯联邦经济政策备忘录》中规定了俄罗斯"休克疗法"改革的具体内容：

（1）全面放开价格。"休克疗法"的首要步骤是全面放开价格。政府认为这是向市场经济过渡、形成市场自我调节机制的重要前提；规定1992年1月2日放开90%的消费品价格、80%的生产资料价格，到3月底消费品价格全部放开（房租、公共服务、公共交通除外），4月中旬放开燃料价格（天然气和电力仍使用调节价）。后来实际是分阶段到位。

（2）实行财政紧缩政策。为了防制一次性全面放开价格导致通货膨胀恶性发展，政府决定实行紧缩的财政政策。在预算收入方面主要表现为提高税率，使税收总额达到国内生产总值的45%。同时要求压缩预算支出，主要措施是削减价格补贴、企业亏损补贴、国家投资、军费开支和管理机关经费。并且规定，用于经济和社会方面的支出要减少50%；靠预算支付的工资不实行与通货膨胀挂钩的指数化，其增长率不得超过物质生产部门工资基金增长率的90%。同时，严格监督预算的执行情况。

（3）实行紧缩的货币政策。首先，控制货币发行量，平衡预算，控制财政透支。为此，规定中央银行为预算赤字提供的贷款数额不得超过GDP的2%。其次，紧缩银行信贷，控制信贷投放量，防止信用膨胀。目标是使信贷额的增长速度与通货膨胀率和净外汇储备增长速度相适应，相应的手段是提高俄中央银行向商业银行贷款的利率（从2%提高到9%），放开商业银行利率；规定中央银行向商业银行贷款的限额；实行商业银行存款准备金制度，逐步过渡到由中央银行运用三大货币政策工具（存款准备率、再贴现率、公开市场业务）控制经济中的货币总量。

（4）实施对外经贸自由化方针。早在20世纪80年代，苏联就下放了部分外贸经营权，取消了对外贸易的国家垄断和外贸业务的统一经营原则，但在相当长的时间内仍实行外贸经营权审批制度。这次经济转轨，俄罗斯决定进一步放开外贸经营权，实行外贸经营依法登记制。

（5）用行政手段强制推行大规模私有化。"休克疗法"要求实行大规模的私有化，在尽可能短的时间内（3~4年）基本完成私有化任务。《深化经济改革纲领》规定，通过私有化使私人手中掌握的生产性资产到1993年年底不少于国民经济全部生产性资产的30%，到1994年年底不少于50%，1995年年底不少于60%。

在缺乏原始资本的条件下，为了快速私有化，政府决定将有偿私有化与无偿私有化的方式结合起来。在大私有化方面，采取先将大中型国有企业改组为股份公司、然后向公民发放私有化证券、最后由公民用私有化证券购买股份公司股票的方式，将国有企业的资产无偿地转让给私人，同时，实行股份化的国有企业职工，在本企业私有化过程中还享受三种优惠方案。总体上，俄罗斯政府认为，通过发放私有化证券和给劳动集体优惠的方式无偿转让的资产应占私有化企业资产总额的80%~85%。

但是，以上政策、措施并没有带来改革设计者所预想的结果。转轨初期，在"休克疗法"的全面贯彻下，俄罗斯的经济形势非但没有好转，反而变得更加糟糕：通货膨胀恶性发展，1992年通胀率高达2 510%；社会生产大幅度下降，1992年国内生产总值下降14.5%（而1991年下降5%），工业产值下降18%，固定资产投资下降39.7%；对外贸易继续下降，外汇空前短缺，卢布汇率狂跌不止；人民生活急剧恶化，1992年居民实际货币

收入下降47.5%，贫困线以下人口增加到总人口的1/3。❶

二、对“休克疗法”进行调整

由于“休克疗法”对俄罗斯经济社会造成严重后果，切尔诺梅尔金接任总理后即开始对经济政策进行调整。这一过程基本上可以分为前后两个阶段。

第一阶段（1993～1995年），对经济政策进行修正，转向“中间”政策。其一，在宏观经济政策上，把稳定财政、货币同稳定生产结合起来，从“硬性紧缩”转为“适度紧缩”政策。其二，在价格政策上，态度更为谨慎，对盖达尔政府还没有放开的少数最重要产品和服务的价格依然实行国家调节。其三，停止“证券私有化”，转为“货币私有化”，把私有化过程同投资活动结合起来。其四，加强国家调控，实行“软赤字”政策和“外汇走廊”政策，以期遏制通货膨胀、稳定卢布。

第二阶段（1996～1998年2月），对经济政策进行全面调整。主要内容是：第一，开始逐步放弃“休克疗法”，政策选择开始趋中。第二，对私有化政策进行调整。停止大规模的私有化政策，改为按“点状方案”有选择地、个别地进行国有企业改革。私有化的重点从注重数量转为注重质量，即提高企业的生产效率。第三，积极调整产业政策。把工业部门分为三类，对它们分别采取不同的政策进行支持。第一类是具有相对竞争优势的能源和原材料部门，政府对其实行合理的税收政策，保证其能自筹资金，以“生产－出口”模式独立发展。第二类为高技术产品的部门（包括军工企业），政府对其实行直接支持的政策，包括直接投资、国家订货和提供出口信贷担保。第三类为面向国内市场的部门，政府对其实行适度的关税保护政策，扶持其发展，同时注意引进外国先进技术和管理经验。第四，加强国家宏观经济调控。一方面，实行适度紧缩的财政政策，另一方面，增

---

❶ 1999年俄罗斯统计年鉴，俄文版，第14～16页。转引自：常庆波．论俄罗斯经济转轨及其对外关系［D］. 青岛大学，2006.

加流通中的货币量，清理三角债务；继续实行外汇走廊政策，稳定卢布汇率，为经济发展创造良好的宏观环境。第五，调整对外经济政策。重视发展与独联体国家的特殊关系，力促实现独联体经济一体化；在东西方关系上，从过去的向西方“一边倒”转为实行以西方为主的全方位对外经济战略。

切尔诺梅尔金政府时期经济政策的调整，使社会经济出现稳定的趋势和转机。社会生产停止下降，并实现微弱增长，1997 年国内生产总值增长 0.9%，工业产值增长 2.0%。通胀率大大下降，1997 年降为 11%；卢布汇率基本稳定，引进外资加速增长，居民实际收入增加，零售商品流转额增长，贫困线以下人口降至总人口的 1/5。

然而，1998 年 3 月叶利钦任命年仅 36 岁的基里延科接任总理，解散切尔诺梅尔金政府。基里延科政府一上台，俄罗斯经济就出现了危机形势。尽管政府提出了反危机的财政、经济纲领，但由于政府没有威信，或是由于政策不对路、或是由于执政时间短、抑或是国际因素的影响，经济形势不仅没有好转，反而更加恶化。1998 年 8 月，俄罗斯爆发空前严重的金融危机，形成以金融危机为突出代表、多种危机交织的局面。这场危机，使长期衰退的俄罗斯经济遭受了灾难性的打击。

三、市场经济架构基本建立

叶利钦执政时期的经济改革，使俄罗斯市场经济体制的框架初步确立。主要表现在：所有制结构的改造基本完成，市场主体实现了多元化；财政体制由国家财政向社会公共财政转化，形成了新的预算体制和税收制度，建立了分税制的分级财政体制；价格全面放开，通货膨胀基本得到控制；外贸基本自由化，货币实现国内可兑换；两极银行体制基本形成，央行独立并转变职能，商业银行走向规范化管理，利率放开，金融市场迅速发展；社会分配制度发生变化，社会保障体制改革取得进展，社会保障基金来源多元化；国家的经济作用得以重新界定，政府职能实现转换，中央与地方的经济关系不断调整。

四、俄罗斯独立初期经济转轨不成功的主要原因

总的来说，俄罗斯经济转轨是不成功的。10 多年来，俄罗斯经济总体上是在衰退和危机中徘徊。1992～1998 年国内生产总值累计下降 40%，工业生产下降 50%，下降幅度超过 1933 年世界资本主义大危机。问题的严重性还在于其危机的综合性，即经济危机、财政危机、金融危机和社会政治危机交织并发。直至 1999 年，由于政策的调整和外部环境的有利变化，经济才停止下降、出现增长。

俄罗斯独立初期经济转轨不成功的主要原因有以下几点。

第一，"休克疗法"严重地脱离了俄罗斯的国情。首先，在生产下降的条件下采取财政、信贷的双紧缩政策，只能使生产进一步衰退、危机更严重。紧缩信贷，造成企业流动资金不足，出现支付危机，形成庞大的三角债；紧缩财政，使企业税赋过重，而国家又竭力压缩生产性投资，从而导致生产萎缩。为了解决这些问题，俄罗斯政府在 1992 年下半年不得不放松银根，增加信贷和货币投放量，但结果又导致财政赤字猛增，通货膨胀急升。

其次，在商品短缺的条件下一次性全面放开物价不可能起到刺激生产、增加供给、抑制需求的作用，只能引起严重的通货膨胀。因为俄长期以来形成的价格结构严重扭曲、价格与价值背离较大，一旦全面放开物价，势必难以收拾。俄经济的垄断性强，有的部门一个或几个企业就可以包揽某一种产品的生产，他们可以依靠垄断价格获得高额利润而不必费力去增加生产。俄经济结构失衡，消费品工业非常薄弱，满足不了居民的需求，也竞争不过西方的进口货；俄盲目地全面开放市场，造成国内轻工业生产急剧下降。金融自由化、资本项目的盲目开放和卢布自由兑换，是导致 1998 年金融危机的重要原因之一。

再次，在缺乏原始资本的条件下推行大规模私有化，不可能带来经济效益的迅速提高。俄罗斯采取无偿私有化办法全面、迅速地完成私有化，出现了低估国家财产的情况，造成国有资产大量流失；少数人聚敛财富，

多数人收入下降，产生新的贫富悬殊现象。俄又忽视社会保障制度的建立，引起广大群众对政府不满，游行、示威、罢工此起彼伏，社会动荡不安。

第二，俄罗斯国内政治斗争干扰了经济的发展。社会政治稳定是经济转轨顺利进行和经济发展的前提条件。俄总统与议会的斗争、总统与政府的矛盾以及政府与议会的摩擦不断，一方面使政府不能集中精力独立自主地制定和执行经济转轨的路线、方针，另一方面，在政治压力下，政府又不得不调整政策、修改计划。这样地反反复复、左右摇摆、顾此失彼，难以找到均衡点，经济当然很难搞好。叶利钦出于政治目的频繁改组政府造成社会秩序混乱，而政府政策的某些不一致又动摇了国内外投资者的信心，从而直接引发 1998 年震惊世界的金融危机。另外，中央与联邦主体矛盾加深，严重的离心倾向也影响了经济的稳定。如车臣战争造成俄罗斯巨大的财政负担，影响了经济的稳定，进一步加剧了俄罗斯的经济危机。

第三，苏联解体带来原有经济关系的断裂，致使工农业生产大幅度滑坡。苏联经济对内是以俄罗斯为核心的各加盟共和国之间的经济联系和分工合作体系；各共和国你中有我，我中有你，联系紧密，相互依赖。全苏范围内各加盟共和国相互贸易的需求率是相当高的，俄罗斯为 50% 以上，其他共和国则高达 80% 。苏联时期的对外经济活动主要是在以苏联为核心的经互会范围内进行的，苏联的解体割断了各共和国之间紧密的经济联系，打乱了各加盟共和国之间正常的地区合作；1992 ~ 1994 年俄罗斯工农业生产的大幅度滑坡在很大程度上与此有关。而经互会的解散也使各成员国之间多年形成的专业化分工瓦解，使包括俄罗斯在内的各国的外部经济环境恶化。据有关资料分析，在经互会解散的 1991 年，苏联国民生产总值下降部分的 50% 以上是由经互会成员国之间经济联系遭到破坏造成的。[1]

---

[1] 关雪凌．论俄罗斯危机的政治因素［J］．俄罗斯东欧中亚研究，2002（2）．

第二节　普京上台后俄罗斯的经济发展

一、普京上台后对经济政策的调整

普里马科夫政府针对20世纪90年代市场化改革、特别是1998年金融危机的严重后果，提出了稳定经济新纲领，宣告了新自由主义经济政策的结束。世纪之交，普京接掌俄罗斯政权。1999年年底，普京发表了纲领性文章《千年之交的俄罗斯》，提出治国理政的“俄罗斯思想”。“俄罗斯思想”实质上是带有浓厚俄罗斯民族主义色彩的爱国主义，主要内容是“强国意识”“爱国主义”“国家观念”和“社会团结”，核心是“国家”的观念，即突出国家的地位与作用、恢复俄罗斯的大国和强国地位。在经济领域，普京上台后彻底抛弃了新自由主义政策，提出“市场经济和民主原则与俄罗斯现实有机结合起来”的“可控制的市场经济”。普京主要采取了以下措施。

（1）加强国家的宏观调控和国家在经济中的作用，加强国有资产管理，加强对国民经济命脉的掌控，削弱金融寡头对国民经济的垄断。

（2）强化中央权力，调整中央与地方关系；理顺中央和地方的利益分配，保证中央和地方财政来源的稳定性。

（3）深化行政改革，转变政府职能；优化国家机构，改善政府与企业之间的关系，促进经济发展。如，2005年俄罗斯裁减了30%的国家机关工作人员，并将一些部委的职权下放给非政府和非商业组织，彻底改变国家与企业、国家与社会之间的关系。

（4）打击官僚腐败。如，2003年俄经济发展和贸易部相继出台100个长期或短期的根除行贿的措施，并在此基础上拟订了一个适合整个政府机构的反腐、防腐制度。

（5）调整私有化战略，加强国家对国民经济战略部门的控制。2001年12月，俄罗斯颁布了新《国有资产和市政资产私有化法》，加强国家对私有化过程中的管理和监督，纠正了过去私有化过程中的一些问题。对于具有战略性意义的企业，通过法律程序收归国家所有。俄罗斯政府几乎在每个重要战略领域都建立起大型国有控股公司，大大增强了国家对经济的主导作用。这些领域包括能源、军工、飞机制造、重型机械、汽车制造、核能、矿业开采、海洋运输、航空运输、银行和造船业等。

（6）打击寡头垄断和影子经济，结束寡头政治，扶持中小私有经济的发展；加大对偷税、漏税企业主的惩罚力度。

（7）改革税制。通过降低税率、扩大税基、加强税收征管等措施，加重对偷税漏税者的惩罚。按照新税法，俄罗斯企业将比过去总计减少20%的税收负担。新的税收体制不仅为俄罗斯经济的持续增长创造了条件，也必将有助于推动国家经济结构改革。此外，为加入世贸组织，俄罗斯政府还对关税进行了大幅度调整。

（8）调整经济结构，提高人民生活水平。普京在2003年的国情咨文中提出GDP翻一番、大幅度提高人民生活水平、减少贫困的战略目标。2005年秋，普京提出优先发展医疗、教育、住宅建设和农业四大国家优先项目。这些项目不仅有助于提高国民的生活质量，也被认为是拉动内需的重要手段。

（9）在国际舞台上充分发挥其能源超级大国的战略作用，并借此重返世界舞台。俄罗斯石油储量居全球第三，是仅次于沙特阿拉伯的全球第二大产油国和石油出口国；天然气储量为世界第一，是全球第一大天然气生产国。俄罗斯能源产值约占工业产值的30%，为政府创造了大约54%的年预算收入和45%的外汇收入，对GDP增长的年贡献率达到3%左右。普京执政后，于2003年5月出台《2020年前的能源战略》，把实施“能源战略”作为振兴经济的核心。

（10）扩大投资规模，建立具有长期增长潜力的经济基础。基础设施落后已成为制约俄罗斯经济发展的重要因素。2006年，俄联邦预算中首次设立的投资基金，是俄罗斯政府为改变基础设施落后状况、刺激投资需求而推出的重要举措。加快经济特区建设也是俄罗斯政府刺激投资需求、推进经济结构调整的重要举措。

二、2000年以来俄罗斯经济现状

2000年以来，俄罗斯经济出现持续的恢复性增长，以年均6.4%的速度成为世界上经济增长最快的国家之一。

(一) 经济总量指标持续好转，跻身世界十大经济强国行列

2000年以来，在多方面因素的作用下，俄罗斯经济呈现持续、快速的恢复性增长，总体经济状况明显好转，基本进入稳定的发展阶段。2000～2007年，俄罗斯国内生产总值总体增长70%，工业增长75%，投资增长125%。2007年，俄罗斯经济总量达到1.35万亿美元，人均GDP达9 500美元，成为世界第七大经济体；其国内生产总值已相当于1990年的水平。[1] 这意味着俄罗斯结束了始于20世纪90年代初社会转型期的经济危机。

(二) 财政金融状况明显改善，抵抗风险能力增强

2000年以来，在国际能源价格持续攀升的情况下，俄罗斯依靠大量出口石油和天然气等能源产品形成大量外贸顺差，对稳定国内经济、填补国库空虚起到至关重要的作用。据俄中央银行公布的数据，截止2008年4月1日，俄黄金外汇储备量已达5 021亿美元，居世界第三，仅次于中国和日本。从2006年7月1日起，俄罗斯完成了卢布可自由兑换这一战略性任务。

(三) 对外贸易快速增长，吸引外资显著增加

1998年俄罗斯金融危机导致的卢布贬值和2000年以来国际市场上原油等初级产品价格的上涨，为俄罗斯的产品出口创造了良好的外部环境。2000年以来，俄对外贸易迅速发展，外贸总额从2000年的1 050亿美元上升至2007年的5 522亿美元，同比增长25.8%。[2] 近年来，国际市场油价

---

[1] 关雪凌．俄罗斯经济的现状、问题与发展趋势［J］. 俄罗斯中亚东欧研究，2008 (4). 28.

[2] http: ll rusnew s. cn/ eguoxinw cn/ cluosi – caijing/20070618/41811255. html.

飙升兼之欧洲国家更加依赖俄天然气，使得俄油、气出口收入大增，进一步促进了俄罗斯的经济增长。

2000 年以来，俄罗斯经济的出色表现不仅对其国内政治、经济局势和对外政策产生了重大影响，还引起了一些重要国际经济组织的高度关注。2002 年，美国和欧盟正式承认俄罗斯的市场经济国家地位；2003 年 10 月，美国高盛公司发布的研究报告将巴西、俄罗斯、印度和中国并称为四个新兴的“经济巨人”，组合成世界经济中的一个新词汇，即“金砖四国”。2003 年，美国权威的 A. T. 科尔尼咨询公司所做的投资信心调查表明，俄在世界投资吸引力排行榜中的位次已经从 2002 年的第 17 位上升至 2007 年的第 7 位，进入世界最受欢迎的 10 大投资地之列。西方商界不仅开始议论“俄罗斯经济现象”，而且开始大举进入俄罗斯这一新兴的投资热土。肯德基、可口可乐、三星等跨国公司纷纷扩大对俄投资。对俄罗斯进行投资的国家主要有：英国、荷兰、塞浦路斯、卢森堡、瑞士、法国、德国、爱尔兰和美国；这些国家的投资占外国对俄累计投资额的 86.3%，占外国对俄累计直接投资额的 85.1%。[1]

俄罗斯于 1998 年成为“八国集团”的完全成员，“八国集团”被誉为正在形成中的全球治理中心。2006 年 7 月，俄罗斯首次以主席国身份举办了八国峰会；能源安全、传染病防控以及教育发展等峰会主题，既有其全球意义，也体现了俄罗斯的综合国力和经济特色（见图 11－1）。

三、俄罗斯经济发展存在的隐忧

（一）经济增长质量不高，产业结构升级艰难

2007 年以来，俄罗斯大部分经济指标均好于预期、继续保持快速增长势头。但是，俄经济增长的主要动力在于国际石油和天然气价格处于高位，这表明其经济增长的质量不高，政府在优化产业结构方面任重道远。

[1] 关雪凌．俄罗斯经济的现状、问题与发展趋势［J］．俄罗斯中亚东欧研究，2008（4）．29.

图 11－1　俄罗斯城市一景

资料来源：http：//baike. baidu. com/link？ url = fcaIz3dhLjQ8 WUXQVYePLUcgxmKyF0A1 lod2dVKQGjV6clD24m0LNbenT4BPq_ WADXcvsZlkM20800a9C_ Tsiq.

俄罗斯经济转轨以来，尤其是普京上台后，产业结构发生了一些积极变化。但也必须看到，以能源原材料占比过重为特征的畸形经济结构没有根本改变，持续快速的经济增长主要是依靠自然资源的大量出口，尤其是原油、天然气、煤炭、电力、有色和黑色金属以及机器设备等。20 世纪 90 年代以来，俄罗斯出口商品的结构基本未发生改变，上述商品的出口占出口总额的比重已连续多年呈上升势头：1994～2000 年，这一指标一直保持在 82%～85%。这样的出口商品结构不仅会耗尽不可再生的自然资源，还会使本国的经济增长不可避免地、时常受到国际市场行情波动的影响。

在以知识和技术为核心的“新经济”迅猛发展的 21 世纪，如果俄罗斯不改变这种畸形、落后的产业结构，经济就难以实现稳定、持续、快速发展，更不可能占领世界经济的制高点，甚至还有可能陷入“比较优势陷阱”，在国际分工和世界贸易格局中逐渐被边缘化。正如有学者指出的那样，像俄罗斯这样一个大国，“资源兴国”战略不可能引领其成为世界经济强国，只能作为经济复兴的起点；而要进行产业结构调整，不仅需要正确的经济政策，更需要大量投资和先进技术，这一切显然不可能在短期内完成。❶ 因此，转变经济增长方式对俄罗斯来说势在必行。

“比较优势陷阱”：指一国（尤其是发展中国家）完全按照比较优势生产并出口初级产品和劳动密集型产品；其在与以技术和资本密集型产品出口为主的发达国家进行国际贸易时，虽然能获得利益，但贸易结构不稳定，总是处于不利地位。

（二）人力资本发展受到限制，经济竞争力面临严峻挑战

俄罗斯一直面临人口出生率低、死亡率高——特别是有劳动能力年龄段的人口死亡率高、人的预期寿命降低至20世纪60年代初的水平、人口老龄化等与发展人力资本相关的一系列问题；这一切，造成了劳动力的短缺。同时，由于教育、卫生和社会领域的改革进展缓慢，具有专门知识和熟练技能人才的培养规模不断缩小。俄罗斯《2005～2008年社会经济发展中期纲要》指出：“后工业化社会条件下卫生社会领域和教育体系的效率不足，是恶化人力资本发展条件和发展动因的因素之一。”❷

世界银行的相关资料显示，发达国家国民财富中，自然资本所占比重平均不超过10%，但人力资本比重在70%以上。相比之下，俄罗斯国民财富中，自然资本所占比重高达83%～88%，而人力资本仅为5%～7%。❸ 因此，如何提高人力资本质量、改善人力资本状况、充分发挥人才和智力优势以及人力资本在社会经济发展中的决定性作用，成为摆在俄罗斯面前的重要任务。

俄罗斯在世界济中的经济竞争力也较低。俄工业商品在国外市场上很

❶ 王海运．俄罗斯重新崛起的前景及其世界影响［J］．俄罗斯中亚东欧研究，2007（1）．

❷ http：// www．gov．ru/ aug 2004．

❸ 关雪凌．俄罗斯经济的现状、问题与发展趋势［J］．俄罗斯中亚东欧研究，2008（8）．5．

难具有价格优势，俄多数工业品的质量及其性能（主要取决于产品的科技含量）都低于西方主要国家和一些新兴工业国家，甚至低于某些发展中国家。俄罗斯的公司竞争力不仅大大落后于美国、日本、德国、英国和法国等发达国家，甚至还落后于韩国、中国等新兴工业化国家和发展中国家。

进入21世纪以来，随着俄罗斯经济的快速增长，其国际竞争力有增强的趋势。从目前的情况来看，其竞争力上升的势头估计会保持下去。但也应看到，俄罗斯作为一个庞大的经济体，虽然其经济充满活力，按GDP排名也已进入世界十大经济体之列，但如何保持经济发展的可持续性，挤入世界经济竞争力排名前10位还面临许多困难，并且需要相当长的时间。

（三）在经济全球化中被动、尴尬，在区域经济一体化中难有建树

20世纪80年代末90年代初以来，经济全球化和区域经济一体化成为世界经济发展的两大主要趋势。俄罗斯能否成为“崛起中的大国”，在新一轮的世界经济格局中处在什么地位，在很大程度上取决于其融入这两大潮流的程度。但是，就目前情况看，俄政府在上述两个方面的运作空间十分有限，近期内发生实质性改变的前景比较渺茫。

经济全球化是生产力发展到一定阶段的必然产物，主要表现为生产全球化、贸易全球化和金融全球化。目前，俄罗斯参与经济全球化水平很低。俄罗斯从1993年提出申请加入世界贸易组织、开始入世谈判，直到2011年12月16日，世界贸易组织部长级会议才批准了关于俄罗斯入世的决定，整整经历了18年，是世界大国中加入最晚的国家。2012年8月，该国正式成为世贸组织第156个成员国。“入世”后，俄罗斯迎来自身经济发展和对外经贸合作的新起点，但也面临巨大挑战。如何抓住机遇、应对挑战，是俄罗斯需要完成的艰巨任务（见图11－2）。

区域经济一体化是指地理位置相近的两个或两个以上的国家或地区建立的跨国性区域经济集团，宗旨是获取区域内国家或地区间的经济集聚效应和互补效应，以促进区域内产品的自由流动和生产要素的合理配置。欧盟东扩、北美自由贸易区的扩张、中国－东盟自由贸易区的构建等，都表明区域经济一体化的热潮正在整个世界范围内蓬勃兴起。在这一进程中，

图 11－2　俄罗斯农业

资料来源：http：//baike. baidu. com/link？url＝fcaIz3dhLjQ8 WUXQVYePLUcgxmKyF0A1lod2d VKQGjV6clD24m0LNbenT4BPq_ WADXcvsZlkM20800a9C_ Tsiq.

俄罗斯所处的地位和未来的前景远不乐观。欧盟东扩使得俄罗斯经济发展空间大为收缩。1998 年，俄加入亚太经济合作组织（APEC），并将俄罗斯参与区域经济一体化的主要任务确定为“利用亚太经合组织的潜力使俄罗斯最有效地融入亚太地区一体化”。[1] 但由于 APEC 组织本身的局限性，俄罗斯的这一目标很难在近期取得实质性进展。而欧盟和北美自由贸易区是不可能给俄罗斯一席之地的。这就造成俄罗斯融入经济全球化程度不高、在区域经济一体化的进程中又难有建树的尴尬局面。

第三节　新时期俄罗斯经济的发展趋势

进入 21 世纪以来，全球经济形势发生了巨大变化。首先，发展中国家，特别是以包括俄罗斯在内的“金砖国家”为代表的新兴市场经济体，在国际经济舞台上的重要性愈发突出；发展中国家经济的快速增长与发达国家的缓慢增长形成强烈对比。其次，2008 年金融危机给全球经济形势带来新变化，欧美主要发达国家经济陷入低迷状态；美国国内失业率居高不

[1] http：//rusnews. cn/ xinwentoushi// 20070910/ 41896921. html.

下，欧洲深陷债务危机不能自拔；俄罗斯传统出口市场——欧盟——受欧债危机困扰，市场快速萎缩；金融危机还造成国际市场石油价格大幅度波动、甚至急剧下降，对俄罗斯出口造成不小的冲击。再次，国际市场石油价格走高，迫使许多国家开发生物能源、太阳能等石油替代资源、大力发展绿色经济，虽然从目前看，全球经济对石油的需求仍没有出现明显下滑，但是在不久的将来，减少对石油的依赖是可以预见的情形。面对全球新形势、新变化，俄罗斯采取的措施包括：

（1）延续经济现代化政策。经济现代化是俄罗斯政府反危机的优先方向，也是俄罗斯重归强国行列的战略选择。梅德韦杰夫将经济现代化作为其经济施政纲领的策略目标，而经济现代化的核心则是普京总统历来所强调的、将经济发展路径由资源依赖型向技术创新型改变。为实现上述目标，俄罗斯政府曾出台相应措施，如增加对教育和科研的投入、改善教师和研究人员的待遇、拨巨款支持国家科学院 5 年重点课题规划、成立 6 家超大型国有公司如俄罗斯纳米技术公司、俄罗斯航空制造联合集团、俄罗斯船舶制造联合集团等。有鉴于此，普京再任总统后继续推动经济转型、实现经济现代化的既定方针基本不会改变。

（2）加大对外开放力度。一是俄罗斯创新型社会的建设离不开开放的国际环境，无论是从技术升级还是从技术升级所需资本的来源看，加强与国外的合作、积极引入国外先进技术是建设创新型社会的必然选择；二是加入 WTO 之后的俄罗斯将根据 WTO 的协议和规则开放国内商品、服务和投资市场，迎接入世挑战。

（3）加快远东地区建设。地区发展不平衡一直是困扰俄罗斯政府的老大难问题；地区发展不平衡突出表现在西伯利亚、远东地区与欧洲中央地区发展的不平衡。远东地区资源丰富，土地广袤，开发率低，具备进行开发的关键条件；开发建设远东地区是普京第二任总统任期内即开始着手准备的问题。2007 年，俄罗斯制定了《2008～2013 年远东及外贝加尔地区社会经济发展纲要》，希望通过五年计划的形式大力开发远东地区，推进地区间的共同发展；只是由于金融危机突然爆发，使得政府在资金投入方面显得力不从心，《纲要》的效果明显受到影响。2009 年底，时任总理普京签署第 2094 号俄联邦政府令，批准俄联邦《2025 年前远东和贝加尔地区经济社会发展战略》。2012 年 4 月，俄组建了直属于总统的“远东和西伯利亚国家发展公司”；再到本届总统任期内，首次成立远东地区发展部，这在苏联和俄罗斯历史上都是第一次。上述这一系列动作表明，无论是作为国家总统还是政府总理，普京“面向东方”的意愿未曾改变，并且越来越强。

（4）加深与周边国家的经贸联系。普京在多个场合曾谈到与中国的关系，认为“俄罗斯与全球经济最重要的中心——中国接壤”对俄罗斯而言是一种机遇，“中国的经济增长绝不是威胁”，而是“一种蕴涵巨大商业合作潜力的挑战”。普京充分认识到中国经济增长的潜力及其为俄罗斯所带来的巨大机遇，特别重视与中国在联合国安理会、金砖国家、上海合作组织、二十国集团等多边机制中的相互协作；以解决地区和全球热点问题，其中包括经济发展问题。同时，普京也没有忽视与高速增长的另外一国——印度以及其他新兴市场经济体的合作。普京认为，随着新兴经济体在世界经济中的作用提升，俄罗斯应当充分借助同金砖国家间的相互协作，加大多边合作力度，促进经济发展。2012 年 9 月，俄罗斯以轮值主席国身份在符拉迪沃斯托克举办了第 19 次亚太经合组织领导人峰会。普京在此次会议上表示，俄罗斯应当高度重视亚太经合组织领导人会议等一系列国际平台，加强与周边国家的经济贸易联系，加快本国基础设施建设，以更高水平参与“新亚洲”的融合进程。

俄罗斯同样重视与传统贸易伙伴——欧洲的经济贸易联系。欧盟长期以来是俄罗斯第一大贸易伙伴，俄罗斯在欧盟也有大量的商业利益。受福岛核电站爆炸的影响，部分欧洲国家决定放弃核电，这对俄罗斯在欧盟扩大天然气和石油的供给提供了便利条件。普京认为，俄罗斯有能力也有必要承担起“负责任的能源供给方”的义务。普京继任总统后随即访问德国，与默克尔商谈欧债危机问题及俄欧合作问题，表示俄罗斯愿意为解决欧洲债务危机发挥相应的作用。这也是俄罗斯表现出的、深化与周边国家经贸联系的积极姿态。

自苏联解体以来，俄罗斯国家命运历经坎坷，经济发展一波三折，直至进入21世纪，国民经济发展才逐渐步入正轨，开始朝着积极方向前进。正如普京2000年首次当选总统时雄心勃勃地表示的那样："给我20年，还你一个强大的俄罗斯。"普京及其精英管理团队，正将一个人心涣散、经济孱弱、民生困顿的俄罗斯一步步地带上重新崛起的道路。

【思考与练习】

1. 为什么说"休克疗法"不适合俄罗斯国情？
2. 阻碍俄罗斯经济发展的制约因素有哪些？

【延伸阅读】

[1] 许新，主编. 叶利钦时代的俄罗斯（经济卷）[M]. 北京：人民出版社，2001.

[2] 关雪凌，主编. 艰难的历程——俄罗斯经济转轨八年 [M]. 北京：中国人民大学出版社，2000.

[3] 薛君度，陆南泉，主编. 新俄罗斯：政治、经济、外交 [M]. 北京：中国社会科学出版社，1997.

第十二章　新俄罗斯外交

【导言】 俄罗斯独立以后，社会制度与意识形态的根本改变、国力的下降、社会的不稳定、国家利益的再判定，加之来自外部世界的挑战更加严峻，使得其对外政策长时间处于波动状态，经历了从“一边倒”到“全方位”外交的数次调整，直至普京执政才渐趋稳定。俄罗斯对外政策的调整是冷战后国际新秩序形成的重要环节，对整个国际战略格局的走向将产生深远影响。本章重点：俄罗斯从“一边倒”到“全方位”外交的演变历程，当今俄罗斯外交的特点以及中俄关系的发展前景。本章难点：俄罗斯外交政策调整对中俄关系的影响。

第一节　叶利钦时期：“一边倒”到“全方位”

一、对西方“一边倒”外交政策的形成及其主要内容

所谓“一边倒”，是指俄罗斯以全面加入以美国为首的西方国际政治经济和安全体系、争取西方经济援助和政治支持来摆脱国内危机为目的，在国际事务中盲目追随西方，外交基本上全部集中在西方大国的外交政策走向。叶利钦的外事顾问谢·卡拉加诺夫在描述这一时期俄罗斯外交政策的特点时说：“在那段时期里，俄罗斯喜欢对我们的西方新朋友点头称是，甚至在西方还没有让我们点头时就说同意。我们暂时失去了憧憬，也失去

了了解我们自身利益和为之采取行动的能力。"❶ 俄罗斯这种"一边倒"政策的形成，既与俄罗斯政治经济体制发展的目标模式选择有重要关系，又直接根源于俄罗斯领导人和外交决策层对俄罗斯与西方关系的一厢情愿和他们关于西方对俄罗斯政策的浪漫主义判断。

与戈尔巴乔夫的外交"新思维"相比，俄罗斯政府对国际舞台力量对比的估计、对俄罗斯与西方关系的性质的估计已经完全不同。1992 年 3 月，俄罗斯外交部国际问题研究所撰写的一份报告认为，新的世界秩序是按照圆形构建的，圆心首先是七国集团——七国集团已经成为世界经济和政治的中心。由此，俄罗斯重返国际舞台的最佳途径，用其前外长科济列夫的话说，就是"步入最积极发展的民主国家的行列，在这些国家中占有历史以及地理给我们确定的应有的地位"。俄罗斯甚至一改苏联时期对北约这个头号军事对手的敌视，认为，"俄罗斯对外政策的首要任务是在安全领域——这就是同北约组织及美国建立巩固的联系"。在欧洲政策方面，与戈尔巴乔夫"与所有欧洲国家共建'欧洲大厦'"的构想不同，俄罗斯政府在这方面的任务只是融入西欧国家现有的政治经济机构。叶利钦认为："俄罗斯自古以来就和欧洲是一体，我们应该与欧洲委员会和欧洲经济共同体等欧洲机构联成一体，应该加入其政治和经济同盟。"❷ 在对美政策方面，与戈尔巴乔夫在两种不同的社会制度基础上的缓和与合作的原则不同，俄罗斯政府追求的是与美国在社会政治、经济制度和价值观念完全一致基础上的伙伴关系。1992 年 2 月 1 日，叶利钦与布什在华盛顿签署了《关于两国新关系的戴维营声明》，其中的第 1 款和第 5 款这样写道："俄罗斯和美国不把对方视为潜在的敌人。从现在起，它们关系的特点将是友谊和伙伴关系。在相互信任的基础上，共同致力于民主和经济自由"，"我

❶ ［俄］谢·卡拉加诺夫．俄罗斯找到了独立的对外政策［N/OL］.［英］金融时报. 1994-03-21.

❷ ［俄］叶利钦．答俄罗斯《共青团真理报》记者问［N/OL］.［俄］独立报. 1992-05-27.

们将尽一切努力来倡导我们共同的民主价值观，支持法治，尊重人权”。科济列夫外长乐观地认为：“我们的邻国有美国（通过白令海峡）、日本和西欧各国。我们同这类国家完全不存在任何不能克服的分歧和利益冲突，但却存在同它们建立友好关系和将来建立同盟关系的各种可能性。”[1]

在这种全盘倒向西方和力图全面融入西方的原则指导下，俄罗斯领导人在1992年上半年几乎对所有西方大国进行了旋风式的访问，而且所到之处，都强调俄罗斯要同西方建立伙伴和同盟关系。俄罗斯这个时期对西方“一边倒”政策的具体内容是：

（1）削减核武器、在军事安全领域与美国进行合作。美国在苏联解体以后，对苏联的核武器在独联体甚至更大范围内的是否扩散极为关切。俄罗斯对此积极配合。1992年5月23日，美国、俄罗斯、乌克兰、白俄罗斯和哈萨克斯坦签署了《里斯本五国议定书》，规定将后三国的核导弹全部运往俄罗斯销毁。1992年6月叶利钦访美期间，两国领导人又签署了削减战略武器框架协议。俄罗斯还主动提出与美国共同建立“全球防御体系”。

（2）谋求西方大国对俄罗斯的援助。1992年1月30日，叶利钦在赴纽约参加安理会首脑会议途中匆忙访问英国，在后者那里获得了2.8亿英镑贷款的许诺。1992年2月，叶利钦与布什举行非正式会谈期间提出，俄美关系的优先发展方向应该是经济合作和销毁核武器；美国应帮助俄罗斯建立卢布稳定基金，以向俄罗斯提供援助。同年4月1日，布什宣布向俄罗斯提供240亿美元的援助计划。1992年2月2日叶利钦访问加拿大期间，两国领导人签署了加拿大向俄罗斯提供2 500万吨粮食的协议。紧接着，叶利钦在访问法国期间，又与法国领导人签署了法国向俄罗斯提供40亿法郎低息贷款的协议。为了争取日本的

---

[1] ［俄］安·科济列夫答记者问：联盟给我留下了一笔糟糕的遗产［N/OL］.［俄］独立报，1992-04-21.

援助，1992 年 7 月上旬，叶利钦在参加讨论援俄计划的七大国慕尼黑首脑会议期间，向日本首相宫泽喜一表示，他本人非常愿意归还北方领土，但在此问题上他正面临议会和军方的反对。

（3）在地区热点问题和对待前苏联盟国的问题上，俄罗斯基本上按照西方集团的意愿行事。1992 年 9 月，俄政府宣布从古巴撤出原苏联的军事教练旅，转而攻击古巴的人权状况。停止对朝鲜的各种援助。俄还配合西方国家在热点地区的行动，如支持对南斯拉夫的制裁、参与西方建立伊拉克南部禁飞区的活动。

与此同时，俄罗斯与独联体各国的关系有所恶化，俄罗斯对这些国家采取了相当强硬的立场。1992 年 1 月，俄罗斯与乌克兰就黑海舰队归属问题发生激烈争吵。同年 2 月 6 日，俄议会作出决议，拒绝两国代表达成的把一小部分黑海舰队划归乌克兰的协议，同时还要求重新研究 1954 年划归乌克兰的克里米亚半岛的归属问题；两国关系变得非常紧张。此外，在 1992 年 4 月 1 日，叶利钦宣布，摩尔多瓦政府接管其境内的原苏联军队的法令无效；俄罗斯还暗中支持摩尔多瓦境内第聂伯河左岸俄罗斯人的分治要求。俄因为要求哈萨克斯坦归还苏联时期划归它的 6 个州而与后者的关系有所恶化。俄罗斯还主张，不仅原苏联的海军，就连原苏联各共和国境内的苏联军队都由俄罗斯管辖。俄的相关政策使得独联体各国对它的不信任感加强，这也是《独联体宪章》在 1992 年无法被独联体国家通过的重要原因之一。俄罗斯一高层人士在总结这一时期俄对独联体的政策时说："俄罗斯外交部领导人和国家的其他政治领导人作了一个战略上的错误结论：俄罗斯应当面向俄罗斯联邦内部的问题，脱离前苏联各共和国的事务，不干涉前苏联的民族和地区冲突，并促使解决冲突的过程国际化。这就公开放弃了俄罗斯境外前苏联各地区的特权和利益。"❶

---

❶ ［俄］安·米格拉尼扬．俄罗斯和前苏联境内各国的关系［N/OL］．［俄］独立报，1994－01－12.

俄乌克里米亚争端：1954 年，为纪念乌克兰与俄罗斯合并 300 周年，苏联最高苏维埃主席团决定将克里米亚作为礼物“赠送”给乌克兰。这一决定，为后来双方的争端埋下了祸根。苏联解体后，克里米亚归属之争成为困扰俄乌关系发展的一大障碍。

二、对外政策调整：从“双头鹰”到“全方位”外交

全盘西化的改革并没有带给俄罗斯民主和繁荣，而是国家的严重衰落、民众的急剧贫困和俄罗斯国际形象的弱化，尤其是在地缘政治方面失去发言权。当西方露出弱俄、排俄的面目后，俄罗斯民众最初对西方的热望迅速被极度的失望所取代，反西方情绪急剧上升，对叶利钦政府推行的向西方“一边倒”的对外政策表现出强烈不满，批评之声鹊起；至 1992 年年中，终于演变成关于对外政策的立场、方针的争论。在争论中，主张根据俄罗斯地缘、文化特点和民族、历史传统实行“东、西方”对外政策的观点占了上风，俄罗斯对外政策也随之进行了调整。

（一）东、西方兼顾的“双头鹰”对外政策

1992 年年中，迫于压力，叶利钦不得不对政府进行改组，持激进“西化”立场的盖达尔总理等人黯然退出。从 1992 年年中开始，叶利钦、科济列夫外长不断发出将由亲西方外交转向东、西方兼顾的“双头鹰外交”的信号（见图 12－1）。叶利钦在 1992 年 7 月的一次讲话中表示：东、西方都应是俄外交的重点，俄罗斯外交需要从“倒向西方”转而“坚定不移地走向东方”。同年 10 月，叶利钦在俄罗斯外交部工作会议上发表讲话，系统总结了俄罗斯独立以来外交工作的经验教训，特别是其缺点和失误。科济列夫表述得更为透彻，他说：“无论是作为发展互利合作的潜在伙伴，还是从保证国家安全与地区稳定的广泛利益出发，发展中国家对俄罗斯都是重要的，它们也需要俄罗斯作为保持利益平衡的重要组成部分”。有人形容这一强化东向、欲求在东、西方之间左右逢源的对外政策体现了俄罗斯的“双头鹰”特性，因此将俄罗斯自此开始调整的对外政策称为“双头鹰”政策。

图 12－1　叶利钦

“双头鹰”政策的特征是：在与西方的关系上，采取既不与之结盟、也不与之对抗的策略；坚持在同西方进行政治、经济合作的过程中，以国家利益为重心；摈弃一味追求西方的策略，转向寻求东、西方平衡。

1992 年底至 1993 年初，叶利钦总统先后访问了韩国、中国和印度，开始强化“东方外交”、践行“双头鹰”对外政策。1993 年 1 月，俄罗斯副外长访问朝鲜，就延长《苏朝友好互助条约》及其他双边关系问题进行磋商；1993 年 2 月，俄罗斯与蒙古签订《俄蒙友好关系与合作条约》及《俄蒙军事合作协定》；俄罗斯还与越南续签了使用金兰湾基地的协议，与古巴签署了确定双方发展互利关系的备忘录。这些活动与成果表明：俄罗斯改变了原来“势力范围”全面收缩的政策，注意修复与昔日盟友的关系并完成与这些国家在冷战后关系的重新定位。同时，俄罗斯开始重视独立以来被视为“包袱”的独联体近邻国家，采取一系列措施加强独联体组织机构建设、修复被破坏的统一战略空间。在对西方外交中，俄罗斯也开始显示出一定的独立性。1993 年 1 月 18 日，叶利钦在美国空袭巴格达后表示，美国的行动必须事先获得联合国安理会的批准。1 月 25 日，叶利钦表示，俄罗斯在前南问题上与美国持不同立场。9月，叶利钦明确表示，坚决反对北约吸收东欧国家加入北约（见图12－2）。

图12－2 叶利钦与美国前总统克林顿

（二）“全方位”对外政策

1993年4月30日，叶利钦正式批准于1992年3月初步形成、经反复讨论、修改、确定的《俄罗斯联邦对外政策构想》中的“全方位”外交原则和方针；明确提出“俄罗斯应同那些有助于俄罗斯国家复兴的国家坚决地发展关系”。但这只是在字面形式上，其基调仍然是“在共同价值纲领和利益的基础上”建立和发展与西方发达国家的“伙伴关系”，亲西方的方针依然保留下来。❶

1995年2月，叶利钦总统在“国情咨文”中提出，俄罗斯将“奉行全方位的平等伙伴关系战略”，“同美国、欧洲各国、中国、印度、日本、拉美国家，以及世界各国发展关系，同所有愿意在平等互利基础上同俄罗斯对话的国家发展关系”。1996年1月，普里马科夫取代科济列夫担任叶利钦时期的第二任外交部长，这标志着俄罗斯“一边倒”政策的终结和独立

❶ 林军. 俄罗斯外交史稿［M］. 北京：世界知识出版社，2002：490.

自主、东西兼顾的全方位外交政策的开始。其主要目标是建立以多极世界为原则的国际关系体系，坚决捍卫俄罗斯的国家利益，增强俄罗斯在世界事务中的作用。1997 年 4 月，总统叶利钦签署的《俄罗斯联邦国家安全构想》中，也明确地把推行“多极化外交”的原则作为其国家安全构想的支柱和基石。俄罗斯全方位外交政策的基本内容可归纳如下。

第一，保持大国地位，发挥大国作用。冷战后的世界已经呈现出多极化趋势，俄罗斯反对建立单极世界的努力，推行能最大限度地维护国家利益的外交政策。在国际事务中，俄罗斯应当有符合国情的外交政策，应当成为“当代大国”。俄罗斯应该发挥应有的作用和影响，特别是在军事方面，从而保持世界的稳定。

第二，谋求同西方国家、特别是同美国建立伙伴关系，但应注意保持相当距离。俄罗斯经过几年的外交实践认识到，同昔日的冷战对手不能建立战略联盟，它们“既不符合俄罗斯的利益，又可能使俄国的外交失去独立性”。当然，俄罗斯可以同它们建立“平等伙伴关系”，但必须遵循平等原则。俄罗斯开始将维护国家和民族利益放在优先位置，改变了过去那种以意识形态为标准、一味与西方保持一致的做法，争取与西方国家建立起平等的伙伴关系，重返国际舞台。

第三，积极参与欧洲安全合作进程，提升在独联体中的地位和影响。俄罗斯坚决反对北大西洋公约组织东扩，提出以欧洲安全与合作组织为欧洲安全的基本依托，维护自己的国家安全利益。俄罗斯试图恢复在东欧地区的影响，谋求改善与东欧国家的关系或者向东欧国家施压，以减缓东欧国家在政治上依靠欧美、经济上融入西方、军事上加入北约的进程。同时，作为对西方向东欧扩张所采取的反制措施，俄罗斯特别强调把加强同独联体的关系作为自己外交政策的“优先方向”，并提出与独联体国家实现经济和军事安全一体化的途径。

第四，面向亚太，同中国建立战略协作伙伴关系。在俄罗斯外交政策中，亚太同西方处于同等重要的地位。俄罗斯要全面恢复和发展同该地区各国的正常与合作关系，这是保证其实现国家利益的重要一环。在发展与包括中国在内的第三世界国家的关系上，俄罗斯的政策更趋向于务实；在交往中更注重民族和国家利益，摈弃了以意识形态画线的做法，并将这种关系作为平衡与西方国家关系的重要战略，即以此来谋求在与西方国家的交往中获得平等地位。

第五，加入国际经济一体化，保证国内改革的成功。叶利钦制定的对外战略包括：（1）扩大同西方国家的贸易、吸引西方国家的投资，引进西方的技术和产品，获取外汇资本、技术，学习经营管理经验，促进本国经济发展；加入全球经济一体化。但是，俄罗斯“不应作为一个原料供应国加入世界经济”。（2）尽可能多地争取外援，刺激私人经济的增长、抑制通货膨胀，并把它作为外国投资的补充。（3）加入国际经济组织，建立国际上认可的市场机制。为此，俄罗斯颁布了一系列相关的法律法规。

第六，加强统一领导，建立健全机制。叶利钦提出，要有效地实施俄罗斯的对外战略与政策，要克服“多门外交”综合症，建立“由总统领导的在这个领域进行跨部门协调的明确机制”。俄罗斯应该向全世界发出一种声音，制定统一的外交政策，从而“更加始终如一地实施外交建议”，“有助于俄罗斯与外国的有效对话”。

总之，致力于“多极化”全方位对外政策的实质是“独立的大国外交”的继续，独立、务实和全方位性更加突出。它是建立在对冷战后国际格局走向、大国关系演变，特别是俄罗斯独立以来所奉行的对外政策的重新检讨、重新认识之上，因而成为俄罗斯相对成熟的对外政策。在全方位外交政策指导下的外交实践也证明，俄罗斯的这一政策选择是明智和正确的。俄罗斯推行全方位的对外政策，使它在推动世界向多极化发展和维持国际战略平衡方面发挥着重要作用，有助于实现其维护民族利益和恢复大国地位的目标。

第二节 普京政府对外政策

2000 年普京就任总统以来，不断审时度势地调整外交战略，努力在各种政治力量中谋求俄罗斯利益最大化，形成了比较完整的外交战略体系。

一、普京外交战略的主要内容

（一）俄罗斯的世界大国定位

普京上台时所面临的国际形势十分严峻：因科索沃危机和第二次车臣战争，俄罗斯与西方的关系陷入僵局。普京迅即对外交政策作出调整，公布了其新批准的《俄罗斯联邦对外政策构想》以取代叶利钦在1993年推出的《俄罗斯联邦对外政策构想总则》；提出俄罗斯对外战略的最高目标，是复兴俄罗斯、重振俄罗斯大国地位。这是普京外交的核心理念和起始点，俄罗斯外交的其他理念都直接或间接地服从于它。

纵观普京外交，可以看到大国定位和大国外交是贯穿始终的主线，也是普京外交的灵魂。大国定位决定了俄罗斯在国际舞台上不依附于任何其他力量体系，而是以独立的力量中心出现；它将根据本国的利益需要和逻辑，采取独立的外交政策，玩自己的“游戏”，而不是遵循他国所提出的“游戏规则”；它将是后冷战时期国际秩序构建的积极和主动参与者，坚持与其他大国同样的话语权（见图12-3）。

图12-3　俄总统普京

尽管普京外交始终以大国外交为基调，但其含义在前期与后期有差别。前期以恢复俄大国地位为重点，收缩战线，集中精力于国内恢复。从2005年开始，重点转向谋求大国身份；在战略态势上，表现为从战略防御转向战略进攻。就在这一年，俄推出“主权民主”概念，拒绝在意识形态上盲目追随西方，宣称将按照自己的原则构筑国际关系；在独联体地区推行新政策，坚决支持乌兹别克斯坦与西方抗争；大力推行能源外交，积极推动上海合作组织发展，努力推进亚太外交，等等。俄罗斯开始与西方特别是美国不仅在外交上而且在军事上正面交锋。至此，俄罗斯已经以大国身份重返国际舞台。❶

（二）推动建立多极化世界格局

多极化是俄罗斯外交的一贯主张，一直享有官方理论的地位。普京外交使俄罗斯成为多极化的积极推动者，在某种程度上甚至成为多极化的旗手、反单极化的先锋。

随着俄罗斯中央政权的巩固和经济的快速发展、石油美元滚滚而来，俄罗斯绝对实力大增，而美国深陷伊拉克泥潭也使俄相对力量增加。此时的俄罗斯深感它不仅需要、而且已能够在国际体系中占有一席之地，因此，推行多极化有助于保证俄罗斯的绝对主权、恢复俄罗斯的世界大国地位。

2003年4月，普京在与英国首相布莱尔的联合记者招待会上表示：“俄罗斯认为国际结构应该是多极化的”。2007年2月，在慕尼黑安全政策大会上，普京对单极化主张进行了前所未有的猛烈批评：“对于当代世界来说，单极模式不仅是不能接受的，也是根本不可能的”。2007年3月，俄罗斯外交部发布了由俄最权威的官方和学术研究机构联合撰写的《俄罗斯外交概述》，宣称“单极世界的神话在伊拉克已经彻底破产”，建立多极世界结构的客观和主观条件正在成熟。❷

还需要看到，俄罗斯不仅反对单极世界结构，也反对新的两极世界结

❶ 赵华胜．普京外交八年评价［J］．现代国际关系，2008（2）．16－17.

❷ 赵华胜．普京外交八年评价［J］．现代国际关系，2008（2）．17.

构。俄外交部在一份分析报告中指出："在形成多极化的过程中，很重要的一点是不能滑向任何形式的两极结构，因为历史经验证明，国际政治中的任何两极结构都导向冲突和战争。"实际上，俄罗斯不希望出现新的两极结构更主要的原因是认为它不能成为其中的一极，因为俄不能确定，"当美国的太阳熄灭后，等待着我们的将是什么？'金砖四国'未必是唯一的可能"。

（三）依托欧亚、面向欧美的外交战略布局

普京外交经常被评价为欧亚外交，意思是说，俄罗斯外交就像它国徽上的双头鹰，兼顾东、西方。确切地说，面向欧美是指以欧美为外交重点，它有两重意思：俄主要利益特别是战略安全利益在欧美，同时，俄主要战略压力和挑战也来自欧美。因此，俄外交活动是以欧美为主要参照对象的。依托欧亚也有两重意思：一是把欧亚作为俄战略依托和战略后方，一是借助欧亚来应对和平衡欧美的战略压力。俄罗斯在欧亚地区有多层战略结构可依托，集体安全条约组织和欧亚经济共同体可以说是第一层，中俄战略伙伴关系和上海合作组织是第二层。近年来，俄越来越重视上海合作组织，开始真正把它看成是自己的组织。俄外交部分析报告称，"上海合作组织已经成为地区合作独一无二的形式，它经受住了时间的考验，证明了自己在维持大欧亚地区稳定中的作用"。❶ 此外，还有范围更广泛的第三层，即正在形成中的中俄印战略结构。由此可见，欧美和欧亚在俄外交中都占有重要地位，但两者的功能和定位有所不同。从结构上说，欧美对俄罗斯而言是战略紧张的产生地，欧亚则为俄提供战略稳定和战略支持。

（四）独联体一体化的长期目标

独联体地区一体化是普京外交的长期目标和最优先方向。普京外交放弃了在独联体地区全面推进一体化和以独联体为平台的思路，转而采取多层次、有限规模的推进方式。俄罗斯认识到："现阶段在原苏联空间实施一

❶ 赵华胜．普京外交八年评价［J］．现代国际关系，2008（2）．16－17.

体化的现实可能只能是小规模的一体化。”[1] 普京外交的核心架构是欧亚经济共同体和集体安全条约组织，它制定了一系列目标：在经济上，建立统一的海关联盟，进而向共同经济空间过渡；在安全上，建立共同的国防空间，形成联合的军事体系；在社会和文化上，巩固和加强共同的人文空间。普京推行一体化的主要手段：一是形成政治、经济、军事上的制度和机制安排；二是恢复和重建与独联体国家的经济联系；三是大力推动人文联系。引人注目的是，普京外交明显提高了对人文关系的重视，强调“在独联体空间巩固共同人文空间具有关键意义”。

（五）能源和军事两大支柱

能源外交可谓普京的一大创举；在俄罗斯苦于外交资源短缺的情况下，普京创造性地把石油和天然气变成了最有力的外交资源。有人将之比喻为用能源武器代替了核武器，称俄罗斯从核超级大国变成了“能源超级大国”。能源外交是俄罗斯能源战略的一个衍生品，但却产生了意想不到的外交效能，且应用范围几乎覆盖所有主要国家和地区。俄罗斯通过能源外交来影响、塑造、调控与独联体国家、与“新”“老”欧洲以及与美国、中国、日本、印度等主要外交对象的关系。事实上，能源的力量在某种意义上比核武器更有效，因为核武器难以轻易动用，而能源武器可以随时使用；核武器消耗资源，而能源带来财富；核武器使他国害怕，而能源使他国依赖。

军事力量是普京所倚重的另一外交支柱。普京宣称，“全面巩固武装力量是无条件的优先方向之一”，而武装力量的巩固是俄重新崛起为世界大国的重要途径，也是俄外交自信的来源。2000～2006 年，俄年军费预算增加了 3.5 倍。2007 年，普京又签署了总额达 2 000亿美元的未来 7 年军事采购计划。俄进行大规模军事重建，示威性展示自身军事力量，包括连续举行大规模军事演习、加紧部署新型战略导弹、频繁进行导弹发射试验、新一代战略核潜艇下水、战略轰炸机重新到公海巡航、恢复航空母舰战斗

---

[1] 赵华胜．普京外交八年评价［J］．现代国际关系，2008，（2）．16－17.

执勤、在白俄罗斯部署可以打到欧洲的新型战术导弹、威胁退出“中导条约”、暂停执行“欧洲常规武装力量条约”、酝酿制定新的军事学说、甚至重申必要时不惜首先使用核武器，等等，与其外交密切配合的意图显而易见。不难看出，在普京外交的背后，特别是在与美国和北约的关系中，军事力量是重要的后盾。

二、普京外交战略的具体实践

（一）协调俄美关系

在当代国际关系体系中，任何国家外交最重要的部分一定是同大国的外交；在大国外交中，首要的是与美国的关系，俄罗斯也不例外。与美国的关系是俄罗斯外交政策中最复杂、最棘手也最引人注目的内容，在俄罗斯对外关系中占有十分重要的位置。这不仅是因为两国在经济（贸易、投资、技术的获取）和军事（保持彼此间的核威慑）方面的相互作用，还因为美国是世界上唯一的超级大国，它力图赋予国际关系格局以单极化的特征，在所有全球性和地区性事务中都力图起主导作用，还在关键性的国际金融组织中起着主导作用。而俄美之间存在的三大矛盾或说分歧（发展道路不同、有关反导系统的争议以及在俄罗斯周边国家的力量博弈），决定了俄罗斯必须将俄美关系放在俄罗斯外交的优先地位。这三大矛盾能否解决，直接关系到俄罗斯的复兴及其大国地位的重振。普京外交时期，俄美关系发展呈现出明显的阶段性。

第一阶段：起伏动荡时期（2000 年 1 月 ~ 2001 年 9 月）。普京执政之初的一段时间内，外交政策一定程度上延续了叶利钦在科索沃战争后抵制美国单极霸权的政策。加之布什上台后，美国对俄态度一度表现得十分强硬。这一时期，俄美分歧颇多，两国关系一度跌至谷底。

2001 年 3 月，美国将 50 名俄罗斯外交官驱逐出境。普京立即予以反击，命令俄外交部彻查此事，并以在俄境内从事非法活动为由将 4 名美国外交官驱逐出境。俄美两国如此大规模地互驱外交官在苏联解体后尚属首次，两国关系跌至冰点；许多国际问题专家担心，俄美将会重新回到“冷战”状态。

在反导问题上，俄美两国的分歧一直存在。2001 年 6 月，普京与美国总统布什在斯洛文尼亚举行会晤，对美国在北约东扩及建立国家导弹防御系统的问题上所采取的行动表示反对。在同年 7 月举行的 G8 峰会上，普京和布什就削减进攻性战略武器及反导问题进行了磋商，但未有实质性进展。8 月中旬，俄罗斯国防部长谢·伊万诺夫与到访的美国国防部长拉姆斯菲尔德进行会谈，也没有从根本上解决分歧。

第二阶段：反恐伙伴时期（2001 年 9 月 ~ 2004 年 12 月）。美国在 2001 年 9 月 11 日遭受的恐怖袭击为俄美合作提供了契机。“9·11”袭击发生后，普京第一时间致电白宫，表示俄罗斯对美国政府和人民表示同情和支持。普京的态度使俄罗斯在国际关系格局中的姿态和位置呈现出与事件之前大为不同的景象。

此后，俄罗斯为美国开放领空，同意美国军事武装进入其传统势力范围的中亚地区。在地缘战略方面，俄撤出了在越南及古巴的军事基地，并在情报领域给予美国支持，展示了俄罗斯在反恐问题上与美国的合作态度。在伊拉克战后重建问题上，与美国进行有保留的合作。2004 年 5 月，美国国务卿赖斯访问莫斯科，俄表示了在伊拉克问题上继续合作的立场。布什政府为了获取在伊拉克问题上来自俄罗斯的更多支持，将伊拉克新政府的武器订单转给了俄罗斯。俄罗斯与美国建立反恐伙伴关系的主要目的是打破俄美关系僵局，同时还存在以下几点具体原因：第一，为国内打击车臣分裂分子扫清国际障碍。第二，加强独联体的军事安全，抵制美国及北约对此地区的军事渗透。第三，在“入世”及反导问题上谋求美国的支持。

1972 年俄美签署的《反弹道导弹条约》规定了两国陆基导弹可保有的数量，旨在保持双方的战略平衡和国际局势稳定。2001 年 12 月，美国单方面宣布正式退出《反弹道导弹条约》，目的是为美国研究发展国家导弹防御系统（NMD）、进一步确立美国的核优势地位扫除障碍。尽管普京表明美国的这一行动是错误的，但俄罗斯的反应相当克制。这一重大障碍的跨越，消除了一个长期困扰俄美关系的因素。

第三阶段：战略竞争时期（2004 年 12 月 ~2008 年 5 月）。反恐开启了俄美合作的新阶段，但从双方关系改善的具体内容来看，是不平等的、非对称的，是以俄罗斯作出更多让步为前提的，一旦条件发生变化，这种关系就会受到冲击。随着美国在伊拉克和阿富汗的反恐战争取得阶段性的胜利，俄美之间固有的矛盾又重新浮出水面。俄罗斯的态度也回到 2000 年初：由于经济实力增强，在对外关系上侧重于追求大国地位，推动多极世界；对美国奉行单边主义、对俄内政的指责以及对俄国家利益的现实威胁予以坚决回击。

首先，针对北约新一轮东扩予以反击。2004 年 4 月，波罗的海三国被拉入北约；2005 年，北约与乌克兰就乌加入北约进行对话；2007 年 3 月，美国参议院通过议案，同意支持格鲁吉亚和乌克兰加入北约。北约东扩引起俄罗斯国内强烈反响，民众的反西方情绪日益加重。普京早在 2001 年 9 月对芬兰进行国事访问时就明确表示："北约东扩是个错误，只有'病态的'头脑才会认为俄罗斯对欧洲安全构成威胁。"普京在与来访的乌克兰总统尤先科会谈后对媒体称："如果乌克兰成为北约成员国，并同意在其领土内部署导弹防御系统，俄罗斯可能'不得不'将战略核导弹对准乌克兰。"俄罗斯国家杜马宣布废除《俄乌关于导弹袭击预警和太空监视系统的合作协议》。除此之外，俄还利用本国的能源优势，对企图投入北约怀抱的独联体国家进行能源制裁。

其次，针对美国全面部署反导系统进行抵制。2001 年，美国正式退出《反弹道导弹条约》。2004 年，美国分别在阿拉斯加和加利福尼亚部署了陆基中段防御拦截导弹，用于保卫美国本土。随后，美国开始同波兰、捷克、匈牙利、罗马尼亚、保加利亚等国进行谈判，谋求将其纳入导弹防御系统。在亚洲，中国台湾及日本也成为美国导弹防御系统的盟友。2007 年 1 月，美国同捷克和波兰就在两国建立导弹防御基地进入实质性谈判阶段。2008 年 2 月，美国与波兰达成在波兰建立 10 个导弹拦截系统的协议。美国国防部长盖茨曾在 2007 年宣称："美国应该对来自俄罗斯方面的进攻有所准备。"显然，美国 NMD 计划的目的之一是防范俄罗斯的战略部署。

对于美国的NMD计划，普京一直在寻求破解之道。早在2001年，俄罗斯就组建了军事航天部队，主要负责导弹防御和卫星攻击任务。2003年10月，俄罗斯在白俄罗斯部署"伏尔加"战略预警系统。2005年，俄与白俄罗斯签署了建立新的俄制S－300PS战略预警系统的协议。2007年，俄罗斯第一个S－400防空导弹团在莫斯科东部进入战备状态。除此之外，俄罗斯还研发了新一代弹道导弹核潜艇，在军事领域与美国抗衡。

再次，对美国在独联体地区策动"颜色革命"予以回击。独联体国家一直是俄罗斯的传统利益范围，俄在这些国家的发展中给予了大量的投入。"颜色革命"加剧了独联体国家的亲美倾向，使俄在独联体内的影响力受到空前打击。"颜色革命"后，普京果断地调整了对独联体国家的政策：其一，坚决帮助独联体国家中的亲俄势力赢得选举，遏制"革命"的发生；其二，开展能源遏制战略，对亲美国家乌克兰和格鲁吉亚提高天然气供应价格、控制供应量，对其他成员国皆按市场价格结算，以儆效尤。其三，加强与独联体国家的经济往来和人文合作。

"颜色革命"：是指在美国政府的直接和间接支持下，独联体地区有关国家的亲美的反对派借议会选举和总统选举之机，以非暴力手段促成政权更迭，从而建立"亲美去俄"政权。2003～2005年，格鲁吉亚、乌克兰、吉尔吉斯斯坦相继爆发"颜色革命"。

在普京执政时期，对美关系一直作为俄罗斯对外政策的重要方面。尽管俄美关系一直以来分歧严重，但为了相互利益，双方一直愿意保持积极的接触和对话，确保两国关系不陷入停滞。在今后相当长的时间内，美国仍将是俄罗斯国际交往中最不可忽视的对象，并且，随着俄罗斯摆脱社会危机、日趋强大，俄美之间一定会发生冲突、碰撞，俄美关系的发展之路仍将会不平坦。

（二）优先发展与欧洲国家的关系

与欧洲国家的关系一直是俄罗斯外交政策中传统的优先方面，普京上台后更加重视发展与欧洲国家的关系。普京执政时期，是俄欧关系快速、全面发展的时期。普京多次强调，俄罗斯是欧洲国家，是欧洲文明的一部分，更注重与欧盟发展关系；俄罗斯要加入世界政治经济体系，争取国际经济组织的援助，离不开欧盟国家的支持。俄罗斯抓住一切机会与欧盟合作，使得双方在能源合作、建立共同经济空间、反对美国单边主义政策等领域有了长足进展。

俄罗斯是世界能源大国，石油出口量居世界第二，天然气出口量居世界第一；出口地区遍及欧洲、亚太及美国等地。欧盟能源少，消费量大，为其长期提供能源进口的中东地区局势不稳。俄同欧盟进行能源合作，既是实现“回归欧洲”愿望的需要，也是实施“联欧抗美”战略的需要。普京时期，俄罗斯扩大了对欧盟的油、气出口，建造了北欧、亚马尔－欧洲、“蓝流”三条天然气管道和友谊管线以及亚得里亚管道一体化、波罗的海、里海－黑海－地中海三条石油管道。这些管线的修建，加快了俄国内经济的发展，增强了俄罗斯在欧盟的影响，使欧洲对俄罗斯的能源依赖更强了。

俄罗斯希望与欧盟建立长期战略伙伴关系；“融入”欧洲、与欧洲实现一体化，是普京及执政当局的既定方针。俄罗斯不愿长期充当欧洲的“边缘国家”，既出于文化、历史方面的考虑，更出于世界形势和国家发展战略的考虑。从经济上说，欧盟是俄罗斯最重要的经贸伙伴和投资者；欧盟市场占俄罗斯进口的40%和出口的38%，俄罗斯70%的外贸顺差来自欧盟国家；俄罗斯吸收的全部外资中有一半以上来自西欧。

普京认为，俄罗斯与欧盟在很多国际问题上都有着一致的看法和立场，诸如反对美国在欧洲部署反导系统、推进世界多极化进程、反对对伊拉克实行武装打击，等等。而且，在欧盟东扩问题上，普京予以支持，并希望俄成为欧洲一体化中的一员。普京将英、德、法三国视为对外关系的重点；这三国既是欧盟成员国，也是北约成员国，加深与这三国的关系可以使俄罗斯在国际事务中处于更为有利的位置。从长远的、战略的、全局的、观点来看，俄罗斯与欧盟关系的持续发展是自然和不可避免的。

（三）巩固独联体后院

普京政府把独联体视为涉及俄罗斯生存和发展的头等利益地区，强调同独联体国家的合作是俄罗斯外交绝对优先的方针。主要原因是：其一，独联体国家与俄罗斯地缘毗邻；独联体国家是否对俄罗斯实行友好政策，独联体地区形势是否稳定，关系到俄罗斯是否有一个稳定的周边环境，这种特殊地理位置对俄罗斯有着重要的战略意义。其二，独联体地区是俄罗斯重要的原材料产地和巨大的商品市场。建立与独联体统一的经济空间，加强与独联体的经济关系将是俄罗斯经济复兴的优先选择。其三，苏联解体后，俄罗斯战略防御空间大大缩小，防御能力严重削弱，国际恐怖主义、民族分裂主义和宗教极端主义三股恶势力严重威胁着俄罗斯和独联体其他国家的安全。因此，建设以俄罗斯为首的独联体集体安全体系对加强俄罗斯自身防御能力具有重要意义。其四，美国等西方国家不断削弱俄罗斯在独联体国家中的地位，利用俄罗斯与独联体国家间的矛盾排俄、弱俄，不断向独联体渗透，使独联体内离心倾向和亲西方因素不断增长。因此，俄罗斯必须以独联体为依托，优先发展与独联体国家的关系，增加俄罗斯在国际事务中与西方抗衡的砝码，巩固俄罗斯在独联体中的领导地位。[1] 为此，俄进行了一系列的外交努力。

首先，加强与独联体国家的军事合作。2002 年 5 月，俄罗斯、白俄罗斯、哈萨克斯坦、亚美尼亚、吉尔吉斯斯坦和塔吉克斯坦六国签署了独联体集体安全条约组织章程和有关法律文件，将集体安全条约升格为国际军事合作组织，确立了推进安全一体化的进程。2003 年和 2004 年，俄罗斯分别在吉尔吉斯斯坦和塔吉克斯坦建立军事基地，大大加强了集体安全条约组织的防御和反恐能力。2005 年，该组织通过了《2010 年前及远期联合军事建设计划》，准备组建中亚地区联合军事系统。

其次，积极推动独联体经济一体化进程。独联体地区是俄罗斯重要的原材料产地和巨大的商品市场。由于历史的因素，大部分独联体国家产业结构单一，在能源、技术方面也要依赖于俄罗斯，所以，加强经济一体化进程符合俄罗斯和独联体国家的愿望和实际需要。2000 年 10 月，俄罗斯、

[1] 海运，李静杰，学刚，姜毅，主编．叶利钦时代的俄罗斯·外交卷［M］．北京：人民出版社，2001：155－156.

白俄罗斯、哈萨克斯坦、吉尔吉斯斯坦和塔吉克斯坦五国签署条约，决定将关税同盟改组为欧亚经济共同体，独联体国家从此进入到一个新的发展时期。此后，欧亚经济共同体成员国之间贸易额不断增长。以2005年为例，俄哈贸易额为94.8亿美元，俄吉贸易额为5.35亿美元，俄乌贸易额为20.6亿美元，俄塔贸易额为3.2亿美元，俄土贸易额为8.32亿美元。[1] 2005年10月6日，欧亚经济共同体同中亚合作组织达成合并计划，使独联体国家在一体化进程中迈进了一大步。2007年，俄、白、哈三国在欧亚经济共同体跨国委员会会议上开始筹建关税同盟，并为欧亚经济共同体进一步一体化作出努力。

再次，反对西方国家的政治渗透，对独联体国家进行能源遏制。“颜色革命”发生后，普京调整了对独联体国家的政策，采取拉拢和遏制两种手段，开展卓有成效的实用主义外交；主打能源牌，自2006年开始对亲美和亲俄的独联体国家区别对待。乌克兰在能源方面对俄罗斯有很大的依赖性，其所需石油的90%和天然气的75%都要靠从俄罗斯进口，能源遏制成为俄罗斯制约乌克兰的重要杠杆。2006年3月，俄又以卫生标准不达标为由，拒绝从格鲁吉亚和摩尔多瓦进口葡萄酒及各类农产品，在经济上予以打击。在俄罗斯与白俄罗斯的油气之争问题上，普京坚决捍卫本国利益，迫使白俄罗斯于2007年与俄罗斯达成协议，停止对俄出口的原油征收过境税。

普京的能源外交使“颜色革命”中亲美的独联体国家遭受重创。在对独联体内一些国家的能源出口上，俄采取“亲兄弟，明算账”的政策，不再给予过多的优惠。对一些亲俄国家适当给予援助，这种方式极大地减轻了俄在能源经济上的负担，也扩大了其在独联体范围内的影响。

（四）拓展在亚太的存在与影响

普京上任后，也积极活跃在亚洲舞台上。2000年7月的俄罗斯对外政策构想中提出：“俄罗斯本身属于亚洲这个飞速发展的地区，因此亚洲在俄罗斯外交政策中具有越来越重要的意义，尤其是必须发展西伯利亚和远

[1] 刘颖．普京外交战略研究［D］．哈尔滨师范大学，2012.

东地区的经济。”俄罗斯把改善与亚太地区关系作为外交的重要方面，是基于以下几方面的考虑。

一是亚洲在普京外交中具有重要的地缘安全战略意义。俄罗斯外交中的三大传统安全观之一就是以避免两线作战为重点的战略观。[1] 冷战结束后，俄罗斯在地缘政治上不可避免地面临来自各个方向的挑战：在西方，北约以咄咄逼人之势向俄推进，使俄罗斯逐步失去西边的缓冲带；在南方，伊斯兰势力在向俄南部扩张；在东方，中国正以前所未有的速度发展，日本的力量也在亚太地区显著崛起，对俄罗斯东部战略环境构成压力。因此，俄罗斯积极发展同亚太地区国家的关系，成为避免两线作战战略观的新内容和指导当前俄罗斯外交斗争的基本方针。

二是从经济因素考虑。西伯利亚和远东地区属俄罗斯开发水平最低的地区，但却蕴藏着丰富的石油、天然气和矿产。自独立以来，俄罗斯中央政府对远东地区的控制能力下降，远东地区的分离主义势力逐渐抬头；为了加强国家的统一，消除中央与地区的矛盾，必须关注西伯利亚和远东地区的经济发展。众所周知，亚太地区尤其是东亚是世界上最富活力的地区。推动西伯利亚和远东地区的经济融入亚太经济一体化，确保该地区乃至整个俄罗斯与亚太地区国家的经贸合作，不但有利于该地区的经济发展，而且有利于俄罗斯和亚太各国之间不断加深互信。

三是俄罗斯可以与亚太国家进行合作，应对由恐怖主义、分离主义、宗教极端主义和跨国犯罪活动等引起的突发事件，如参加上海合作组织。

四是平衡对西方外交的需要。东西方平衡是普京外交的基本特点。普京政府深刻地体会到，要通过“东方外交来加大与西方抗衡的筹码，增强自身在国际事务中的影响力，扩大俄外交回旋余地，改善不利的地缘政治状况，为俄国家发展提供良好的外部环境”。

为此，俄罗斯在这一地区的工作方向是：积极参与亚太经合组织、上

[1] 另两大观念是：以控制势力范围为核心的地缘观念和以夺取出海口为主题的海洋观念。

海合作组织、东盟地区性安全会议等亚太地区主要的一体化机构。

在双边关系上，首先发展同中国和印度的友好合作关系。俄、中两国对国际政治关键问题的原则性态度是一致的，这是全球和地区稳定的主要支柱之一。俄罗斯将努力发展与中国在各方面的互利合作，主要任务仍是进行与政治关系水平相符的大规模的经济合作。俄罗斯打算加强与印度的传统伙伴关系，包括在国际事务中的合作，这有助于解决南亚存在的问题，加强地区性稳定。俄罗斯认为印度与巴基斯坦签订全面禁止核试验条约和加入不扩散核武器条约是保障亚太地区稳定的重要因素，俄罗斯支持在亚洲建立无核区的方针。

积极加强与亚太国家在经济、贸易等各领域的合作，参与亚太地区经济一体化、亚太特别是东北亚地区安全机制构建。俄罗斯促进并维护中俄经贸发展及其良好势头，推动与日本、韩国、朝鲜的经贸关系在原有基础上的向前迈进。此外，普京在出访中、朝、日过程中，与有关国家就合作开采和输送俄罗斯远东石油、天然气资源等问题广泛交换了意见，并制订了一系列合作计划，有力地推动了这一地区的国际经济合作。

争取与日本缔结和平条约，建立友好睦邻关系，符合两国的国家利益。在现有的谈判机制框架内，俄罗斯继续寻求相互可以接受的解决办法，来划定国际上认可的两国边界。

积极参与解决朝鲜半岛紧张局势，积极发展与伊朗、土耳其等国的关系，打击宗教极端分子和恐怖分子。

总体来看，普京在实施其东西方平衡的多方位外交战略中，不断加强和改善与亚太国家的关系，增强了俄罗斯在亚太地区的国际影响力。[1]

（五）加强与其他发展中国家的对话与合作，扩大经济往来

积极参与中东和平进程。中东在世界政治、经济中占有突出地位，在俄罗斯战略格局中，中东也是俄罗斯抗衡美国发挥影响的重要政治舞台。在这种背景下，俄罗斯的重点将是“在世界上这个富有和对于俄罗斯至关

---

[1] 王孙鹏，管星火．普京外交战略评析［J］．东北亚论坛，2003（2）．

重要的地区，恢复和加强俄罗斯的地位”。

俄罗斯重新开始关注非洲、拉美，不仅为俄罗斯重塑其拉美外交的新形象开辟道路，而且更为重要的是，“与旧盟国恢复关系将显示俄罗斯在国际舞台上的地位，有利于维护俄罗斯的国家利益”，大大增加俄罗斯在与美欧等国家外交谈判中的砝码。为此，俄罗斯将扩大同非洲国家的协作，促进非洲的地区军事冲突尽快调解。此外，还要同非洲统一组织和次地区组织发展对话，使俄罗斯加入该大陆的多边经济项目。

俄罗斯依靠20世纪90年代同中美洲和南美洲国家关系取得的重大进展，努力提高同它们的政治对话和经济合作水平。俄罗斯将力求扩大同中美和南美洲国家在国际组织中的相互协作，鼓励向拉丁美洲国家扩大俄罗斯科技密集型工业产品出口，发展同它们的军事技术合作与协作。

三、普京对外政策的特点

（一）务实性

普京多次强调外交的务实性和实用性。在2000年的国情咨文中，普京强调“俄罗斯对外政策的基础是务实、经济效益、国家利益至上”；在2001年的国情咨文中指出，“俄罗斯外交政策的制定应以确定明确的优先方向、务实主义和提高经济效率为基础”；在2002年的国情咨文中强调，“今后将根据我们的能力和国家利益——军事战略、经济和政治利益，绝对务实地制定俄罗斯对外政策”。[1]

普京对外政策的务实性特点具体表现为以下几方面。

首先，应对现状的灵活与务实。以国家利益作为俄罗斯制定对外政策的出发点，突出外交为国家经济发展服务的目的。普京认为，雄厚的经济实力是俄重返大国外交舞台的后盾。因此，俄外交的首要任务就是坚持外交为国家经济振兴服务的战略，突出外交的经济内涵，同时，要使这些原则成为国家生活的准则。对此，普京解释说，如果某些国际方案对俄罗斯

[1] 普京文集［M］.北京：中国社会科学出版社，2002：80，290，622.

公民没有好处，不符合俄国家利益，无论听起来多么响亮、多么动听，俄罗斯都不应该参与；如果俄罗斯一再被邀请处理棘手的全球性事务，而俄罗斯在举债度日、不能为国人发工资，那就要先掂量一下自己的能力，可能的话等一等再说。❶

由于国力不足使俄罗斯在实现其对外政策时处处受限，因此，在今后相当长的一段时间内，俄罗斯对外政策都会以保障国家安全和服务国家经济发展为主题，力避那种徒耗国力、没有实际经济收益的国际政治行动，为俄罗斯国内社会发展创造有利的外部环境。

其次，以灵活的策略避免与西方大国发生直接对抗。为了维护国家利益，俄与西方大国不可避免地存在矛盾和斗争，但从经济发展的角度考量，俄罗斯又离不开西方国家的支持和援助。所以，普京在一系列重大国际问题上采取了更为灵活的立场，既要坚持原则，捍卫自己的国家利益，又要善于妥协，缓和关系，不搞对抗；利用西方国家的内部矛盾，介入欧洲事务，借欧制美。

再次，以“节约”“经济”的原则有选择地参与国际事务。普京当政后的一个重要转变就是承认俄国家地位下降，对外政策的取向已不再是寻求超级大国地位，而是根据国力确定在国际事务中的参与度，量力而行。普京政府遵循“节约”“经济”的原则，表现出某种“收缩”态势，将外交重点首先集中在涉及其切身利益的领域，而对次重要利益和事关俄罗斯切身利益领域将采取消极立场，以适当的战略收缩来达到总体目标实现的战略。这样，既正确估计了自身能力、防止对立，又坚持了自己的立场、确保了自身利益，在两点上找到了平衡。

（二）平衡性

首先，目标与手段平衡，强调对外政策为对内政策服务、积极外交与适当收缩并举。普京认为，对内政策是国内事务中非常重要的因素，俄罗

❶ 俞邃，许新，潘得礼，主编．普京：能使俄罗斯振兴吗？［M］．南京：江苏人民出版社，2001：227.

斯在世界上的地位首先取决于能否成功地解决自己的内部问题，一个被软弱和贫穷主宰的地方是不可能有大国威力的。为此，俄罗斯将有选择地参与国际事务，以现有的外交力量和资源开展积极外交的同时，集中力量把内部问题解决好。

其次，实现东、西方兼顾的平衡外交。普京执政后，延续了其前任的对外政策取向，大力推行欧亚并重、东西兼顾的全方位平衡外交。普京2002年出席俄国务委员会主席团扩大会议时说，俄罗斯打算同一切愿与其开展建设性合作的国家发展关系。2000年1月10日俄联邦总统批准的《俄罗斯联邦国家安全构想》中明确提出，俄外交政策的特点——独立自主的东西方平衡性，是由俄国国情和作为最大的欧亚大国的地缘政治地位所决定的。普京政府在主动与西方发展友好关系的同时，积极与东方加强多边友好合作，注重东西方全方位的外交平衡。在这一外交思想的指导下，俄大幅提升对美关系；积极融入欧洲，深化与欧洲各国的合作；致力于改善与北约的关系，寻求合作新形式；进一步改善和发展与亚洲邻国的睦邻友好合作关系。

再次，与“新朋旧友”进行等距离往来。以美苏为首的两大阵营在“冷战”时期对抗了40余年。如果说俄目前与美国、欧盟等西方国家的关系只有10年的历史、算作“新朋”的话，原苏联阵营中的国家就应该称之为“旧友”。俄罗斯独立初期，冷落了除独联体以外的这些“旧友”。普京认识到，“一厢情愿的亲欧美外交”无助于提高俄的国际地位，应该维持和发展与所有国家的关系；所以，在不以意识形态定亲疏的基础上，开始与上述“旧友”国家重续“前缘”。[1]

应该看到，俄罗斯在外交战线上总体来讲处于收缩状态。即使是对独联体国家，俄罗斯也暂时放弃了在中亚的部分传统优势，以换取美国等西方国家的合作。无论是从中亚局部战略来看，还是从俄罗斯的外交总战略

---

[1] 邵春晓．积极、务实、平衡——俄罗斯对外政策的三个特点评析［J］．当代世界与社会主义，2001（3）．

来看，这都是比较合适的：对内，有利于获取西方援助，争取国家尽快复兴；对外，则减少了对中亚国家的安全责任，吸引外资共同开发中亚和里海的资源。

总之，在未来相当长的一段时期内，俄罗斯会继续以复兴俄罗斯、恢复其大国地位为最高战略目标。俄罗斯对外政策遵循的基本原则，仍将是持续现有灵活、务实的全方位对外政策，在国际舞台上开展积极的外交活动，努力表现出俄罗斯是世界大家庭中有分量、负责任和活跃的一员，突显出俄罗斯在世界的存在和影响。

第三节　俄中关系的发展、问题及展望

1991 年 12 月苏联解体，俄罗斯作为苏联的主要继承国延续了与中国之间的传统友谊，两国顺利实现了由苏中关系向俄中关系的过渡，开始了俄中关系新的一页。此后，在两国不懈探索下，俄中关系不断向纵深发展。期间，经过俄中两国领导人和两国人民的共同努力，俄中关系经受住了考验，并取得巨大成就：两国关系全面实现正常化，建立了国家和政府领导人经常性会晤机制，建立了真正伙伴关系和战略协作关系，签订了具有历史意义的《中俄睦邻友好合作条约》；在上海合作组织框架内展开多方面合作，彻底解决了两国边界问题；相继举办“国家年”“语言年”等重大活动。俄中关系的发展历程表明，两国具有广泛而坚实的合作基础，两国关系已进入有史以来最健康、最稳定的发展时期；合作、共赢成为中俄关系的主旋律。

20 多年来，俄中关系经历了前后两个发展阶段，即叶利钦时期与普京、梅德韦杰夫时期。在叶利钦任总统期间，俄中关系实现了“三个台阶”的跨越式发展，从“互视为友好国家”发展到“建设性伙伴关系”，再从“建设性伙伴关系”发展到“战略协作伙伴关系”。21 世纪以来，即普京、梅德韦杰夫分别担任俄总统时期，俄中关系进入到实质性发展阶段，两国不仅在政治互信、经贸往来、能源合作、文化交流及地区合作等领域

取得重大进展，而且在国际舞台上展开了更加有效的合作。20 多年的发展历程，也为未来俄中关系的全面推进打下了坚实基础。

一、俄中战略协作伙伴关系的建立（叶利钦时期）

俄中两国关系在 20 世纪 90 年代叶利钦时期获得显著发展，经历了从“互视为友好国家”到“建设性伙伴关系”，又逐步上升为全球范围内的“战略协作伙伴关系”的过程。

（一）互视为友好国家

1991 年 12 月 27 日，在苏联解体后的第三天，中国外交代表团即抵达莫斯科，两国互相承认并达成一系列协议，使原苏中关系顺畅地过渡到俄中关系。

在“亲西方”政策受挫后，俄罗斯开始把加强对华政策提上议事日程。叶利钦表示俄罗斯要同包括中国在内的东方国家建立“更加紧密的关系”。1992 年 11 月，叶利钦在会见到访的时任中国外长钱其琛时表示，中国在俄罗斯的对外政策中处于优先地位。

1992 年 12 月，时任俄罗斯总统的叶利钦第一次访问中国，这是两国关系发展在这一阶段最重要的外交举措，开辟了两国关系的新纪元，把俄中关系的发展推向一个新的阶段。作为俄中之间首次最高级会晤的成果，双方发表了《关于中华人民共和国和俄罗斯联邦相互关系基础的联合声明》，第一次明确提出：“中俄互相视为友好国家，按照《联合国宪章》，本着和平共处五项原则和其他公认的国际准则，发展睦邻友好和互利合作关系，社会制度和意识形态的差异不应妨碍国家关系的正常发展。双方确认，应以和平方式解决两国间的一切争端并为此建立相应的对话机制；双方不参加任何针对对方的军事政治同盟，不同第三方联合损害另一方国家的主权和安全利益”。[1] 两国承诺“永不为敌”“永做好邻居、好伙伴、好朋友”。这就明确规定了指导两国关系的基本准则，从而为两国关系的长

[1] 杨闯，高飞，冯玉军．百年中俄关系［M］. 北京：世界知识出版社，2006：308.

期稳定发展奠定了政治和法律基础。在此期间，两国还签署了包括《中俄两国关系基础的联合宣言》《中俄两国关于相互削减边境地区武装力量和加强军事信任措施的谅解备忘录》《两国政府和平研究和利用宇宙空间的合作协定》在内的有关经贸、科技、文化和军事等领域合作的24个文件，为加强两国在各个领域的互利合作提供了可靠的法律基础。

上述事实表明，俄罗斯已不限于从一般的双边关系范畴来看待俄中关系，而是开始从整个国际关系格局的角度来审视中国对俄罗斯的战略价值，把对华政策调整作为其整个对外战略转变的重要环节。中国在俄罗斯对外战略中地位的提升，为俄中关系的进一步发展奠定了良好的基础。

（二）俄中建立“建设性伙伴关系”

随着俄中关系的逐渐升温，两国领导人开始思考两国之间更深刻、更长远的发展战略问题。1994年4月，叶利钦总统致信江泽民主席，提出俄中两国建立“面向21世纪的建设性伙伴关系”的建议，中方对此予以积极响应。

1994年9月，在中国国家主席江泽民访俄期间，两国签署了《中俄联合声明》，把面向21世纪的中俄新型关系概括为“建设性伙伴关系，即建立在和平共处五项原则基础上的长期稳定的睦邻友好、互利合作关系，不结盟、也不针对第三国”。[1] 访问期间，两国签署的《关于不将本国战略导弹瞄准对方的合作声明》表明，两国彻底结束了敌对状态，相互信任进一步增强，这也为推动地区和全球安全形势的健康发展做出了积极贡献。两国还签署了《中俄界西段协议》，这是继东段边界协议签订后，中俄双方又一个关于划界问题的重要文件，使两国97%的边界线用法律的形式固定下来。边界问题的基本解决，为两国边境地区进一步开展互利互补的经贸合作创造了良好条件。另外，双方关于相互削减边境地区武装力量和加强军事领域信任措施的谈判也已取得进展。同时，两国领导人还就一系列重要的国际问题交换了看法，达成广泛一致。例如，“应当承认世界的多样性

[1] 杨闯，高飞，冯玉军．百年中俄关系［M］．北京：世界知识出版社，2006：320.

和国家间的差异，鼓励平等合作，反对霸权主义和强权政治，反对建立对立的政治、军事、经济集团，主张和平解决争端，不以武力相威胁，促进和加强亚太地区合作，支持核不扩散条约等等”。❶

俄中两国利用此次契机正式建立了面向21世纪的建设性伙伴关系，双方不仅创建了新型的国家关系，还就此明确了两国关系的发展方向。“面向21世纪的建设性伙伴关系”的建立具有深远的历史意义，正如时任俄罗斯外长科济列夫所指出的：“俄中关系首次取得了新质量的突破，使两国关系进入建设性伙伴关系的高度，为两国进行面向21世纪的互利、睦邻、稳定和长期合作奠定了政治基础”。❷ 从此，俄中关系进入全面发展时期，两国在政治、经济、军事、科技、文化等方面的交流与合作更加密切。

（三）中俄“战略协作伙伴关系”

1996年4月，俄罗斯总统叶利钦再次访华，与江泽民主席就建立和发展俄中两国战略协作伙伴关系、加强两国在各领域的双边合作进行了会谈。双方一致认为，两国发展面向21世纪的战略协作伙伴关系，是两国作出的战略性选择，符合两国的共同利益，也有利于地区及世界的和平与稳定。4月25日，中俄两国元首在北京签署了第三个《中俄联合声明》，双方正式宣布，建立平等信任、面向21世纪的战略协作伙伴关系。

俄中战略协作伙伴关系是以和平共处五项原则为基础，不结盟、不对抗、不针对任何第三国的新型国家关系，为双方在各个领域进行最广泛的平等互利合作创造了条件；双方在政治上完全平等，经济上互利合作，安全上相互信任，国际事务中加强协作。机制化是俄中战略协作伙伴关系运作方式的重要特点，主要内容包括：（1）高层定期政治会晤制度。两国国家元首和政府首脑每年会晤一次，两国外长常来常往，就共同关心的问题广泛深入地交换意见。在莫斯科和北京建立俄中元首间热线电话联系。（2）双方合作协调和指导制度。两国建立俄中总理定期会晤委员会，统管

---

❶　石泽. 论新时期中俄关系［J］. 国际问题研究，1996（2）.

❷　崔宪涛. 面向二十一世纪的中俄战略协作伙伴关系（优秀博士论文）［D］. 中共中央党校，2003，10.

双方在经济、贸易、科技、能源、运输、核能等一系列重要领域的合作，敦促解决合作中出现的重大问题。（3）国际磋商制度。两国将充分利用各种场合和形式在各个级别上就涉及各自重大利益及双方共同关心的全球性、地区性重大问题交流信息，认真探讨，制定对策，协调立场，相互配合。（4）民间交往制度。两国已建立跨世纪的综合性民间友好机构——中俄友好、和平与发展委员会。通过社会各界人士的广泛参与，加强人民之间深层次的理解和信任，巩固两国人民世代友好的基础。

1996 年 12 月，李鹏总理访问俄罗斯，中俄总理定期会晤机制正式启动。到 1999 年，中俄政府首脑已进行了四次定期会晤。1997 年，江泽民主席第二次访问俄罗斯，宣布中俄友好、和平与发展委员会正式成立。同年叶利钦总统第三次访华和 1998 年 11 月江泽民主席访问俄罗斯时，双方一致表示，将俄中战略协作伙伴关系全面推向 21 世纪。

两国在安全合作上也取得显著成果。1996 年 4 月 26 日，中、俄、哈、吉、塔五国在上海创建了“上海五国”会晤机制，签署了《关于在边境地区加强军事领域信任的协定》。“上海五国”会晤机制的建立，为加强五国睦邻友好合作关系、摈弃冷战思维、探索新型国家关系、新型安全观和新型区域合作模式提供了重要经验，也对世界的和平、稳定与发展产生了积极而深远的影响。该协定是俄罗斯与中国关系史上第一份直接涉及漫长边界安全的平等协定，也是亚太地区第一份涉及政治、军事领域的多边协定。1997 年 4 月，五国元首在莫斯科举行第二次会晤，签署了五国《关于在边境地区相互裁减军事力量的协定》，进一步确立了通过边境裁军实现睦邻友好的新安全模式。在 1997 年的《中俄联合声明》中，双方首次提出，确立新的具有普遍意义的安全观，即以对话协商促进相互了解和信任，通过多边协调合作寻求和平与安全。

两国在边界问题上取得了突破性进展。1997 年 11 月叶利钦访华，俄中双方宣布，两国国界东段勘界的所有问题已得到解决。1998 年 1 月，俄中发表《关于中俄边界问题的联合声明》，宣布俄中西段勘界工作的野外作业已经结束，至此，俄中东、西两段勘定的国界在两国关系史上首次在实地得到准确标示。邓小平为解决钓鱼岛和南海诸岛问题提出的“搁置争议，共同开发”八字方针，在俄中边界问题上首先得以实现。这是俄中关系中史无前例的成就，为世纪之交俄中关系的进一步发展奠定了坚实的基础。1999 年 12 月，俄中双方签署了《关于对界河中个别岛屿及其附近水域进行共同经济利用的协定》。

俄中由“建设性伙伴关系”向“战略协作伙伴关系”的转变表明：随着俄中两国双边关系的不断拓展，两国关系的发展模式需要适时更新，两国关系的定位需要适度提升，目的是确保俄中关系的持久、稳定、健康发展，通过积极的双边合作在国际舞台争取自己应有的地位和权益。

二、普京执政时期的俄中关系

以普京 2000 年继任俄罗斯总统为标志，俄中关系开始进入新的发展时期。普京不仅继承了叶利钦的对华政策，而且很快形成了自己独特的“务实”风格。在两国的共同努力下，俄中关系进入到稳定和全面发展的新阶段。

普京在执政伊始，就强调了俄中关系的重要性。他表示：“中国确实是我们的战略伙伴。因此，我绝对相信，我们两国间的这种关系状况、这种关系质量在已经来临的世纪将会保持下去”；“中俄两国人民彼此是天生的伙伴”，“俄罗斯将一如既往地把同中国的关系置于外交政策的优先地位”。[1] 此外，在 2000 年年初，普京在接见中国国防部长迟浩田上将时明确表示，俄罗斯将坚定不移地继续致力于发展俄中包括政治、经济、科技、文化、军事在内的战略协作伙伴关系，同时表示，希望俄中今后在国际事务中继续加强磋商与协调。

2000 年 7 月，俄罗斯总统普京首次访问中国，中俄两国元首就双边关系及一系列重大国际问题充分交换了意见。期间，两国签署了《中华人民共和国和俄罗斯联邦北京宣言》和《中华人民共和国主席和俄罗斯联邦总

[1] 普京文集［M］. 北京：中国社会科学出版社，2002：110.

统关于反导问题的联合声明》等协议。这次访问，全面肯定了俄中几年来签署的所有政治文件和打下的两国关系的牢固基础，表示今后将继续加强全面战略合作。

2001年7月16日，江泽民主席应邀访问俄罗斯，与普京总统共同签署了《中俄睦邻友好合作条约》，将两国和两国人民“世代友好，永不为敌”的和平思想以法律形式固定下来，实质就是在不结盟、不对抗、不针对第三国的基础上发展长期睦邻友好与互利合作关系，确保中俄永远做“好邻居、好伙伴、好朋友”。《中俄睦邻友好合作条约》的签署，显示了俄中合作的深度和俄中相互信任的高度，是俄中关系史上重要的里程碑，集中体现了双边关系发展取得的一系列成果，为两国关系在新世纪持续稳定发展奠定了坚实的法律基础；两国关系步入到不断充实和深入发展的阶段。[1]

2002年12月初，俄罗斯总统普京对中国进行第二次正式访问，此次访问“行程紧凑、内容丰富、成果丰硕”。时值中国共产党十六大闭幕后不久，以胡锦涛为总书记的新一届中央领导班子已开始工作，此次访问不仅是普京与中国新一代领导人的及时沟通与交流，更是向新一代领导人表明俄方领导人对发展与中国关系的高度重视。从这个意义上讲，此次俄中元首会晤具有继往开来的重大意义，充分体现了两国战略协作伙伴关系具有坚实的基础和强大的生命力。

2003年5月，中华人民共和国主席胡锦涛选择俄罗斯作为首访国家，表明新一届中国政府对俄中关系的高度重视。双方一致表示，“俄中将继续大力加强战略协作伙伴关系，共同解决双边关系的实际问题，以捍卫两国的国家安全，促进两国人民的繁荣发展，维护周边地区的稳定和安宁”，并特别强调“不断以新的内容充实两国战略协作伙伴关系，探索推动两国关系不断向前迈进的新途径，努力使俄中关系永远保持旺盛的生机与活

[1] 杨闯，高飞，冯玉军．百年中俄关系［M］．北京：世界知识出版社，2006：389－393.

力”。❶

2004年10月，普京总统第三次访华，双方签署了关于边界问题的一揽子协议，包括《中俄关于中俄国界东段的补充协议》《俄中船只在塔拉巴托夫岛和博利绍伊乌苏里斯基岛地区（黑瞎子岛地区）周围水域航行的议定书》、对界河中个别及其附近水域进行共同经济利用的协定以及关于两国间现行有效协定适用于新划定国界地段的备忘录等，完成了以法律方式确定两国边界的工作。两国间4 300多千米的共同边界，从此将成为两国人民和平、友好、合作、发展的纽带。同时，这也将为俄中战略协作伙伴关系的长期、健康、稳定发展创造更加良好的条件（见图12-4）。

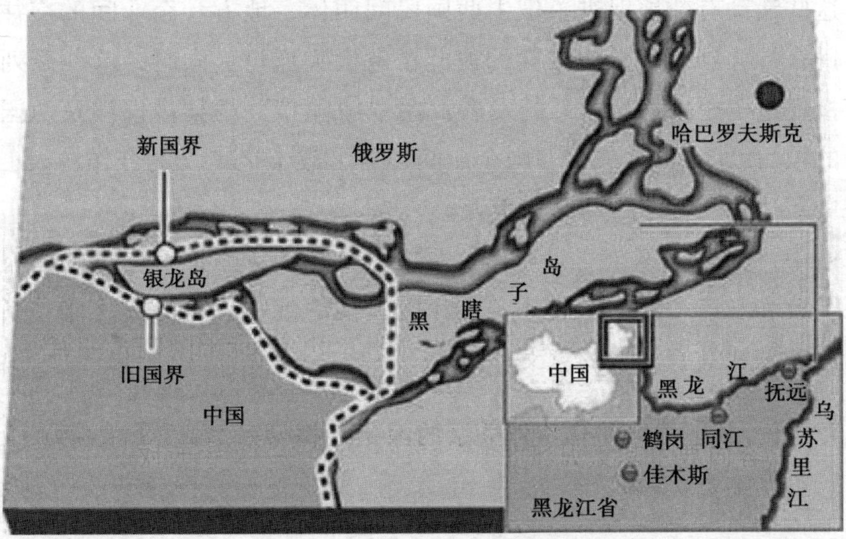

图12-4　中俄黑瞎子岛位置图

2006年5月，俄罗斯国家杜马和联邦委员会与中国全国人民代表大会建立的议会间合作委员会举行了第一次会议。为联合应对新挑战和新威胁，维护两国共同利益，俄中还启动了战略安全问题协商机制，成为协调两国

❶ 中华人民共和国与俄罗斯联邦联合声明（2003-5-27）. http：//www. china. com. cn/guoqing/2011-10/15/content-23633219. htm.

在该领域互动的重要渠道。

2006年3月普京总统访华，两国元首一致同意进一步加强、深化两国战略协作和务实合作，把俄中战略协作伙伴关系推上更高水平。为增进两国人民的相互了解，两国元首确定，2006年在中国举办“俄罗斯年”，2007年在俄罗斯举办“中国年”。在中国举办“俄罗斯年”期间，中俄双方在两国政府、地方、企业的积极参与下，共同在文化、经贸、工商、新闻、学术等诸多领域组织了250多场内容丰富活动，取得了丰硕成果。2007年在俄罗斯举办的“中国年”，充分体现了民间和地方特色，俄中两国的合作关系进入到更加广泛和深入的层面；俄中共同举办了200多场活动，这些活动有效地促进了俄中两国民间团体、地方和企业间的交往，两国人民在社会层面和文化层面的彼此了解大大增进。同时，这一系列活动又直接促进了中俄经贸关系的发展，在“中国年”框架内仅涉及两国经贸合作的项目就有近30项，两国企业间签署了数十亿美元的合作协议；2007年俄中双边贸易额超过400亿美元。

俄中互办“国家年”是双边关系史上的伟大创举，对增进两国人民的相互了解和友谊、促进双边务实合作以及推动俄中战略协作伙伴关系的持续、深入发展具有深远的意义。

三、俄中战略协作伙伴关系的深化（梅德韦杰夫总统时期）

（一）俄中政治关系的发展

梅德韦杰夫入主克里姆林宫之后，一直延续着普京时期对中国的温和、友好政策，在其就任总统仅半个月后即对中国进行了国事访问，充分表明其本人和俄罗斯政府对俄中关系的重视。在此次访问中，两国领导人共同签署了《关于重大国际问题的联合声明》，阐明两国的共同主张；在发挥联合国主导作用、反对假借反恐来实现非法目的、严格遵守国际法和其他国际关系准则等方面达成一致意见。与此同时，两国元首共同发表的《北京会晤联合公报》一致认为，两国对外政策的重点是维护、发展长期稳定的俄中战略协作伙伴关系，这是国家利益的根本要求，是顺应历史发展潮流的，能够促进两国的繁荣发展，对世界都起着举足轻重的作用。梅德韦杰夫总统的访华，对于双边关系的发展起到积极的促进作用。在2008年7～12月的六个月间，双方领导人就先后举行了4次会晤。

面对全球经济危机的巨大影响，俄中两国元首仅在2009年就进行了5次会晤，就如何减小国际金融危机影响、进一步促进俄中战略协作伙伴关系发展、提升国际事务合作的成功率和有效性等问题达成共识，签署了一系列协议，为俄中关系发展提供了法律和制度上的保障。2009年6月，胡锦涛主席对俄罗斯进行国事访问，两领导人期望世界各国能够增强彼此间的相互信任，并一致认为，需要不断加强联合国的核心作用，在稳定世界经济问题上步调一致、一起行动。2010年9月，梅德韦杰夫总统对中国进行了再次访问，签署了《中俄关于全面深化战略协作伙伴关系联合声明》，强调在关乎国家主权、领土完整等原则问题上相互支持，双方将继续扩大在各个领域的交流与合作，加深彼此的信任与支持，为建立国际社会新秩序作出应有的努力。

俄罗斯始终坚持一个中国的原则，支持中国在维护国家主权与领土完整问题上的所作所为。在不同场合，俄罗斯都坚定拥护中国在台、藏、疆等问题上的原则性立场。当然，中国也会在相同或类似问题上给予俄罗斯声援与支持，比如俄罗斯在高加索与独联体地区稳定方面付出的努力。此外，2008年10月，俄中两国彻底扫清了阻碍两国关系发展的边界障碍，黑瞎子岛上的两国东段界桩揭幕仪式，为和平解决长期以来困扰两国关系的边界纠纷画上了圆满的句号。2008年在《中华人民共和国和俄罗斯联邦睦邻友好合作条约实施纲要》中，对政治、经济、人文等多个领域进行了具体详细的规划。2009年7月，俄中两国在继“和平使命－2005”联合军演后，又成功举行了“和平使命－2009”联合军演。

俄中两国作为联合国安理会常任理事国，十分清楚具备持续性、战略性、稳定性和长期性特征的俄中关系在维护当代国际关系稳定发展中的重要意义。尤其是在梅德韦杰夫总统执政后，随着两国领导人互访的增多和两国交流的不断深入，俄中两国加强了交流与沟通，拓展了合作范围，深化了合作内容，创新了合作机制，使两国间的双边合作步入规范化轨道，并将长期形成的总理定期会晤、战略安全磋商、议会合作等作为长效机制不断完善，为双边合作关系的健康、友好、快速发展提供了强有力的保障与支持。

（二）俄中经济关系的发展

受金融危机的影响，俄中贸易额在2009年出现大幅下滑，但这并没有改变两国在经贸领域合作的基础，相反，双方希望能在经贸领域进行进一步的合作；合作意愿非减反增，特别是在能源这一重要领域获得巨大突破。2010年，俄中两国采取了积极有效的措施，加强了经贸交流与合作，双边贸易关系逐步摆脱了金融危机带来的不利影响，进入稳步增长轨道，并于年末恢复到金融危机之前的水平。

早在2008年5月梅德韦杰夫上任后首次访华期间，俄政府就在能源、航空、旅游、林业等多个领域同中国签署了多项合作协议，并进一步表示将在科技、航天、运输、银行、信息产业等多个领域加强合作。2008年7月~2010年10月，俄中两国启动副总理级能源谈判机制，进行了6次会谈，以促进两国能源合作，使之进入一个全新阶段。仅在2009年2月，俄中两国第三次能源会谈即签署了价值达250亿美元的大型能源协议；俄罗斯通过在未来20年向中国出口1 500万吨石油，获取中方的250亿美元贷款。俄中双方通过协议达到共赢，维护了两国能源安全，推动了两国经济发展（见图12－5）。

除此之外，俄中两国在煤炭、电力、核能方面的合作也取得了巨大成果。2010年俄中两国签订了60亿美元的“贷款换煤炭”协议，中国以60亿美元贷款换取俄罗斯25年对华煤炭供应的增加。双方还商讨了有关联合开发俄罗斯远东阿穆尔河地区煤炭资源的合作事宜，加强了俄中两国在探矿、选矿以及基础设施建设等领域的合作。在电力方面，据相关资料统计，中国仅2009年从俄罗斯进口的电力即超过8.54亿千瓦时，比2008年增长了300余倍，而2010年更是超过10亿千瓦时；俄表示还将继续增长，很可能达到每年45亿~50亿千瓦时。在核能方面，继田湾核电站一号、二

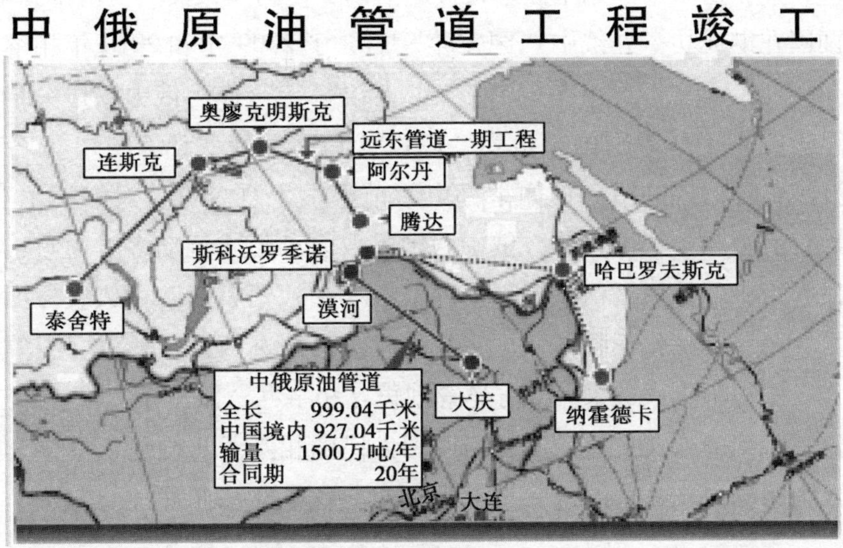

图 12－5　中俄原油管道工程

号机组交付运行后，田湾二期项目合作协议也已经签署，为进一步推进和深化俄中核能领域合作起到了极大的促进作用。

为了给俄中经贸创造有利条件，减少技术壁垒，扩大商品种类及相互供应量，2009 年俄中两国政府先后签订了《中俄投资合作规划纲要》和《中国东北地区与俄罗斯远东及东西伯利亚地区合作规划纲要》，目的在于引领投资方向、规划重点合作项目。2010 年 11 月，俄中两国总理第 15 次定期会晤时，两国企业又签署了涉及农业、能源、通讯、汽车等众多领域超过 100 亿美元的合作协议。在梅德韦杰夫外交策略影响下，俄中两国签署了众多经贸合作文件，拓展了经贸合作领域，加速了两国的经贸协作能力的提高，在一定程度上缓解了俄中两国“政热经冷”的外交局面。

（三）俄中人文关系的发展

梅德韦杰夫总统十分喜欢中国文化，在其执政后，两国人文领域的合作得到进一步推进。2008 年 5 月，梅德韦杰夫在上任后首次访华期间，便专程到北京大学演讲，以增进俄中两国青年的理解和交流。在汶川大地震造成巨大灾难时，梅德韦杰夫以俄罗斯政府名义邀请部分灾区学生到俄罗斯疗养，并派出救援队到中国进行援助活动，使两国人民的友谊得到增进。

两国在继成功举办俄中“国家年”后，于2009年和2010年相继举行了“俄语年”和“汉语年”，并将互办“语言年”作为俄中双边关系的一件大事；成立了高级别国家组委会以设计和举办好“语言年”的各项活动，开展各种形式的活动，如举办电影节、学生夏令营、大中学生互换、高校教育展览和校长论坛等。俄中两国采取多种形式调动多方力量，充分发挥民间组织的作用，积极落实“国家年”和“语言年”中人文方面的合作项目，拓展、深化不同文明、文化的碰撞，推进两国在教科文卫等领域的合作，取得了丰硕成果。双方还筹划再互相举办“旅游年”。

这一系列的人文交流活动，为两国人民的相互了解构建了一个全新的平台，为两国协作关系的进一步深化打下了坚实的基础。❶

四、俄中关系面临的现实问题

在国际格局面临大发展、大变革、大调整的背景下，在地区形势日益复杂及热点问题不断增多的情况下，俄中关系又处于新的历史转折点上。虽然俄中关系取得了辉煌成绩，但一些现实问题和制约因素仍然影响俄中关系的进一步发展和深化。

（一）深层互信仍显不足

增强政治互信一直是两国高层交往中不断重复的主题之一。虽然俄中两国“在政治领域实现了前所未有的互信”，但深层互信仍显不足；俄方始终担心中国会在历史的领土问题上出现反复，同时视中国庞大人口基数为俄远东地区的潜在威胁，对中国经济的快速发展存有疑忌。在具体合作中，如能源资源和经贸领域，俄方往往视中国为潜在竞争对手。两国在与中亚地区各国的油气资源合作上形成的竞争尤为激烈。多年来，俄中两国在油气合作谈判上的一波三折，说明存在很大难度和阻力。在涉及自身利

❶ 姜伟星．梅德韦杰夫时期外交政策及对中俄关系的影响［D］．河北师范大学，2012：23－25.

益的国际问题上，俄中之间还需要加强沟通，尤其在与美国和西方的关系方面，两国还“缺乏互信”。虽然两国都面临来自美国的强势挤压，但都把发展对美关系作为自己的外交重点。加之俄罗斯国内亲西方势力的鼓动以及美国等西方媒体的挑唆、干扰，俄中关系不时还会出现一些波动。

（二）经贸合作水平远低于两国政治关系的高度

近年来，在能源合作的带动下，两国的经贸合作取得了很大进展，经贸额不断提升，已超过 800 亿美元，但总体上“政热经冷”的不平衡格局一直未能打破。由于合作的范围、领域和结构仍然受限，双边贸易额仍未达到两大邻国应该达到的理想贸易水平。双边深层次合作还很欠缺，相互投资的比例也还很有限。20 多年的双边经贸合作表明，两国的经贸发展还不稳定，阶段起伏非常明显。俄中贸易经过 1992 年和 1993 年的大发展后，1994 年出现大幅下降，到 1995 年下半年才开始回升，1996 年两国贸易额达到 68 亿美元。21 世纪的前 10 年，俄中贸易额基本处于稳步发展之中，但在 2008～2009 年度，受到国际金融危机的影响，双边贸易额再度下跌。2012 年，俄中贸易额虽达到 881 亿美元，但在中国对外贸易中所占份额相对较小。俄中经济贸易合作的规模和质量还不符合两国所拥有的潜力，也与两国战略协作伙伴关系的地位不相适应。在复杂多变的国际局势下，双边关系也要面临新的考验。如果俄中经贸关系仍在低水平徘徊，势必损害双方的战略互信和相互交往，甚至有可能波及两国战略合作关系的广度和深度。

毋庸讳言，在大国关系中，俄中经贸关系与政治关系的不对称是最为明显的。中国与欧盟、美国和日本的政治关系水平均低于中俄关系，但中国与这些国家的贸易水平却远远超过与俄罗斯的经贸水平。密切的经贸往来构成的共生和依存关系，对维护健康良好的国家关系起到至关重要的作用。但在俄中之间，这种经济上的“你中有我、我中有你”的现象还不是很明显，使得两国关系很容易受到其他不确定因素的伤害和冲击，尤其容易被西方利用和炒作。因此，夯实俄中关系的经济基础，依然是当务之急。

（三）中国“威胁”“扩张”的论调在俄罗斯仍然很有市场

随着经济实力的增长，中国逐渐走向国际舞台的中心，俄方一些人担心中国与美国和西方走得更近，导致俄罗斯被边缘化。而俄中之间的经贸合作，又被俄国内一些人视为对自己能源和资源的掠夺，“对俄罗斯经济的渗透”。对双方边境地区的合作，也有人担心中国会变相占领俄远东领土，对俄构成战略威胁。甚至俄罗斯高层在密切关注来自中国的移民动向问题上也毫不隐讳。[1] 对于双边的军事合作，更有俄罗斯人担心“中方如获取其先进军事技术和装备，不仅成为其武器出口的竞争对手，而且还会对远东地区构成军事威胁”。由于多数俄罗斯民众对中国还缺乏了解，对中国国力提升的认识不尽相同，所持心态十分复杂，这些都制约了俄中经贸关系的进一步发展。

（四）俄罗斯对外政策依然存在变数

多年来，俄对外政策一直坚持东西方平衡的外交方针，但始终没有偏离以西方为主轴的基本方向。随着国际形势的发展、变化，如果俄罗斯对外交往的天平倾向于美国和欧盟等西方国家，会在一定程度上影响俄中关系。尤其重要的是，近些年来俄罗斯持续执行的极端务实的外交风格，在一定程度上加大了对俄中经贸关系的压力，也可能诱使俄方某些利益集团对中方的不满进一步发展、甚至激化。追求自身战略利益的最大化，将不断地体现在俄罗斯的务实外交政策中，这可能促使俄罗斯对外战略充满投机性和不确定性，给俄中战略协作带来新的挑战。

五、俄中关系的发展前景展望

如果说21世纪的前10年是俄中关系逐步提升、务实合作的起步时期，那么未来10年，在俄中政府的支持下，尤其是在新一届俄中领导人的共同倡导下，两国关系将迈进全面务实合作的新阶段，一些领域的合作将驶入全方位、深层次发展的快车道。

（一）战略协作的基础更加巩固

2011年6月胡锦涛主席访俄时，中俄两国元首达成新的重要共识，

---

[1] 黄庆，张萍．中俄关系二十年：稳步发展的战略协作［J］．俄罗斯学刊，2013（3）．30.

决定"共同发展平等信任、相互支持、共同繁荣、世代友好的全面战略协作伙伴关系"；双方制定了下一个10年两国关系的远景规划。2012年6月，普京第三次就任俄总统不久便来华访问。中俄发表了《关于进一步深化平等信任的中俄全面战略协作伙伴关系的联合声明》，再次强调将致力于"进一步加强平等信任、相互支持、共同繁荣、世代友好的中俄全面战略协作伙伴关系，恪守尊重彼此利益和自主选择社会制度和发展道路的权利，互不干涉内政，在主权、领土完整和安全等核心利益问题上相互支持，互利共赢，不对抗的原则"，并将这一方针作为两国外交最主要优先方向之一。[1] 2013年3月，习近平刚当选中国国家主席，首次出访就选择了俄罗斯。两国领导人签署的《中俄关于合作共赢、深化全面战略协作伙伴关系的联合声明》强调，"把平等信任、相互支持、共同繁荣、世代友好的全面战略协作伙伴关系提升至新阶段，将以此作为本国外交的优先方向"。两国新一届领导人上任后不久就首选对方国家实现互访，在传承友谊的同时，更明确了未来10年两国关系的发展方向、发展目标和发展规划。

普京总统曾经讲过："俄罗斯需要一个繁荣稳定的中国，中国也需要一个强大成功的俄罗斯。"[2] 习近平在访俄时也指出："一个繁荣强大的俄罗斯，符合中国利益，也有利于亚太与世界和平稳定。"应该说，俄中两国自身发展的需要是两国加深战略协作的重要基础和前提。

（二）战略协作的内涵更加丰富

俄中关系20多年的发展已经为两国关系的进一步深化打下了坚实的基础。俄中之间已经不存在边界等敏感问题，两国的战略合作也拥有《中俄睦邻友好合作条约》的法律保证，两国间还建立了多重合作机制，从最高层到部委级甚至在地方都有定期的双边会晤机制。通过这些机制，中俄可

[1] 中华人民共和国和俄罗斯联邦关于进一步深化平等信任的中俄全面战略协作伙伴关系的联合声明，http：//news. xinhuanet. com///politics/2012 _ 06/06/c - 112137977. htm.

[2] http ：//mn. ru/politics/20120227/312306749. html.

以客观评估双边关系现状，协调双方利益，及时发现和解决合作中出现的问题。这些成果和经验为中俄关系的未来发展提供了有利条件。尤其值得关注的是，应俄方邀请，习近平首次访俄时参观了俄罗斯联邦武装力量作战指挥中心，他是第一位到访俄罗斯国防部并有此参观安排的外国元首，这是西方铁杆盟国之间也未曾有过的特殊安排。这种安排具有一定的象征意义，它表明两国战略协作伙伴关系的重要性和特殊性，也体现了两国战略互信达到了前所未有的高度。同时，这种安排也预示着俄中双方不断从新视角充实战略协作的内涵，显示出双方加强军事交往和协作、维护共同安全和国际战略平衡的意愿。

（三）务实合作的方向更加明确

从俄中两国领导人的讲话和表述中可以看出，务实合作将成为两国关系发展的重点和方向。习近平访俄时指出，两国元首致力于“把扩大各领域务实合作作为今后两国关系发展的重点，为提高两国人民生活水平和质量提供重要推动力”。他强调：“一个高水平、强有力的中俄关系，不仅符合中俄双方利益，也是维护国际战略平衡和世界和平稳定的重要保障。经过双方20多年不懈努力，中俄建立起全面战略协作伙伴关系，这种关系充分照顾对方利益和关切，给两国人民带来了实实在在的好处。”[1] 习近平首次访俄，在促进中俄关系的发展进程中起到了承前启后的重要作用，标志着中俄之间平等信任、相互支持、共同繁荣、世代友好的全面战略伙伴关系发展到了一个新阶段，也揭开了两国把前所未有的高水平政治关系优势转化为务实合作成果的新篇章。毫无疑问，造福两国人民已经成为发展中俄关系的内在动力。中俄关系必将持续平稳、深入地发展，这个大趋势不会出现倒退或逆转。

（四）务实合作的领域更加宽广

在未来10年，俄中务实合作将向更深、更宽领域迈进。目前，俄中都处在民族复兴的重要时期，两国关系已进入互相提供重要发展机遇、

[1] 习近平．顺应时代前进潮流 促进世界和平发展［N］．人民日报，2013－03－24.

互为主要优先合作伙伴的新阶段。在 2013 年 3 月 22 日签署的联合声明中，批准了实施《〈中华人民共和国和俄罗斯联邦睦邻友好合作条约〉实施纲要（2013 年至 2016 年）》，两国领导人决心“把两国前所未有的高水平政治关系优势转化为经济、人文等领域的务实合作成果”作为中俄面临的战略任务，实现经济合作量和质的平衡发展，实现双边贸易额 2015 年前达到 1 000亿美元，2020 年前达到 2 000亿美元，促进贸易结构多元化。充分发挥俄中投资促进会议机制作用，加快落实《中俄投资合作规划纲要》，相互投资额实现较大提升。为此，两国要推动各自国家和地区发展战略相互对接，不断创造出更多利益契合点和合作增长点。推动两国合作从能源资源向投资、基础设施建设、高技术、金融等领域拓展，从商品进出口向联合研发、联合生产转变，不断提高两国务实合作的层次和水平。应该说，今后一个时期，两国合作的领域和范围更加广阔。普京总统曾经表示：“我们的目标将会提前完成。”可以相信，如果俄中双方能够克服障碍，发挥地缘互补和经济互补的优势，两国进一步合作的空间将会非常巨大。❶

【思考与练习】

1. 当今俄罗斯外交政策有何特点？
2. 俄中关系的发展前景如何？

【延伸阅读】

［1］薛君度，陆南泉，主编．新俄罗斯：政治、经济、外交［M］．北京：中国社会科学出版社，1997.

［2］冯绍雷．制度变迁与对外关系——1992 年以来的俄罗斯［M］．上海：上海人民出版社，1997.

［3］林军．俄罗斯外交史稿［M］．北京：世界知识出版社，2002.

❶ 黄庆，张萍．中俄关系二十年：稳步发展的战略协作［J］．俄罗斯学刊，2013（3）．29 - 31.

[4] 杜正艾．俄罗斯外交传统研究 [M]．上海：上海人民出版社，2007.

[5] 范建中．当代俄罗斯——政治发展进程与对外战略选择 [M]．北京：时事出版社，2004.

[6] 冯绍雷，刘靖华，陈乐民．冷眼向洋——百年风云启示录（下）[M]．北京：三联书店，2000.

参考文献

[1] 薛君度，陆南泉，主编．新俄罗斯：政治、经济、外交［M］．北京：中国社会科学出版社，1997.

[2] 冯绍雷．制度变迁与对外关系——1992 年以来的俄罗斯［M］．上海：上海人民出版社，1997.

[3] 孔寒冰．当代各国政治体制——俄罗斯［M］．兰州：兰州大学出版社，1998.

[4] 邢广程．苏联高层决策 70 年［M］．北京：世界知识出版社，1998.

[5] 李静杰，郑羽，主编．俄罗斯与当代世界［M］．北京：世界知识出版社，1998.

[6] 宋瑞芝．俄罗斯精神［M］．武汉：长江文艺出版社，2000.

[7] 海运．叶利钦时代的俄罗斯·政治卷［M］．北京：人民出版社，2001.

[8] 冯玉军．俄罗斯对外决策机制［M］．北京：时事出版社，2002.

[9] 林军．俄罗斯外交史稿［M］．北京：世界知识出版社，2002.

[10] 曹维安．俄国史新论——影响俄国历史发展的基本问题［M］．北京：中国社会科学出版社，2002.

[11] 张树华，刘显忠．当代俄罗斯政治思潮［M］．北京：新华出版社，2003.

[12] 范建中．当代俄罗斯——政治发展进程与对外战略选择［M］．北京：时事出版社，2004.

[13] 潘德礼．俄罗斯十年［M］．北京：世界知识出版社，2003.

[14] 李渤．国家间关系的民族心理研究：俄印关系分析［M］．哈尔滨：黑龙江人民出版社，2005.

[15] 刘淑春．当代俄罗斯政党［M］．北京：中央编译出版社，2006.

[16] 徐向梅．由乱而治：俄罗斯政治历程（1990－2005）［M］．北京：中央文献出版社，2006.

[17] 杜正艾．俄罗斯外交传统研究［M］．上海：上海人民出版社，2007.

[18] 袁胜育．纵横捭阖——俄罗斯新外交战略［M］．重庆：重庆出版社，2007.

[19] 邢广程，潘德礼，李雅君．俄罗斯议会［M］．北京：华夏出版社，2002.

[20] 许新主编．叶利钦时代的俄罗斯（经济卷）［M］．北京：人民出版社，2001.

[21]［俄］尼·别尔嘉耶夫．俄罗斯思想［M］．上海：三联书店，1995.

[22]［苏］米·谢·戈尔巴乔夫．改革与新思维［M］．北京：新华出版社，1987.

[23] 普京文集［M］．北京：中国社会科学出版社，2002.

[24]［俄］伊·谢·伊万诺夫．俄罗斯新外交：对外政策十年［M］．北京：当代世界出版社，2002.

[25]［俄］米·谢·戈尔巴乔夫．真相与自白：戈尔巴乔夫回忆录［M］．北京：社会科学文献出版社，2002.

[26]［俄］克柳切夫斯基．俄国史教程［M］．北京：商务印书馆，1996.

[27]［俄］波克罗夫斯基．俄国历史概要［M］．上下册．北京：三联书店，1978.

[28]［俄］潘克拉托娃主编．苏联通史［M］．第1－3卷．北京：三联书店，1980.

[29]［俄］普列汉诺夫．俄国社会思想史［M］．第1－3卷．北京：商务印书馆，1990.

[30] 孙成木，等，主编．俄国通史简编［M］．上下卷．北京：人民出版

社，1986.

［31］张建华．俄国史［M］．北京：人民出版社，2004.

［32］张建华．激荡百年的俄罗斯［M］．北京：人民出版社，2010.

［33］任光宣．俄罗斯文化十五讲［M］．北京：北京大学出版社，2007.

［34］金雁，卞悟．农村公社、改革与革命——村社传统与俄国现代化道路［M］．北京：中央编译出版社，1996.

［35］安启念．东方国家的社会跳跃和文化滞后——俄罗斯文化与列宁主义问题［M］．北京：中国人民大学出版社，1994.

［36］沈志华．一个大国的崛起与崩溃——苏联历史研究专题（1917－1991）［M］．（共三册）．北京：社会科学文献出版社，2009.

［37］金雁．苏俄现代化与改革研究［M］．广州：广东教育出版社，1999.

［38］张建华．激荡百年的俄罗斯——20 世纪俄国史读本［M］．北京：人民出版社，2010.

［39］周尚文，叶书宗，王斯德．苏联兴亡史［M］．上海：上海人民出版社，2002.

［40］［美］杰克·马特洛克．苏联解体亲历记［M］．（上、下）．北京：世界知识出版社，1996.

［41］关雪凌，主编．艰难的历程——俄罗斯经济转轨八年［M］．北京：中国人民大学出版社，2000.

［42］［英］卡瑟琳·丹尼斯．转型中的俄罗斯政治与社会［M］．欧阳景根，译．华夏出版社，2003.

［43］冯绍雷，刘靖华，陈乐民．冷眼向洋——百年风云启示录［M］．（下）．北京：三联书店，2000.